U0802011

奥尔夫音乐教学法本土化研究

AOERFU YINYUE JIAOXUEFA BENTUHUA YANJIU

王丽新　钟恩富◎著

东北师范大学出版社
长春

图书在版编目（CIP）数据

奥尔夫音乐教学法本土化研究/王丽新，钟恩富著.
—2版. —长春：东北师范大学出版社，2015.3
(2025.7重印)
ISBN 978-7-5681-0340-4

Ⅰ.①奥… Ⅱ.①王… ②钟… Ⅲ.①学前儿童—音乐教育—教学法—研究 Ⅳ.①G613.5

中国版本图书馆CIP数据核字(2015)第269714号

□责任编辑：梅亦粿 □封面设计：张 然
□责任校对：曲 颖 □责任印制：刘兆辉

东北师范大学出版社出版发行
长春净月经济开发区金宝街118号（邮政编码：130117）
网址：http：//www.nenup.com
东北师范大学出版社激光照排中心制版
河北省廊坊市永清县晔盛亚胶印有限公司
河北省廊坊市永清县燃气工业园榕花路3号（065600）
2015年3月第2版 2025年7月第3次印刷
幅面尺寸：169 mm×239 mm 印张：16.5 字数：300千

定价：49.50元

序

借鉴国外先进的音乐教育思想和方法，推动我国音乐教育事业的改革和发展是一项艰巨而复杂的系统工程。要振兴和促进我国音乐教育的整体发展，必须实事求是地看到我国目前与国外先进音乐教育思想和理论的差距，始终坚持全面的、系统的、客观科学的态度，学习、掌握国外优秀音乐教育理论体系和实践经验。在世界范围内全球化、多元化浪潮日益发展的今天，音乐教育理论本土化问题已越来越引起世界各国尤其是发展中国家的重视，在我国也亦然如此。如何在这种全球化、多元化的背景下建构具有本民族特色的音乐文化，发展既融汇多元又兼具本土化的音乐教育，是我国音乐教育理论和实践研究必须直面的重大问题。

纵观我国多年来整个音乐教育理论在学习、引进、借鉴、吸收、融合国外音乐教育思潮及其本土化的过程中，产生了一些实际问题。例如在音乐教育本土化的广度方面，我们更多关注国外音乐教育理念“有形”的部分而忽视“无形”的部分；在音乐教育理论本土化的深度方面，目前我国音乐教育自身的发展，似乎还没有真正从“引进”、“借鉴”的模式中向前发展，跨出先前“西方”的束缚，在音乐教育理论本土化过程中产生的“西方化”的音乐文化价值取向等问题。个人认为，改变当前这种情况，我们需要在很多方面做出不懈努力。例如确立自己的音乐文化身份，继续切实地增加多元音乐内容的课程在我国现有课程设置中的比例，加深对传统音乐教育科学研究的力度，对我国传统的音乐教学法，音乐教学思想进行专门的研究，深化对国外（西方）音乐教育理念的研究，树立真正开放的国际视野，等等。

近几十年来，国外许多先进的音乐教育思想和教学方法相继被介绍到中国，奥尔夫音乐教学法就是其中之一。自从20世纪80年代初，奥尔夫音乐教学法被廖乃雄等人介绍引入到我国，对我国的音乐教育改革起到了巨大的推动作用。作为当代世界最有影响力的三大音乐教育体系之一，奥尔夫音乐教学法培养基本音乐素养，塑造全面人格，激发创造能力的宗旨，以及生动活泼、丰富多彩的教学形式得到了我国音乐教育工作者的高度赞誉和喜爱，更深得广大青少年儿童的欢迎。奥尔夫在建构原本性的音乐教育理论的过程中，也清晰地认识到，音乐文化不应该仅以西方或某种音乐文化为中心，而应该汲取各种先进文化的优点，进行多元化的发展，要平等地看待不同民族、地区的各种音乐文化。正是如此，奥尔夫音乐教学法在世界各地都具有广泛的影响，受到世界各地人民的热烈欢迎。可以说，奥尔夫音乐教学法在世界音乐教育领域的广泛传播和内容的不断丰富，对多元音乐文化教育的研究和发展，产生了重大的推动作用。因此，深入挖掘奥尔夫音乐教育思想在世界的融合与发展、演变与生成过程，并探索奥尔夫音乐教学法在我国的本土化问题，具有重要的学术价值和深远的理论意义。

值得欣慰的是，许多年青学者在这一领域进行了大量的、富有成效的探索和研究，并且成果斐然。王丽新和钟恩富两位博士以“奥尔夫音乐教学法本土化”为研究主题，阐述了奥尔夫音乐教学法本土化研究的背景及价值；以“引进——渗透与整合、融合——吸收与转化、生成——建构与创新”为视角，对奥尔夫音乐教学法本土化的内涵及理论依据展开了论述，并讲述了奥尔夫音乐教学法本土化的途径，开展了奥尔夫音乐教学法本土化的实践研究，分析了奥尔夫音乐教育理念与我国音乐新课标基本理念的契合程度；创新了奥尔夫音乐教学法在我国本土化的生成与建构内容，包括本土化教学模式、教学目标、教学原则、教学方法、教学评价、教学策略、教学用具等方面；并针对中国人的传统观念与思维方式、中国的教育体制、中国的教育环境与教学设备、音乐教育理论研究的滞后、专业师资的缺乏等因素，对奥尔夫音乐教学法在我国本土化的融合障碍进行了分析，提出了相关的政策性建议。作为博士论文的后续研究，应该说本书是中外音乐教育理论交流和世界多元音乐文化发展研究领域的一部力作，在诸多方面都有一定程度的突破，如对奥尔夫音乐法在我国传播现状的总结，对奥尔夫音乐教学法本土化途径的分析，对奥尔夫音乐教学法本土化生成的建构，对奥尔夫音乐教学法本土化的融合障碍的解读，等等。

当然，本书在取得了很大突破的同时，对一些问题的分析尚须进一步拓展和深化，对个别问题的解读可能还有待进一步商榷。但作者严谨、客观的学术态度，理论与实际结合的研究范式都是值得肯定的。因此，著作的出版凝结着两位博士辛劳付出的汗水，也是对其学术研究成绩的极大肯定。作为青年学者，敢于直面我国音乐教育理论的重大前沿问题，勇气可嘉！我期待着他们能在今后的教学和研究生涯中继续锐意探索，以该著作为起点，再接再厉，在相关研究领域迈上新的台阶，为我国音乐教育理论和实践研究贡献力量。

侯润宇
2013 年 5 月 20 日
于华东师范大学艺术学院音乐学系

前　言

在世界范围内全球化、多元化浪潮日益发展的今天，教育理论本土化问题已越来越引起世界各国尤其是发展中国家的重视，在我国也亦然如此。如何在这种全球化、多元化的背景下建构具有本民族特色的音乐文化，发展既融汇多元又兼具本土化的音乐教育，是我国音乐教育理论和实践研究必须直面的重大问题。音乐文化教育的全球化与本土化问题与我国音乐教育发展的历史有着很深的渊源，国际音乐教育的大背景要求我们在音乐教育研究上寻求新话语、新思维，同时，我们还要保持中国传统音乐文化和音乐教育的独特性，以本土化音乐理念为立足点。因此，如何在“全球化”与“本土化”音乐教育之间达成一种平衡、统一的关系？放眼世界，立足本土，融合创生，就成为广大音乐教育研究者亟待解决的迫切问题。

近年来，多元音乐文化教育成为音乐教育领域的热点问题，受到广泛关注。而起源于德国的奥尔夫音乐教学法（Orff-Schulwerk）中就蕴含着这种理念。卡尔·奥尔夫在建构其原本性、元素性的音乐教育理论的过程中，清晰地认识到，音乐文化不应该仅以西方或东方某种音乐文化为中心，而应该吸取各种先进文化的优点，进行多元化的发展。“多元化”作为奥尔夫音乐教育思想最基本的观点，渗透在其整个音乐教学体系中。奥尔夫一直竭力主张要平等地看待不同民族、地区的各种音乐文化，无论是其家乡巴伐利亚的民间歌曲，还是日本、印度和中国等富于浓郁东方情调的传统音乐，无论是独具特色的非洲木琴，还是东南亚各国的打击乐合奏……都体现着音乐的本质和本源，是最“自然的”和“富有活力的”音乐艺术。这些接近自然并且能够为每个儿童学会和体验的各地区民族民间艺术都可以作为音乐教学的素材，以适合儿童参与体验的教学方式创造出各种各样的奥尔夫音乐课程和灵活多变的音乐教学活动。正是如此，奥尔夫音乐教学法在世界各地都具有广泛的影响，受到世界各地人民的热烈欢迎。可以说，奥尔夫音乐教学法在世界音乐教育领域的广泛传播和内容的不断丰富，对多元音乐文化教育的研究和发展，产生了重大的推动作用。因此，深入研究奥尔夫音乐学法的发展、演变过程以及在我国的融合和本土化历程，具有重要的学术价值和深远的理论意义。

奥尔夫教学法以培养健全人格，创新精神和创造能力为目标，其生动活泼、独具特色、丰富多彩的教学形式和灵活多样、个性突出的教学策略得到世界音乐教育工作者和广大学习者的高度赞誉和喜爱，并且深受儿童的欢迎，因而在世界各国广泛流传。自从20世纪80年代初，奥尔夫音乐教学法被以廖乃雄等为代表的音乐教育研究都介绍引入到我国，对促进我过音乐教育的改革和发展起了巨大的作用。但是由于传入初期，受我国当时的基本国情和当时“应试教育”等因素的影响，对音乐教育重视程度不够，我国音乐教育理论的研究也相对滞后，使奥尔夫教学法本土化的进程中出现了融合不好，生成不够等问题，很多音乐教师片面的、流于形式上的模仿，没有深层次理解奥尔夫教学法深刻的教育内涵，在具体的教学中也存在一些误区。正如我国著名的奥尔夫音乐思想的传播者和践行者李妲娜教授（2000）所言，“目前，在一个有13亿人口，其中有3亿是少年儿童的国家，对于在世界上有如此重要影响的音乐教育体系，却设有象样的机构或培训中心来介绍、研究、推广该教育体系，仅靠原来办培训班的简单方式已远远不能满足需求了。当前中国也同世界各国的同行一样，面临着新世纪教育改革的挑战和机遇。我国政府在强调以素质教育为教育的基本目标，以培养创新人才为标准的教育改革，给广大艺术教育工作者一个极好的机遇……奥尔夫音乐教育（Orff-Schulwerk）目前在中国有两项必须直面的重大课题：一是奥尔夫音乐教学法的‘本土化’问题，不仅是内容、素材，还有从教育体制到教学方式，以至文化、风俗、传统所带来的一系列问题，都需要我们不断去探索和试验。二是中国教育要与国际接轨，奥尔夫音乐教育也要变化发展。这些问题我们需要一边学习国外经验，一边通过实践慢慢摸索中去解决，总体而言，我们还在实验的起步阶段，从理论到实践，从学术研究到具体操作，都需要广大的理论研究者和实践者付出更多的努力……”可见，随着近年来我国素质教育的不断深入，我国音乐教育理论研究的不断发展，奥尔夫音乐教学法在我国越来越受到强烈的关注。然而，众所周知的一个现状是目前在我国基础音乐教育中广泛的存在着竞技化、工艺化、专业化等倾向和弊端，而奥尔夫音乐教学法强调的“原本性”、“重视参与”等教育理念对于我国应试教育过于功利化而强调知识与技能，忽视学生身心全面和谐地发展，有很好的改良和促进作用。基于此，本书试图从音乐全球化背景和文化融合与生成的角度出发，在详细介绍奥尔夫音乐教育体系的内容、理念、原则、方法、模式的基础上，分析奥尔夫音乐教学法在全世界的融合、演变进程，进而将研究的视域集中在奥尔夫音乐教学法在中国的本土化问题上，以期通过对奥尔夫音乐教学法现状的深入解读，为奥尔夫音乐教学法的本土化发展提供理论借鉴和指导。

目录

目录

导　论

一、奥尔夫音乐教学法本土化研究的缘起

在全球化、国际化、多元化的潮流和语境中，教育理论本土化问题已越来越引起世界各国尤其是发展中国家的重视。如何在全球化、国际化、多元化的时代建构具有中华民族特色的音乐文化和音乐课程，发展独具特色的本土化音乐教育，是我国音乐教育研究必须面对的问题。因此，对音乐教育本土化问题的探讨，在建构具有中华民族特色的音乐教育中具有重要的现实意义和价值。音乐文化教育的全球化与本土化问题与我国音乐教育发展的历史有着很深的渊源，国际音乐教育的大背景要求我们在音乐教育研究上寻求新话语、新思维，同时，我们还要保持中国传统音乐文化和音乐教育的独特性，以本土化音乐理念为立足点。因此，如何在“全球化”与“本土化”音乐教育之间达成一种平衡、统一的关系，放眼世界，立足本土，融合创生，就成为广大音乐教育研究者亟待解决的迫切问题。随着西方课程教学理论在我国的引入和展开，引发了我们对于根植于西方文化土壤的课程教学论如何适应我国的课程改革和教育教学实践的思考。缺乏对本土音乐课程与教学问题的传统文化背景、社会基础条件的认识，使得在当前的音乐课程教学与改革产生了一系列问题。因此，在深化音乐课程教学改革，全面推进素质教育的今天，只有继承传统课程教学精华思想，结合当前音乐课程教学的实际，吸收国外优秀音乐教育理念和音乐课程教学理论，才能实现我国音乐课程教学理论的本土化。

众所周知，多元化音乐教育是当代世界音乐教育领域的热点问题之一。奥尔夫音乐教育体系深刻反映着多元化和本土化的音乐教育思想。[①] 奥尔夫曾将《学校音乐教材》比喻成“野生物”，即这本教材并不是传授“正宗”、“高雅”、“有独特魅力”的、系统的、严谨的音乐体系，但却是即兴者和参与者感兴趣的，“在它的每一阶段中，都鼓励和启发人们自己去继续创造和安排，所以，

① 奥尔夫认为音乐文化不应该以某一种音乐文化为中心，也应该重视其它国家和地区的音乐文化，注重音乐教育的多元化发展，这种多元文化音乐教育思想突出地体现在其音乐理念和音乐创作中，是其元素性音乐教育思想最重要的观点，渗透于其全部音乐教学体系之中。

它永远不是最终的定稿和就此结束，而是永远在发展中、形式中、流进中。”[①]奥尔夫非常热衷于世界各个国家和地区的丰富的民族民间音乐。奥尔夫平等地看待各个地区的民族民间音乐，无论是其家乡巴伐利亚的民间歌曲，还是日本和中国等富于浓郁东方情调的传统音乐，无论是独具特色的非洲木琴，还是东南亚各国的打击乐合奏……都体现着音乐的本质和本源，是最“自然的”和“富有活力的”音乐艺术。[②] 各个国家、地区的民族民间音乐艺术都可以作为音乐教育的素材，从而创生出丰富多彩的课程或音乐教学活动。正是如此，“奥尔夫音乐教学法在世界范围内拥有广泛而重大的影响，受到全世界各国师生的热烈欢迎。也正是因为其多元性和本土性，其教学法在世界各地得到广泛传播，并对多元音乐文化教育产生了巨大的推进作用。如 1985 年的奥尔夫音乐教育国际研讨会的主题为‘奥尔夫音乐教育在明日的世界’，又如 1995 年的研讨主题为‘本土音乐与外来音乐的共同之处’，与会专家都集中讨论了多元音乐文化的课程实践等问题。基于此，笔者认为深入挖掘奥尔夫音乐教育在世界的借鉴与引进、融合与发展、建构与生成过程和模式，并深入研究奥尔夫音乐教学法在中国的本土化问题，具有重要的学术价值和深远的理论意义。奥尔夫音乐教学法作为最有影响力的三大音乐教育体系之一，其教学形式得到世界各国音乐工作者和广大学生的高度赞誉和喜爱，因而在世界各地广泛传播”[③]。自 20 世纪 80 年代初，奥尔夫音乐教学法被廖乃雄等人介绍引入到我国，对促进我过音乐教育改革和发展起了巨大的作用。

但是由于奥尔夫音乐教学法传入初期，我国受传统文化和我国独特的教育体制——应试教育的影响，对音乐教育重视程度不够，我国音乐教育理论的研究也相对滞后，使奥尔夫音乐教学法本土化的进程中出现了融合不好，生成不够等问题，有些社会培训机构以及学校的教师在利用奥尔夫音乐法进行授课的时候片面地流于形式上的模仿，没有深层次理解奥尔夫音乐教学法的教育内涵及理念，教学中存在很多误区。随着我国素质教育的不断提倡和深入发展，我国音乐教育理论研究的也不断深化，奥尔夫音乐教学法在国内再次受到广泛地关注。由于众所周知的原因，目前在我国基础音乐教育中存在着“理性化”、“功利化”、“竞技化”、“工艺化”、“专业化”[④] 等弊端，而奥尔夫音乐教学法所倡导的教育理念对于改变我国应试教育过分强调知识与技能的习得，忽视学

① Mary Shamrock. Orff Schulwerk: An Integrated Foundation. Music Educators Journal, 1997.

② 卡尔·奥尔夫，古尼尔特凯特曼. 廖乃雄，编译. 为儿童的音乐［M］. 上海：上海教育出版社，2004：142.

③ 王欣. 反思音乐教育本土化的困境［J］. 乐府新声，2005（12）.

④ 修海林. 奥尔夫音乐教育思想述评［J］天津音乐学院学报，1997（4），3—10.

生身心素质全面和谐地发展的弊端，有很好地改变和促进作用。基于以上考虑，本书试图从音乐教育全球化背景和文化融合与生成的视角出发，在详细介绍奥尔夫音乐教育体系的内容、理念、原则、方法、模式的基础上，引入奥尔夫音乐教学法在全世界的融合、演变进程，进而将研究的视域落在奥尔夫音乐教学法在中国的本土化问题上。

二、奥尔夫音乐教学法本土化研究的综述

在本书的正式研究工作开展之前，为了对奥尔夫音乐教学法本土化及其相关研究问题有一个基本的了解，打好研究的基础工作，笔者搜集了1994年以来的全国中文期刊（即CNKI，包括中国期刊全文数据库和中国博士、硕士学位论文全文数据库）的所有关于奥尔夫音乐教学法的文章以及公开出版的有关奥尔夫音乐教学法的著作或成果，并作了简单的梳理。大致情况如下：笔者查阅了中国知网的相关研究，有关本土化的论文843篇，硕、博论文49篇；有关奥尔夫音乐教学法的相关期刊论文489篇，硕、博论文32篇。搜集到的有关奥尔夫教学法的著作和教材33部。通过对这些研究成果解读，笔者清晰地总结出了奥尔夫音乐教学法领域研究的基本现状，下面从不同的角度对这些问题一一展开综述。

（一）关于教育理论“本土化”

关于什么是真正的“本土化”？这个问题到目前还是见仁见智，观点各异。有人认为，“本土化”乃为西方外来文化“化”为“本土”的过程，侧重于理论观点的选择与理论形式的改造。① 接下来，笔者将列举一些比较有代表性观点并逐一进行分析。郑杭生、王万俊（2000）等人认为，本土化从语义上说，就是使事物发生转变，以适应本国的实际情况，且在本国或本地区继续生长，对本国或本民族的特色或特征产生了深刻的影响。著名教育学者郑金洲（1999）认为，“本土化并非割裂与传统文化的联系，本土化所强调的是我国传统文化在新时期的更新和变迁，这种更新和变迁是由外来文化教育思想的冲击所造成的。在此过程中，传统文化融汇了外来文化，外来思想与本国文化都发生了转变，传统文化揉合进了外来文化中的精华，外来文化也改变了其表现形式，以适应一定国家或地区的传统文化的要求”②。魏晓婧（2009）撰文指出，本土化是指用外来的社会学理论、方法来研究本土社会，从而对原有的理论和方法加以检验，并结合本土实际情况以修正其中某些概念、赋予新的内容，以

① 郑金洲．对话教学［M］．福州：福建教育出版社，2005：138．

② 袁凤琴．教育理论本土化研究［D］．贵州师范大学，2005：4—5．

重新建构一些更为切合本土实际需要的课程教学理论的过程。刘家访（2006）通过研究指出，本土化是外来文化与本国传统文化相互沟通和融合的过程，是两者改变自己的形态以适应不同国家文化发展要求的过程，也是两种文化发生碰撞并相互融合的过程。本土化既包括对本土性的继承，又包含对非本土性的借鉴，是一个在引入和创生中动态生成的过程。

袁良智（1997）认为，相对于全球意识或普遍意识而言，本土化是指一种基于一定地域、历史、文化传统及其思维方式独特性的理性自觉。本土意识的核心要素就是民族化意识，在特定时代和特定的人身上表现为时代意识或阶级意识。郑新蓉（2000）等人认为："本土化在某种程度上是一个有关文化和身份确认的问题。本土化在某种程度上其实是处于边缘弱势地位国家的一种政治诉求，是其文化与教育在全球化发展趋势中的'挣扎'和'抗拒"。[①] 教育学者邬志辉（2003）在研究"教育现代化"问题的时候谈到，教育理论的本土化有两个维度：第一个维度是由外而内的"本土化"，即国外的文化思想和教育理论被引入、融合、吸收，改进、创生为本土的教育理论的过程。第二维度是由内而外"本土化"，即本国人民就本土问题以传统方式创生新的教育理论，并融合外来的先进的教育思想和理论。袁凤琴（2005）则指出，教育理论本土化可以理解为"引入先进理论，借鉴优秀方法，并与本国精华内容进行交流、融合，最后进行自主创新，使本国的文化等得到他者的确认过程"[②]。如何实现教育本土化呢？袁凤琴认为，首先，要对原教育理论进行全面、系统而深入的考察和探讨。其次，走进本国的教育实践，进入教育的日常生活。再次，走进教育学术，进入教育的意义世界。最后，借鉴研究方法，建构自己的方法论体系。

（二）关于课程理论本土化

1. 课程理论本土化研究

黄甫全（1999）在《新中国课程研究的回顾与展望》一文中认为，我国本土化课程体系的实质是20世纪初引进的日本课程模式与50年代引进的苏联课程模式结合的产物，即：把传统的学科课程中国化了。从此以后有关于我国课程理论本土化的研究也越来越多，然而研究角度不外乎以下几种：第一，从研究结构的角度来看，国内学者多认为教育学本土化带动了教育学各分支学科的本土化研究，如：教育学原理、教学理论、课程理论等的本土化。如刘家访（2006）在《教育研究与实验》上发表"我国课程理论本土化的问题及未来走

① 袁凤琴．教育理论本土化研究［D］．贵州师范大学，2005：8—9．

② 袁凤琴．教育理论本土化研究［D］．贵州师范大学，2005：7—8．

向”一文，阐述我国的课程理论本土建设经历了两个阶段，第一阶段课程理论的发展表现为“引进一模仿一初级本土化”。第二阶段表现为“初级本土化一再本土化”。第一阶段主要表现为翻译国外课程论著作，第二阶段主要表现为初步确立课程研究的重要问题，出版我国学者有关课程论的著作，其中最为标志性的是钟启泉的《现代课程论》以及陈侠的《课程论》。第二，从研究方法的角度来看，我国的课程研究基本上是属于思辨方式的，强调概念层面的分析和理论体系的运演，注重课程价值与规范的澄清，如靳玉乐、李殿森主编的《课程研究在中国》等。

综上所述可以看出，现有研究大多将课程论与教学论当做教育学的两个独立部分来研究，忽视了课程与教学相互依存的交叉关系。而这种交叉式的关系使得我们意识到，在今后应当把课程论与教学论当做一个整体来研究，从对象与实践两个方面来考察。另外，现有研究多数从学科教学，发展演变等角度来研究课程理论或教学理论的本土化构建，很少或几乎没有从方法论的高度来论述。

2. 音乐课程理论本土化研究

关于音乐课程理念的研究，笔者也参阅了大量的文章和著作，现将有代表性的观点陈述如下。朱玉江（2005）撰文指出，由于我国近代的音乐教育体制是建立在西方文化模式之上，并以“西方中心论”为基础的，因此，我国当下的音乐教育及创作、表演、教学模式、价值观念都受到西方音乐文化的影响。如今，多元文化音乐教育已成为国际音乐教育的主流，我们也应该思考在全球化、多元化的视域下如何去发展具有本民族特色的音乐文化和音乐教育。受西方音乐文化中心论影响以及西方音乐思维及价值观的束缚，我国的音乐工作者很难以一种客观、公正的态度来研究和进行本土音乐教育实践，人们在进行本土音乐教育研究时产生了很多困惑，如本土音乐是“落后”还是“平等”？本土音乐教育是主体性还是他者性的建构？我们是应该理解还是迎合？作者认为可以通过以下策略来解开困惑，走出困境。第一，解开“心灵殖民化”，把音乐当做一种文化来传授。第二，正确处理本土化与西方化、全球化的关系。第三，从跨文化的角度来理解本土音乐教育。

研究者乔馨（2008）撰文指出，伴随着全球化、国际化不可逆转的世界潮流，“多元文化音乐教育”应运而生，很多国家和民族都在为保护、传承和挖掘本民族的优秀音乐文化艺术而作着多方面的努力和尝试，多元化音乐教育理念作为手段之一，已成为近年来国际音乐文化和音乐教育发展的重要趋势。因此，乔馨认为在课程的设置和教材的编写过程中不仅应包括主流音乐文化，还应体现非主流音乐文化如各种地方和民间音乐文化的内容和特征，建立以促进每个学生个体全面和谐发展为目的的综合评价体系。其主旨在于培养学生互相尊重和理解异域音乐文化的多样性，挖掘本土文化的艺术宝藏，彰显民族音乐的独特魅力，并在全球化“和而不同”的共融文化环境中具有平等交流的话语权。毫无疑问，多元文化音乐教育是达到跨文化理解的有效途径，也是全人类进行艺术交流的一种基本态式。另有研究者曹青（2007）在《奥尔夫音乐教学法的中国本土化进程初探》一文中从教材建设的本土化、教学实践的本土化、教育理念的本土化、乐器制作的本土化四个方面阐述了奥尔夫音乐教学法在我国的本土化进程，并分析和思考了奥尔夫音乐教学法在中国得以传播的原因及其在中国本土化进程中遇到的问题。此外，研究者王欣（2005）撰文指出，“音乐教育的本土化主要是指以传承本民族的音乐文化以基础，虽然也包括对外来的音乐文化的借鉴和移植，但最终目的是使本国或本民族的音乐文化得到延续和发展”①。王欣接着指出，我国研究者在对本土音乐的理解上出现了偏差，认为我国音乐文化是落后的，本土音乐思维和价值观亦被西方音乐文化观念所代替。因此，他认为我国音乐教育在全球化的背景下更应该注重跨文化和跨学科的交流和研究，着重探讨我国音乐文化传统与外来音乐文化的相互融合、转变和创生。他认为，“音乐教育改革必须强调‘本土化’，形成独具中国特色的音乐文化，通过‘本土化’的方式来完成与外来文化之间的相互沟通、融合，本土音乐教育需要在跨文化的视野中审视自己，从而做到立足本土，面向世界”②。而卢笛（2006）在《奥尔夫音乐教育体系与我国音乐教育的适应性研究》一文中通过分析奥尔夫教育体系在我国音乐教育领域存在普遍适应性的原因，得出了这样一些观点和认识：奥尔夫的“原本性”音乐与我国传统音乐文化存在共通性；从本土音乐出发的奥尔夫教育体系利于弘扬我国民族音乐；先进的奥尔夫教育体系能够有力地推动我国音乐教育改革；低技术要求的奥尔夫教育体系符合我国部分地区音乐教育的现状。

（三）关于奥尔夫音乐教学与我国课程改革的关系

这方面的研究比较有代表性的观点如下。如音乐教育研究者杨为强（2008）指出，当前我国音乐课改的地区差异和城乡差异很大，在课改中出现了很多不尽人意的情况。如音乐课改中的“故步自封、墨守成规、盲目模仿、追求形式、改革过度、偏离轨道”等等。杨为强接着指出，出现这些情况的主要原因是认识不足，对音乐新课标理解不够，实际教学中的功利思想违背新课改的精神实质。“奥尔夫音乐”可以为音乐新课改提供有效的手段和方法。比如其强调“创造性”以及“本土性和本土化”的理念对新课改就有重要的价值

① 王欣．反思音乐教育本土化的困境［J］．沈阳：沈阳音乐学院学报，2005（4）71—72．

② 王欣．反思音乐教育本土化的困境［J］．沈阳：沈阳音乐学院学报，2005（4）71—72．

启示。刘杜芳（2006）指出，在我国教育创新和课程改革不断推进的背景下，新的课程思想为音乐教学带来了全新的挑战。音乐教育工作者如何借鉴、学习以及运用奥尔夫音乐教育，已成为当前我国基础音乐教育改革中面临的重大问题。从课程的视角对奥尔夫音乐教育进行全面的解读，对于加深广大教育工作者对奥尔夫音乐体系的理解和认识，帮助广大音乐教师形成正确的音乐文化观念，从而促进我国基础音乐教育的持续发展具有重要的现实价值。作者认为，“奥尔夫音乐教育的课程内涵是一种静态课程与动态课程整合的音乐教育体系，具有体验、开放、整合、自由等特征。奥尔夫音乐教育理念强调从‘做中学’，突出学生的主体性，主张通过体验学习的方式与过程来获得自主的发展①。”程贯雷（2008）在《课改视野下奥尔夫音乐教学法对音乐教学的新启示》一文中谈到，《二期课改标准》和奥尔夫音乐体系的基本思想原则相一致：第一，目的都在于培养人，造就人，发掘人的创造精神。第二，音乐、语言、舞蹈是紧密地联系在一起的。第三，元素性的音乐，人人都能参与其间最适合于儿童音乐教育。因此，他认为奥尔夫音乐教学法对我国的音乐教学和课程改革都有许多新的启示：第一，创造性是灵魂。第二，实践活动贯穿教学始终。第三，综合性与音乐文化相结合。第四，从感知到认知，提高科学理论认识水平。作者认为，奥尔夫音乐思想与我国的课程改革思想（课程思想、课程内容、课程方法、课程评价等）有很大的契合性。

（四）关于奥尔夫音乐教学法“引入”过程中的研究成果

我国最早出版的系统介绍奥尔夫音乐教育的教材是1986年由廖乃雄翻译的《节奏一旋律练习》一书。此书是儿童进行节奏、旋律练习的基础教材，它对于培养儿童音乐素质具有科学而实用的价值。此外，由廖乃雄翻译的由凯特曼编著的《奥尔夫儿童音乐教学法初步》（1987）也是当前我国研究奥尔夫音乐教育体系的重要依据参考文献之一。1989年，由我国著名音乐学者秦德祥编著的《元素性音乐教育》（南京大学出版社1989年7月版）是系统介绍奥尔夫音乐教育体系的为数不多的重要著作之一。之后，秦德祥又出版了他的《中外音乐教学法简介》（1990）。这本书介绍了当代世界在国内产生广泛影响的几个国外音乐教学法，其中就包括对奥尔夫音乐教育体系的专题介绍，如“奥尔夫与中国古代的音乐、教育理论”、“奥尔夫与我们之间的观念之别②”。

90年代以后，我国对奥尔夫音乐教育的研究日趋火热，出现了大量有代表性的学术成果。在论文方面有1992年4月《中国音乐教育》上发表了由陈

① 刘杜芳．课程视野下的奥尔夫音乐教育理论与实践研究［D］．上海师范大学，2006：4.

② 秦德祥．秦德祥音乐教育论文选［M］．中国文联出版社，2001：12.

平翻译的《奥尔夫音乐教学法》，1993 年 3 月又发表了由秦德祥翻译的《奥尔夫音乐教学法中的“声势”教学》等。在著作方面有刘云翔、魏煌所著的《音乐教育学》，曹理所著的《普通音乐教育学概论》、《普通学校音乐教育学》，李妲娜主编的《世界音乐教育集萃》、《音乐教育文选》，邵祖亮主编的《中学音乐教学法》，王英奎主编的《小学音乐教学研究》，曹理、缪裴言主编的《中学音乐教学论新编》等。在这些音乐教育类书籍中，对奥尔夫音乐教育体系的教育理念、教学内容、教学方法、乐器合奏、即兴创作等都有比较全面和准确的论述。

接下来笔者介绍几本应用率高、引起广泛关注的几本著作。2002 年 2 月，由教育部社会科学发展中心组织的《学校艺术教育研究丛书》之一的《奥尔夫音乐教育思想与实践》出版，由李妲娜、修海林和尹爱青编著。作为全国教育科学“八五”规划项目的重要音乐教育丛书之一，本书还是我国第一本比较全面介绍奥尔夫音乐教育思想的专著。从奥尔夫的生平到其相应的音乐理念再到音乐实践活动，本书都有详细的第一手资料。对奥尔夫音乐教育思想，此书有较准确的介绍；对奥尔夫音乐教育体系在中国本土化的方式和手段，此书更是通过大量的音乐课堂教学实例来加以说明。基于其重要性，有学者指出，此书已成为我国音乐教育专业学生的必读书目。

2004 年，由左玲玲编著的《音乐素质训练：国外音乐教育体系与中国教育实际的结合》出版。此书借鉴了奥尔夫音乐教育理念，比较适用于普通基础教育中的奥尔夫音乐实践教学。此书偏重于实践操作，相关的理论阐述更多地隐藏于实际应用中。研究者王汇娟（2005）通过深入研究，针对我国传统器乐教学中存在的诸多弊端，将奥尔夫音乐教学法融入到现实的器乐集体教学中，进行了大量的音乐教学实验，并取得了良好的教学效果，总结许多行之有效的具体操作方法，较好地达到了预期的研究目的，在器乐教学积累了丰富的课例和教学资料。另外，田彬华（2006）在研究中侧重于对奥尔夫创作作品的探讨。他在论文中简要介绍了奥尔夫的主要生平，并集中探讨了奥尔夫与纳粹的关系。他指出，在奥尔夫的创作方面，从创作分期、创作范围、主要作品这三个方面论述奥尔夫的音乐创作活动；并对其作品《博伊伦之歌》进行了深入地分析，从歌词的来源、创作与表演的过程、艺术形式、作品结构与音乐风格特点、作品深层审美内涵等多方面进行了论述。蔡觉民（1997）撰文指出，奥尔夫音乐教育思想的核心，是他的“原本的”音乐观念。奥尔夫将原本的音乐观念与儿童音乐教育实践结合起来产生了现代儿童音乐教育媒介——“元素性”[①] 音乐。他指

---

① 蔡觉民认为元素性音乐以原本音乐的基本特征和儿童生理、心理特点为基础。它是一种自然性、艺术性和教育性有机结合的，采用适合儿童主动参与、体验的媒体和方法，由儿童自己创造和表演的音乐。

出，多元化音乐教育是当代世界音乐教育领域所探讨的重要课题之一，但奥尔夫音乐教学体系中早就孕育着多元化音乐教育思想的萌芽。田春玲（2007）在《再谈奥尔夫音乐教育的特点——针对奥尔夫音乐教育在中国传播的异化现象》一文中指出，奥尔夫音乐教育体系是世界著名的三大音乐教育体系之一，它给整个世界的音乐教育注入了新的血液，也影响了我国的音乐教育。但我国在引入奥尔夫音乐教育的过程中出现了许多歪曲其本质的异化现象。作者从教育对象、课程、教育方法、教育目标等四个方面，分析了奥尔夫音乐教育的特点，帮助人们把握奥尔夫音乐教育本质的同时，以避免在音乐教育实践中异化现象的再度出现。尚永娜（2007）在《李姐娜奥尔夫教学研究》一文中采用了质化研究方法，对李妲娜在中央音乐学院执教的奥尔夫教法课进行了田野调查和客观描述，总结出了李妲娜奥尔夫教学的八大特点，即：综合性、创造性、参与性、本土性、人文性、知识性、开放性、师范性，对音乐教师应具备的素质以及我国的音乐课程改革具有一定的启示和价值。李莉、马达、黄剑敏（2007）等人认为，德国奥尔夫音乐教育体系在世界各国音乐教育的发展上独树一帜，取得了举世公认的成就。通过对奥尔夫音乐教育体系以及我国音乐教育现状的分析、比较，他们最终认为，发展音乐教育必须树立民族音乐教育为本的观念，“作为一个国家、一个民族的音乐教育，如果脱离了本土文化这个根，还谈什么继承、弘扬和发展，更谈不上走向世界立于世界音乐文化之林[①]。”傅鸿和樊潇潇（2009）在研究中指出：中国传统的音乐教学不利于学生独立创造精神和创造能力的形成，相反局限了学生的各方面发展。而在教学环境、教具等硬件方面的欠缺则制约了奥尔夫音乐教育的推广。针对这些弊端提出了相应的解决措施：第一，学校要加强教学环境和教学设备建设以及教师培训工作，为奥尔夫音乐教学提供保障。第二，大力提高中国各级音乐教育教师的素质。第三，充分利用奥尔夫培训机构，为学生的今后良好发展打下基础。

（五）对已有研究的评价

通过上文对奥尔夫音乐教育相关领域的研究成果的分析与总结，我们可以看出，以往关于奥尔夫音乐教育体系的研究虽然很多，但综合看来，已有研究主要表现出以下特点和不足：

第一，理论研究居多。目前国内大多数是从中国传统音乐文化、中国音乐教育改革等方面对本土化可行性、必要性和重要性的理论研究，缺少的是对本土化教学实践，及其方法论的深入研究，然而教学实践恰恰是教育活动的核心

① 黄剑敏，马达．关于音乐教育心理学研究方法的思考［J］．福州：福建师范大学学报（哲学社会科学版），2007：3.

和具体体现。很多的相关研究是停留在文献研究和理念思考之上，导致研究内容重复，研究结论类似等问题，缺乏从总体上对奥尔夫音乐教育体系进行把握的突破性研究。

第二，理论原创较少。很多研究属于国外音乐教育研究成果的简单移植和生搬硬套，缺乏对这些理论的深层分析和实实在在的本土化研究，缺少从根源上即从音乐教育要素的内部关系来考察奥尔夫音乐教育体系的本土化的研究。缺少探讨如何立足于本土音乐文化传统来面对外来音乐文化的融合、文化间的相互作用、音乐教育与文化变迁等方面的复杂关系的研究。

第三，研究视角狭窄。多集中于某一方面，多以局部研究为主，例如相当多的研究集中于奥尔夫音乐教育体系的内容介绍或奥尔夫音乐教育的特点、原则、模式几个等方面，缺乏对其进行整体性、全局性的深度研究。

第四，研究方法单一。很多关于奥尔夫音乐教育体系的研究往往以单一的教育学或心理学学科为理论依据，以简单的文献法或比较法等展开研究，缺乏关系性思维的研究视角，跨学科的整合性研究相对欠缺，不利于奥尔夫音乐教育本土化研究的深入。

第五，在基础理论研究方面不完善。从上文所述的研究现状可以看出，虽然研究奥尔夫音乐的内容很多，但是对奥尔夫音乐教学法的思想和理论根源挖掘不够深入，对于奥尔夫音乐教育体系的全面、系统研究比较缺乏。

第六，从具体实践的广度和深度方面研究得不够深入。从上述国内外研究现状可以看出，关于奥尔夫音乐教学法的实证研究相对较少。多数研究为思辨性研究，很少有从具体教学课例设计以及课堂实际运用的角度展开研究的，缺乏对奥尔夫音乐教育本土化的整体把握和系统分析，这也为本研究的展开提供了空间。基于此，笔者以全面、系统的奥尔夫音乐教育本土化研究作为论文的出发点和落脚点。

三、奥尔夫音乐教学法本土化研究的价值

奥尔夫教学法作为当代世界最著名的三大音乐教育体系之一，凭借其独特的教育理念、灵活的教学形式和个性突出的教学策略得到世界音乐教育工作者和广大学习者的高度赞誉和喜爱，并且深受儿童的欢迎，因而在世界各国得到了广泛的传播。自从 20 世纪 80 年代初，奥尔夫音乐教学法被以廖乃雄等为代表的音乐教育研究都介绍引入到我国，对促进我过音乐教育的改革和发展起了巨大的作用。奥尔夫一直竭力主张要平等地看待不同民族、地区的各种音乐文化，他认为各国（地区）的音乐文化在某种程度上都体现着音乐的本质和本源，是最“自然的”和“富有活力的”音乐艺术。这些接近自然并且能够为每

个儿童学会和体验的各地区民族、民间艺术都可以作为儿童音乐教学的素材，以适合儿童参与体验的教学方式创造出各种各样的奥尔夫音乐课程和灵活多变的音乐教学活动。正是如此，奥尔夫音乐教学法在世界各地都具有广泛的影响，受到世界各地人民的热烈欢迎。奥尔夫音乐教学法在世界音乐教育领域的广泛传播和内容的不断丰富，对多元音乐文化教育的研究和发展，产生了重大的推动作用。因此，深入挖掘奥尔夫音乐教育在世界的融合与发展、演变与生成过程，并研究奥尔夫音乐教学法在我国的本土化问题，具有重要的理论和实践价值。

（一）理论价值

1. 深化音乐教育教学研究

通过对奥尔夫音乐教学法的本质与基本理念的深入剖析，分析奥尔夫音乐教学法在中国融合与生成的目的与现实意义，追问、探寻与构建奥尔夫音乐教学法中国本土化的立论基点。

2. 为音乐课程改革提供理论依据

结合我国基础音乐教育改革，新课程标准提出的音乐教育的核心理念和基本目标，分析、探讨奥尔夫音乐教学法在中国具体音乐教育实践的契合点，总结、归纳奥尔夫音乐教学法中国本土化的教学理念与教学原则，为音乐学科的课程改革提供理论参考。

（二）实践价值

1. 探索新的音乐教学方法

通过访谈、观察、行动研究等实证研究方法和实际教学的课例相结合，对奥尔夫音乐教学法与中国当代基础音乐教学的融合之法进行探索和研究，最终形成可操作性的具体实践方案与方法。

2. 建构完善的本土化音乐教学体系

在生成奥尔夫音乐教学法中国本土化教学理念与教学原则的前提下，对奥尔夫音乐教学法中国本土化教学内容、教学方法和教学评价等实践问题进行进一步的探索，最终完成奥尔夫本土化教学体系的构建。

3. 形成具有指导性的实践策略

在对奥尔夫音乐教学法本土化理论与实证研究的基础上，对奥尔夫音乐教学法本土化融合的障碍以及生成的条件进行分析、阐释与研究，最终形成具有现实指导性的实践措施与教学策略。

四、研究的思路与方法

（一）研究思路

本研究从当前世界范围内的音乐教育全球化背景出发，在阐述音乐教育融合价值的基础上，深入挖掘音乐融合、外来音乐本土化问题的理论基础，并由此引入奥尔夫音乐教学法在全世界的融合问题，进而将研究的视域落在奥尔夫音乐教学法在中国的本土化问题上。最后，论文将通过融合趋势、融合依据、融合途径、实证研究、本土生成、融合障碍的逻辑顺序展开逐一研究。在研究的方法上，主要采取文献法、实证调查法以及质化研究的方法。

（二）研究路线

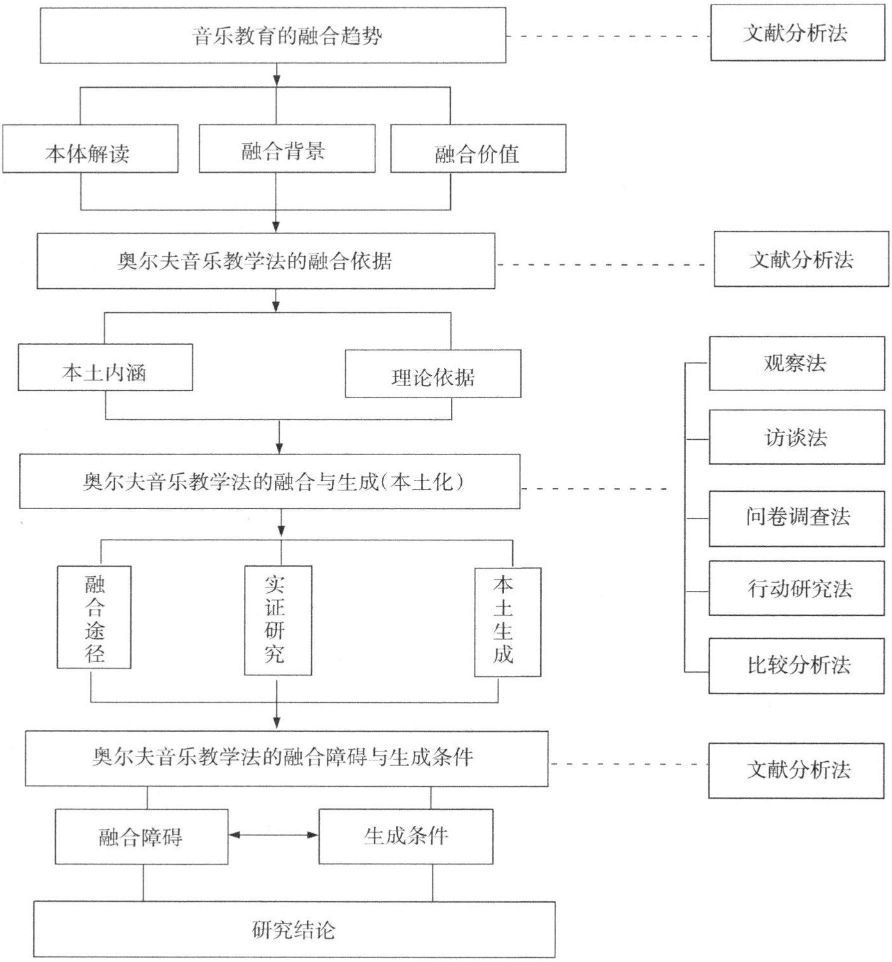

（三）具体研究方法

本书以辩证唯物主义和历史唯物主义为总的方法论基础，坚持理论与实践相结合的原则，综合地运用文献资料法、实证调查法、访谈法、案例研究法、比较分析法等多种研究方法，借鉴哲学、心理学、社会学等相关学科的研究成果与方法，全方位、多视角地探讨奥尔夫音乐教学法的本土化相关问题。具体来说，主要有如下基本方法。

1. 历史逻辑分析法

历史的方法是社会科学的基本方法，对奥尔夫音乐教育体系的历史发展进程进行分析和总结，从而发现其发展的规律，是音乐学科教育研究的一个重要方式。恩格斯曾言“历史从哪里开始，思想进程也应该从哪里开始，而思想进程的进一步发展不过是历史过程在抽象的、理论上前后一贯的形式上的反映”。奥尔夫音乐教育体系的研究是具有历史性的，通过查阅和研习相关的著作，探索奥尔夫音乐教育体系的历史发展，历史逻辑法是行之有效的方法。

2. 实证调查法（观察法、访谈法、问卷调查法、行动研究法、田野研究法等）

没有调查就没有发言权，如果没有对当下音乐教育所处的社会现实情况有真实的认识，没有对奥尔夫音乐教育体系现实情况的了解，对其研究势必陷入空谈，研究的结果也不会有真正的价值。因此，立足实践，大量调查，是本研究的重要方法。这也将会使研究具有较强的针对性和问题意识。

3. 比较分析法

通过国际国内比较，研究发达国家相关方面的发展，评析不同国家奥尔夫音乐教育体系研究的模式，借鉴相关国家的经验，是本研究的基本方法。通过比较分析，了解奥尔夫音乐教育体系在世界范围内的进展与动态，以吸收和借鉴其他国家先进的本土化理念与方法。

五、研究的新意

（一）视角的创新

本书在对奥尔夫音乐教学法进行本体解读的基础上，以“引进—渗透与整合”、“融合—吸收与转化”、“生成—建构与创新”的理论视角，以人本主义哲学观、原本性哲学观、民族音乐文化与多元音乐文化并举的文化认同观、加德纳的多元智能心理学等为理论依据，对奥尔夫音乐教学法本土化的内涵及理论依据展开论述，就奥尔夫音乐教学法在中国的发展现状及存在问题等展开分析，探讨奥尔夫音乐教学法在中国的融合方式问题，论述本土化的奥尔夫音乐教学原则、目标、方法、策略、模式的生成与建构。较以往的研究在视角上有了一定程度的突破。

（二）方法的创新

本书以马克思主义的辩证唯物主义和历史唯物主义为总的指导思想和方法论基础，坚持理论与实践相结合的原则，综合地运用总体性方法、实证调查、文献分析、访谈、案例研究、比较分析和综合评价等多种研究方法，借鉴哲学、社会学、教育学等研究成果与方法，全方位、多视角地探讨奥尔夫音乐教育体系的本土化相关问题。具体运用了历史逻辑分析法、实证调查法（观察法、访谈法、问卷调查法、行动研究法等）、比较分析法等方法，在研究方法上也做到了一定程度的创新。

（三）观点的创新

本书以我国的音乐新课改为目标，针对奥尔夫音乐教学法与我国新课程标准的融合现状，分析了奥尔夫音乐教育理念与我国音乐新课标基本理念的契合程度，并阐明了奥尔夫音乐教学法在我国本土化的生成与建构，包括本土化教学模式的生成、本土化教学目标的生成、本土化教学原则的生成、本土化教学内容的生成、本土化教学方法的生成、本土化教学评价的生成、本土化教学策略的生成以及本土化教学用具的生成等。最后还针对中国人的传统观念与思维方式、中国的教育体制、中国的教育环境与教学设备、音乐教育理论研究的滞后、专业师资的缺乏等奥尔夫音乐教学法本土化的融合障碍，从国家政策、社会舆论、学校氛围、师资保证等方面就奥尔夫音乐教学法本土化的生成条件，提出相关的政策性建议。这其中，一些有创见性的观点是笔者在突破前人的研究成果的基础上首次提出的，因此，在研究的学术观点上也有一定程度的创新。

当然，由于个人研究素养、研究水平和学术能力的限制，本书在对很多问题的阐释上，在整个理论的架构上，在对一些细节问题的挖掘上还存在一定程度的不足，有待于笔者进一步的提高，笔者将会在后续的研究中尽力弥补这些不足。

六、核心概念的界定

（一）本土

笔者查阅了我国《汉语大词典》，其中“本土”的本身含义有三种，第一是指乡土，即原来的生长地。第二是指殖民国家本国的领土（对所掠夺的殖民地而言），也指一个国家固有的领土。第三是指本地的土壤。笔者比较赞同“故土，原来的生长地”以及“当地，本地”这两层意思。本书理论的探讨和意义的建构基本是以这两层意思为基础。在这方面，我国古代的文献有相关的记载，我们来看一下。如《后汉书·光武帝纪下》曾记载：“南单于遣子入侍，奉奏诣阙，於是云中、五原、朔方、北地、定襄、鴈门、上谷、代八郡民归于本土。”《晋书·穆帝纪》也记载过：“扶南竺旃檀献驯象，诏曰‘昔先帝以殊方异兽或为人患，禁之。今及其未至，可令还本土。’”《旧五代史·汉书·杜重威传》记载：“及重威请命，琏等邀朝廷信誓，诏许琏等却归本土。”上述文献表述基本都是这两层意思。

“在人类学、社会学和政治学的相关研究中，本土概念（Native Con-cept）主要是指意义表面化的概念，它们通常是经常使用的、用来表达他们自己看世界的方式的概念”[①]。“从学科的角度来看，所有的学科也都有其自身的本土概念，这也是这些学科观照世界的方式。正是通过本土的建构，这些学科才获得了学科的独立和科学地位。本研究所探讨的正是这种意义上的本土内涵。即作为一门学科，也需要有自身独立的本土概念体系，以阻挡其他文化的入侵而避免其最终走向终结”[②]。基于此，在本书中，笔者认为“本土概念”有两层最基本的涵义：“第一，它是与西方音乐文化或音乐教育研究等外来概念相对的。西方音乐文化和教育研究中的核心概念、理论话语与中国的音乐文化和教育毕竟有区别。二是本土概念与其他学科的概念、话语相区别的概念体系，它立足于音乐教育学科的理论和实践，而不是立足于其他学科的理论话语体系。”[③]

笔者同时也认为，“本土概念的建构对于音乐学科有重大的理论意义，它有利于研究者发挥其学科特色，为音乐理论的原创提供基础。简要来说，本土概念之于音乐学科理论研究的意义体现在其有利于维护音乐教育学的学科独立性，促进音乐教育研究本土—西方的对话，能够增进音乐教育理论研究的原创性，能够提升音乐教育研究者的理论自信。”[④] 笔者认为，“本土概念”的探讨和意义上的完善不仅有利于提升和增强音乐教育理论与实践研究者的学科立场，同时也是音乐教育研究走向良性循环的一个至关重要的关键环节。

（二）本土化

“本土化”的英文为“indigenization”，由动词“indigenize”加后缀而成，

① 陈向明．质的研究方法与社会科学研究［M］北京：教育科学出版社，2000：284.

② 叶飞．本土概念及其教育学研究意义［J］．教育理论与实践，2008（09）.

③ 在本土与西方的问题上，有人提出了要创建“本土生长”的概念体系，有人则倡导要建立起“中国教育学”；陈元晖先生则喊出要“真正摆脱‘进口教育学’而要‘出口教育学’，让外国人来翻译我们的著作”。可见，中国的教育学应建立起区别于西方的独立的概念、话语体系在一定程度上已经成为了当代学者们的一个共识和目标。从目前我国教育学发展的实际情况来看，如何应对西方话语以及其他学科的理论话语的“侵入”已经成为了一项紧迫任务。

④ 叶飞．本土概念及其教育学研究意义［J］．教育理论与实践，2008（09）.

又可译为“民族化”、“地方化”或“本国化”。“从语言学上讲，本土化其实就是使相应的事物发生转变，使其适应本国、本民族、本地区的实际情况并具有本国特色。”① 以往研究者们对音乐教育本土化的界定集中在两个层面，一是大多数研究者从“化”字来进行简单的理解，认为音乐教育的本土化是一种过程或方式，即使外来的优秀音乐文化教育理论“化”成具有本国、本地区或本民族特色的音乐文化理论。② 二是很多的研究者认为，以往“本土”的概念过于宽泛，其不仅仅定向为“国”的范围内，更应该细化为“域”的概念，让其兼有国家之疆域与国内之区域的含义。③

我国对音乐教育理论“本土化”相关问题的研究源于对外来音乐文化的冲击所引起的关注和思考。长期以来的中西音乐文化的碰撞、交流，震撼、激励着广大音乐教育理论研究者，他们倡导中国音乐教育要借鉴、吸收西方音乐文化，并将之融会到中国传统音乐文化之中，使其重新焕发生机和活力，有人称之为音乐教育的“本土化”。④

通过改造使西方音乐文化适合本土音乐发展需要，是音乐文化教育理论本土化的原义。但仅有这种意义上的本土化，没有实践基础上的音乐文化融合和创生，就摆脱不了对西方音乐文化的依附，争得本土音乐文化与其它音乐文化的平等地位。

基于此，笔者认为音乐教育理论本土化即在“全球化”视野下，引入、融合外来先进的音乐文化，最终形成以本土音乐文化为主体的多元音乐文化的过程。⑤ 笔者认为以往研究者对音乐教育理论本土化的研究忽视“人”的因素，遮蔽了音乐教育理念研究的“主体”。因此，在音乐教育理论研究中，本土化的内涵是使从本国、本民族以及本地区以外传入的音乐文化教育理念发生融合和转变，形成具有本国特色的音乐文化。这是一种使西方外来音乐文化的合理成分与本土音乐教育理论相结合，形成具有本国特色的音乐教育文化的一种取向。这种内涵的定义彰显民理性和研究的主体。创新与生成是基于对西方音乐文化的引入和移植过程中，坚持本土音乐教育实践的理性选择，可以说，对西方外来音乐文化的筛选是对这些外来音乐文化进行创新、生成本土音乐文化的必要前提；音乐教育理论的研究者作为外来优秀音乐文化的引入者和音乐学科

---

① 李姗姗．他者教育理论本土研究［D］．长春：东北师范大学出版社，2010：6.

② 邬志辉．教育全球化：中国的视点与问题［M］．上海：华东师范大学出版社，2004：274.

③ 杨进．基于本土的教育理论原创研究［J］．东北师大学报（哲学社会科学版），2004（5）：31.

④ 叶澜．思维在断裂处穿行一教育理论与教育实践关系的再寻找［J］．中国教育学刊，2001（6）.

⑤ 李姗姗．他者教育理论本土研究［D］．长春：东北师范大学出版社，2010：6.

的守门人，他们的主体意识、学科立场、生活场域都会对本土化产生重大影响。因此，研究视角的转变强调了音乐教育理论研究主体的重要性，彰显了音乐教育研究者的主体意识。

“本土性”是与“本土化”紧密联系的另外一个重要概念。笔者认为，音乐文化的“本土性”其实是指以本国或本地域的音乐教育实践为基础，以我国的优秀音乐文化传统为基点，适合我国本土化发展需要的某种特性。可以说，“本土性”是“本土化”的重要基础和目标，而“本土化”则是达到“本土性”的过程。在现实的音乐教育教学活动中，“本土性”无处不在。也正是因为这个原因，世界各国的音乐文化既具有共性，又独具特色。音乐教育理论本土化的研究毫无疑问将是一项长期而艰巨的任务，也是广大音乐教育研究者的责任。笔者选择了这一具有重大历史和时代价值的研究课题，试图在对音乐教育理论本土化的概念进行界定的基础上，深刻地分析奥尔夫音乐教育本土化的意义和价值，建构奥尔夫音乐教学法本土化的教学实践体系和有效途径。尽管目前这一领域的研究中还存在着诸多的问题，有待于笔者持续不断的努力。但笔者坚信，“路漫漫其修远兮，吾将上下而求索”艰辛的努力一定会收到良好的回报，奥尔夫音乐教育理论这一世界文化遗产一定会在中华大地上开花结果，被广大的音乐教育研究工作者发扬光大。

第一章　奥尔夫音乐教学法本体解读

一、奥尔夫音乐思想及形成背景

（一）奥尔夫生平

1895年7月10日，卡尔·奥尔夫出生于德国慕尼黑市的一个军人家庭，其家庭成员中从曾祖父到父亲都是职业军人，但同时又有极高的文化素养。祖父卡尔·冯·奥尔夫博士在当了少将后转入研究测量学、数学和天文学。外祖父卡尔·柯伊斯特勒也是少将又兼历史学家，父亲海因里希·奥尔夫也是军官和音乐迷，而卡尔·奥尔夫最重要的音乐启蒙教师——他的母亲宝拉·柯伊斯特勒更是一位受过正规训练的钢琴家，她十二岁就已登台演出，成就斐然。在优越的家庭环境中，卡尔·奥尔夫从小对音乐和戏剧产生浓厚的兴趣。从在弹琴的妈妈脚边随音乐敲打到两岁多爬上钢琴与妈妈同“玩”音乐，作为最优秀的启蒙教师，卡尔·奥尔夫的妈妈给了他最好的入门教育：保持浓厚的兴趣，又逐渐引入正规地学习和训练，而大量的钢琴四手联弹练习不仅丰富了奥尔夫的音乐感受和兴趣，更使他涉猎了大师们的大量名著。而在对音乐感兴趣的同时奥尔夫也表现了对戏剧的热爱，四岁他第一次接触拉线木偶戏，给他留下了深刻印象，于是有了他第一次的戏剧尝试：在圣诞节作为礼物送给他的一个木偶戏台上，自己就开始了即兴表演，各种人物——公主、老太婆、恶魔、鳄鱼、警察……顺口编的离奇故事源源不断，之后越发不可收拾的创作、表演欲望使他不满足以木偶作戏，而要在真正的“舞台”上，自己创编、制作道具、担当好几个角色的演员，又导又演还兼做舞台灯光工作，五岁的奥尔夫已经显示了他在音乐舞台剧方面的灵感和天才，儿童时期良好的家教和对戏剧和音乐的努力探索为其成为世界著名的音乐大师奠定了良好的基础。

卡尔·奥尔夫作为当代最负盛名的德国作曲家和音乐教育家和奥尔夫音乐教育体系的首创者，在其还在小学时，奥尔夫就已经拥有了自己的第一本“卡尔·奥尔夫100首故事”集和第一本诗集，在他十岁生日时，他还从中挑选了两首诗歌发表在一个儿童刊物上。后来，步入少年的他有机会进入音乐厅、歌剧院，莫扎特、贝多芬以至后来的瓦格纳这些大师们给了这位感受力敏锐的孩子难以想象的震动和启发。从这个时期开始，奥尔夫就通过各种机会和方式来学习和钻研欧洲经典音乐作品，研究音乐大师们的艺术风格，并寻找一种独特的音乐表现语言—原本性音乐，“他从不把自己禁锢在某一专业或学科领域之中，作曲、戏剧、指挥、舞蹈、节奏……他都抱有极大的热忱去关注和研究”①。除了音乐、戏剧，他的家人还给了他另一个活动场所——大自然。从三岁开始，其家庭每年夏季都要到乡间别墅居住一段时间，大自然给了其无数的创作源泉和灵感，成为他后来音乐作品中最具特性和永恒的部分。奥尔夫鲜明的个性特性和他对音乐、戏剧的着魔使他从小一直难于融入体制化的学校及其旧式管理中，以至到高中毕业前，经过与家庭的抗争后，他选择终止了高中学业，从而有更多的经历来准备慕尼黑音乐学院的入学考试。从少年到青年，奥尔夫通过自学刻苦钻研那些经典的音乐艺术作品，通过不断地探究大师们的艺术风格来寻求自己的音乐发展道路，贝多芬、瓦格纳、巴赫、德彪西、门德尔松、勋伯格、理查·斯特劳斯、蒙台威尔第都给过他震撼，却始终未在他的创作中留下痕迹。他不停地吸收前人的经验，又不停地寻找着自己独特的艺术表现语言：“那种‘野生’的具有原本性（Elemente）的音乐、戏剧”。

1917年，第一次世界大战席卷欧洲，奥尔夫应征入伍，后来因病不得不回到家乡，战争给奥尔夫的身心摧残甚至使他差点丧失记忆，语言产生障碍。20年代，对从事体育、体操和舞蹈活动的一种新的感觉，支配着欧洲青年，达尔克罗兹（Dalckroze）的著作和想法在整个世界流传。1924年奥尔夫与友人舞蹈家军特合作创办了一所军特体操音乐舞蹈学校，即“军特学校”。在军特学校里，奥尔夫开始了尝试对音乐教育的进行一系列的改革②。“军特学校”的实验在其后的很长的时间内受到许多教育家们的关注，有力地推动了奥尔夫音乐教育思想的实施和传播。1930年后，奥尔夫开始对诗歌产生强烈的兴趣，并创作出了一系列的优秀作品。1937年，创作出《卡尔米娜·布拉纳》。至1942年，其三部成名作《卡尔米娜·布拉纳》（1934—1937）、《月亮》（1937—1939）、《聪明的女人》（1941—1943）相继问世。在这里同样可以看到奥尔夫在音乐教育中所体现的那种原本性的原则和理念。1948—1949年，他

① 廖乃雄．音乐教学法［M］．中央音乐学院出版社，2005，176.

② 在那里，奥尔夫开展了将动作与音乐相结合的新的节奏教学实验。在音乐方面最突出的是在音乐与动作教学中突出节奏性乐器，他为了使学生们亲自参与奏乐，通过即兴演奏并设计自己的音乐，以达到学生的主动性，没有用那些需要较高技术和较长课时训练才能掌握的现成的各种乐器，而是以节奏性为主，较容易学会的原始乐器，通过加工改造，制造出一套可以合奏用的以打击方式为主的小乐队编制乐器。这套已被人们统称为奥尔夫乐器的教具现已闻名全世界，成为奥尔夫音乐教育体系的重要标志之一。

创作完成了《安蒂戈尼》，这部融合音乐、舞蹈、戏剧，采用多种乐器与人声的结合的作品奠定了其在世界上音乐教育史上的地位。1950—1960年，奥尔夫曾担任慕尼黑音乐学院教授。从1948年开始，他曾为巴伐利亚电台编写“学校音乐教育”的教学内容达五年之久，深受学校广大师生的欢迎。1950—1954年五卷本《学校音乐》出版，并被各国相继翻译，产生了非常深远的影响。1961年在奥地利萨尔斯堡“奥尔夫学院”成立，作为奥尔夫教学法的研究和培训中心，对后世奥尔夫音乐教育的传播和研究影响深远。1982年，奥尔夫在德国慕尼黑去世，享年87岁。

奥尔夫一生创作了大量音乐作品和音乐戏剧，直到1973年78岁高龄时，还创作了他最后一部大作《世界末日之剧》。他的剧作大多数都取材于童话、希腊神话或民间传说。正如他自己说的：“常常有人问我为什么我的舞台作品几乎都是从古代、从神话和传奇中选择素材，我并不觉得它的陈旧，相反却认为它仍是强有力的材料。时间因素会消失，但精神动力却永远存在。我的戏剧写作却是为了传达一种精神的状态。”① 奥尔夫一生获得了无数地荣誉：两次获得包括慕尼黑大学授于的名誉博士。他还是慕尼黑、萨尔斯堡两市的荣誉公民，巴伐利亚《美的艺术》学院的研究员，多次获得各种勋章，包括联邦德国授于的最高规格的十字勋章（1972年）以及诸多各种团体学会的委员头衔……

（二）奥尔夫音乐思想的形成背景

奥尔夫音乐教育真正产生于一战之后，第一次世界大战使当时的人们的心理世界产生了严重的恐慌。这种背景促使人们开始思考人类命运走向和如何发展等重大问题。此时，西方世界开始产生一些新的艺术思想和观念。如“强调人性救赎、人伦的回归以及世界和平”等思想，这些都对奥尔夫产生了很大的影响。“他不仅对其中的思想有着深刻的领悟，这些思想也一直伴随着其音乐教育思想形成、发展的整个过程，其中的人本主义精神，无疑深深地影响了奥尔夫的音乐风格。”②

另外一个方面，奥尔夫出生在一个有着良好音乐传统和音乐大师倍出的国家，贝多芬、巴赫、莫扎特等都来自德国，表现主义音乐大师勋伯格、贝尔格和韦伯恩也出生于德国。因此，这些经典的音乐大师对奥尔夫都产生过重要的影响，对其音乐风格的形成也是影响深远。20世纪初，欧洲非常盛行体育、

① 廖乃雄．奥尔夫儿童音乐教学法初步［M］．合肥：安徽文艺出版社，1987．89．

② 李妲娜，修海林，尹爱青．奥尔夫音乐教育思想与实践［M］．上海：上海教育出版社，2002，12．

体操和舞蹈的结合，达尔克罗兹的音乐思想在当时广泛流传，达尔克罗兹和玛丽·维格曼创生的“新德国舞蹈”与奥尔夫所从事的工作也有着密切的联系，这也使其产生了浓厚的兴趣并思考如何把动作与音乐艺术教育融为一体。

同时，20 世纪 20 年代初，在欧洲兴起了一种“回归自然”[①] 的运动。这种歌与舞的新风格和结合方式，给了奥尔夫很大的启示。他不主张世界要以欧洲的音乐为中心，他认为，音乐的进一步发展必须另辟蹊径。“军特学校”的建立使这种教育思想得以实验。奥尔夫在学校里建立了一种新型的节奏教育模式，这种节奏成为音乐教育中的基本要素之一，并与音乐、舞蹈、体操、语言等紧密结合、相互补充。为了配合这种节奏教学，奥尔夫发明了影响世界音乐发展的奥尔夫乐器。1950 年至 1954 年他陆续出版了《儿童音乐教材》五卷本，从此逐渐形成了新颖独特的奥尔夫音乐教育体系。这套教育体系和方法首先在德国被广泛采用，后来通过 1961 年在奥地利成立的“奥尔夫学院”，采用教师进修培训或举办国际学术会议等多种交流的渠道，逐渐传播到世界各地，扩大了国际影响，并为各国培养了大量的师资，使奥尔夫教学法在各国开花结果[②]。

二、奥尔夫音乐教学法的基本特点

奥尔夫音乐教学法旨在通过说、唱、跳、奏、戏剧表演、绘画等音乐舞蹈艺术形式，培养学生专心于音乐或戏剧表演的进程，学会正确地担当自己的角色，进而养成专心致志的良好品格，通过生动活泼、丰富多彩的快乐教学形式，让学生发现自我，培养儿童的创造力、自信心、专注性、合作精神、反应能力及全人格发展。另外，教育学理论相关的研究证明，青少年儿童的身心发展是有规律性的。少年儿童在音乐方面最需要发展的不是技巧，而是乐感的培养和对音乐的热爱。“奥尔夫教学法遵循儿童的身心发展规律，倡导‘原本性’的音乐教育。这种原本性可以体现为从本土文化出发，适于开端，面向所有学生，重视综合性，要求参与性，鼓励即兴性、诉诸感性等方面。其中即兴是最核心、最吸引人的部分[③]”。

---

① 具体表现在如很多的青年手拿吉他，赤着双足，唱着民歌，跳着一种所谓的“表现舞”。

② 我国台湾省的林雄德先生于60年代拜访过奥尔夫。上海音乐学院廖乃雄教授，曾于80年等三次去西德与奥尔夫见面。奥尔夫教学法已成为国际上共认的先进音乐教育体系和教学方法，它不仅应用于普通音乐教育，而且也应用于特殊教育和康复治疗领域。

③ 所谓原本的音乐是和动作、舞蹈、语言紧密结合在一起的；它是一种人们必需自己参与的音乐，即一人们不是作为听众，而是作为演奏者参与其间；它是先于智力的，它不用什么大型的形式，不用结构；它带来的是小型的序列形式、固定音型和小型的回旋曲形式。原本的音乐是接近土壤的、自然的、机体的、能为每个人学会和体验的、适合于儿童的。

以儿童的发展为本，带领孩子在游戏中学习音乐，在游戏中体现学习方法，使孩子在音乐的学习中找到乐趣，奥尔夫音乐课一反以往那种学唱一些歌曲、学习一些节奏或加入一些简单的律动的做法。它有清晰明确的教学目的，并能根据孩子们的年龄特点和兴趣爱好逐步调整教学形式和手段，始终让孩子在完全放松、心情愉快的氛围中进行学习。学龄前的儿童正处于创造力萌芽与发展的重要阶段，利用艺术作为手段来开发培养他们的创造思维和创造能力，独立思考问题的能力，与他人合作的能力，是奥尔夫教学法最独特的魅力所在，这也是当前世界各个国家在儿童教育中极为重视和推广的做法。

（一）原本性

众所周知，奥尔夫音乐教学法是当今全世界最为著名、影响最为广泛的三大音乐教育体系之一。“作为一种原本性（elementarous）的音乐教育，其大力倡导亲自参与的教学形式和音乐思想。在这种理论主导下的音乐教学中，学生不是听众，而是作为演奏者或表演者主动参与其中。学生边唱、边跳、边奏乐，这种灵活和个性化的参与方式很容易激发儿童对音乐的兴趣，产生学习音乐的主动性。避免了儿童被动接受音乐，从而真正地达到了寓‘乐’于‘乐’的教学效果，最大限度地满足了少年儿童的心理发展需求”[①]。

“奥尔夫音乐教学法作为一种非常完备的教育体系，从人之音乐天性和简单的音乐元素出发，同时又强调完美的艺术性；以节奏为基础，又对其他各方面有严格的要求；以器乐为特色，同时又强调声乐与器乐并重。这个体系以元素性音乐教育为特色，明显地区别于传统教学法和其他国外的音乐教学法。奥尔夫音乐教学没有教学大纲，没有分年级的要求，它的基础教材不要求一个作品接着一个作品地进行，而按音乐语言发展的顺序渐进。奥尔夫音乐教育体系要求从教师的教学到表演、乐器制作，哪怕是最简单的，也必须有艺术价值。”[②] 也就是说奥尔夫教育体系看似简单，但对教育的质量要求却十分严格，在各方面都有它自身的艺术准则。因此，不难看出，奥尔夫音乐教学法不是一种固定、封闭的“条条框框”，其内容和方法是鼓励和启发创造，不断地推陈出新，向前发展。这一点正如奥尔夫本人所强调的，“走遍全世界的，不是我为表明一种音乐文化教育观念所写的《学校儿童音乐教材》，而是观念本身”[③]。可见，奥尔夫音乐教学法是充满开放性和活力的。

---

① http：//edu. pcbaby. com. cn/brain/aefyy/1002/898272. html

② http：//www. xugu. net/fedu/study/129145. asp

③ 李妲娜，修海林，尹爱青. 奥尔夫音乐教育思想与实践［M］. 上海：上海教育出版社，2002：45.

（二）综合性

奥尔夫音乐被称为“元素性音乐”，奥尔夫本人也将其自喻为“野生物”。因此，元素性是其奥尔夫音乐教育体系的显著标签。其音乐教育体系中的元素性表现以节奏为基础，从朗诵入手，强调体感，以人的自然性为出发点，发掘人体内的音乐性等方面。奥尔夫认为节奏是最基础的元素，不同的歌曲旋律不同，但节奏却是可以相同的。奥尔夫认为语言是音乐的本质所在。因此，儿童诗歌等内容的朗诵要素就是旋律性和节奏性。在强调体感，发掘人的音乐性上，他认为身体是最好的器乐，捻指、拍手、拍腿等形体动作都富有音乐性。

奥尔夫认为音乐和语言、舞蹈、体操等联系密切，是一种多种形式结合的综合体。因此，在其音乐思想中，歌唱、朗诵、律动、表演、奏乐、游戏、舞蹈等都融合在一起，形成一种综合的艺术，它是结合动作、舞蹈、语言的有机整体。这种艺术表达形式是源于生命开端的、接近自然的、人之心灵直接的表露。这种音乐理念遵循儿童身心发展的规律，符合儿童音乐学习的内在需要，依据儿童的实际接受能力，借助各种音乐媒介对儿童进行综合性的音乐训练，体现着明显的综合性。

（三）创造性

即兴创造人的天性是发自内心的本能反应。奥尔夫说过：“教学从即兴出发，即兴以节奏形式作为支点，最后才是音的固定和记谱结果，原本性的音乐表演的出发点，就是即兴演奏，完全从即兴出发的自由开放的音乐教学，是，而且永远是一个最卓越的立足点和出发点。”① 在音乐教学中，奥尔夫要求教师抛却传统的师道尊严，杜绝强制性。学生的学习以及取得的成功不是由音乐教师的个人意志强加给学生的，而是建立在学生个性充分发挥的基础之上和学生的聪明才智、创造能力的发展之上的。奥尔夫要求教师引导以学生自己的活动和创造为主，每个人自己都要动手、动口、动脚，去演唱、奏乐、跳动、游戏，学生自己设计音乐和动作，在音乐体验中学习音乐知识。在具体的教育中他要求即兴发挥，展开想象，即兴奏乐可以说是最古老、最自然的形式之一，它能够有效唤起并促进儿童潜在的音乐本能。

（四）诉诸感性

人类认知是遵循着从感性到理性的顺序的，奥尔夫音乐教育强调通过感觉来协调儿童各方面的能力，让学生主动参与到音乐活动中去体验。这不同于“他娱”性的音乐行为，是学生自己必须参与的“自娱”音乐行为。这是人类

① 李妲娜，修海林，尹爱青．奥尔夫音乐教育思想与实践［M］．上海：上海教育出版社，2002，44．

学习的最重要的途径之一，是培养情商、奠定智力的重要手段和基石。音乐是人的天性需要，奥尔夫音乐教学法顺应儿童的天性，使孩子在感受和体验音乐中健康快乐地成长，这样的音乐学习是一种主体之间的灵魂交流，把人的多种审美体验和审美意识密切地联系在一起。

三、奥尔夫音乐教育体系的理论与实践贡献

奥尔夫音乐教学法从创立之初，经过将近百年的发展，不仅已经成为当世全球范围内流传最广、影响最大的音乐教育体系，也是中国音乐教育史上最具影响力的一种音乐教育体系。奥尔夫音乐教学法近些年来在全世界范围内得到了广泛的传播，“奥尔夫创作的《学校音乐教材》已经被翻译成30多种文字，在世界上很多国家被广泛地应用。极具特色的“奥尔夫乐器”制作法传播到各地，全世界诞生了成千上万的、各种各样的手工制作乐器。其教育思想在为愈来愈多的人们所接受的同时，在这些音乐文化思想不断融合和本土化的过程中，还产生了大量的富有地方特色的本土化教材。可见，奥尔夫音乐教育体系博大精深，在各个方面都给了我们以深刻地启示。”①

正如莉丝洛特·奥尔夫在1995年的奥尔夫诞辰100周年纪念仪式上所说的：“奥尔夫音乐教学法在全世界各地为音乐教育的振兴作出了重大贡献。今天，当中国的广大的儿童和教师采撷这件珍宝时，他们应该记住，借鉴应该立足于本国的文化传统，去完成传承和创新音乐文化的重任，最重要的途径就是通过即兴、变奏和创作等形式，使这一优秀音乐文化遗产焕发青春和活力。”②奥尔夫本人十分欣赏来自中国的文化和艺术，其后继者们也在关注着广大的音乐教育研究者以奥尔夫音乐教学法本土化为动力去完成音乐文化创生的使命。1989年，著名音乐家迪特先生曾质疑中国的音乐人为什么中国人对奥尔夫音乐教学法有如此大的兴趣？后来迪特在来到中国考察后说：“我现在终于明白你们中国人为什么对奥尔夫音乐教育如此感兴趣了，你们是有道理的，从一定意义上讲，奥尔夫音乐教育体系可能对中国的音乐文化更加贴近。”③

奥尔夫音乐主要面对的是儿童音乐教育，但其最终所要面对的，是包括专业音乐家在内的所有类型的音乐教育，这是因为所有的音乐教育，都有一个“原本”的起点。奥尔夫认为：“应当普遍地承认，并且已得到相关科学证实的是：把原本性音乐引入各级学校，作为儿童音乐教育的基础和根本。此外，也

---

① 金奉. 奥尔夫音乐教育思想对中国音乐教育发展的影响 [J]. 曲靖师范学院学报，2006 (07).
② 金奉. 奥尔夫音乐教育思想对中国音乐教育发展的影响 [J]. 曲靖师范学院学报，2006 (07).
③ 金奉. 奥尔夫音乐教育思想对中国音乐教育发展的影响 [J]. 曲靖师范学院学报，2006 (07).

作为培养学生品性，促进想象力，克服交往困难，提升心理素质的基本手段。可以说，原本性的音乐对提升一般人的音乐素养非常重要，同时对于专业音乐家的培养，在其学习的各个阶段也是必不可少的”。[①] 可见，奥尔夫音乐理念对于我国专业音乐教育的发展是极富于启发性的。

当下我国现实的音乐教育在相当程度上存在着的“功利化”、“专业化”、“技能化”以及“工艺化”的倾向，已经直接影响音乐教育的目标和教学效果。而奥尔夫音乐教学法对于克服普通音乐教育中的“专业化”以及专业音乐教育的“技能化”、“工艺化”等倾向，克服严重忽视人的全面发展、远离美育轨道和越来越“竞技化”的音乐教育，是很值我们沉思和反省的。因此，奥尔夫音乐教学法“本土化”研究和尝试，是有充分的价值，也是很值得肯定的。从一定意义上讲，奥尔夫音乐教育“本土化”发展，有助于克服“原生性”音乐教育理解的狭隘化和模仿化。中国的民族音乐作为世界音乐文化遗产的一部分，其传承需要与奥尔夫音乐教育世界优秀音乐文化遗产的融合和创生。因此，在奥尔夫音乐教育理论“本土化”或者说是“中国化”的具体过程中，只要是不违背儿童身心发展的规律和儿童音乐教育的规律，中国民族音乐中好的、“经典性”的音乐作品都可以成为“原本性”音乐教育的内容来源。

总之，“纵观奥尔夫音乐教育体系的创立与发展过程，我们很容易看出，正是由于其音乐教学法的独特性、先进性和简单方便的特点，使其能在世界各国广泛流传并产生重大影响，奥尔夫音乐教学法在世界的传播过程中被融入到各国的本土文化中，最终形成了各具民族特色的奥尔夫音乐教育内容，实现了该体系在各国的本土化发展。奥尔夫音乐教学法在中国有 30 多年的发展历程，也是我国的音乐教育体制努力地摆脱传统文化观念的束缚，向着“人本主义”思想回归的过程。随着音乐艺术教育综合、创新观念的大力倡导，奥尔夫音乐教学法必将与时代同步，继续得到良好而快速的发展”[②]。

四、奥尔夫音乐在世界各国的发展简介

奥尔夫音乐教学法诞生后，很快被很多国家引入，很多国家成立了专业的奥尔夫音乐研究团体，并在中小学等各个领域开展实施奥尔夫音乐教学。美国于 20 世纪 60 年代引入奥尔夫音乐教育体系，经过快速的发展，时至今日已形成了相当的发展规模和完善的本土理论。美国奥尔夫音乐协会目前已拥有 5000 多名会员，对美国各级各类音乐教育开展和实施奥尔夫教学提供了良好

---

① 修海林．奥尔夫音乐教育思想述评［J］．天津音乐学院学报，1997（4）．10．

② 金奉．奥尔夫音乐教育思想对中国音乐教育发展的影响［J］．曲靖师范学院学报，2006（07）．

的基础。开展奥尔夫音乐教育的领域也在不断扩展，从中小学音乐课堂到音乐治疗再到老年健康等各个领域。美国在奥尔夫音乐教育教师的培训方面做得也较为完善。

加拿大目前有十几个奥尔夫音乐地方组织，这些组织起着执行国家奥尔夫音乐教育委员会的各项音乐教育的方针和政策的功能。加拿大国家级的奥尔夫音乐教育交流活动开展的非常频繁，每年都要举行一次，在活动举办方邀请国家和国际的一线奥尔夫音乐教师参加，让许多优秀的奥尔夫音乐教师对挑选出来的孩子进行集中的音乐方面的培训。

比利时的奥尔夫协会1985年成立，50年代起，奥尔夫音乐思想已经被接受并得到广泛实施，主要通过开设奥尔夫音乐课程，编写新课本来推动小学的“奥尔夫音乐教育”。在奥尔夫音乐培训活动方面，1999年，各级音乐学校的250名教师参加了社会组织的培训活动，取得了不错的效果。

在荷兰，自从1965年起每年的12月，都要举办奥尔夫音乐国际培训班，聘请萨尔斯堡奥尔夫学院的音乐教师来主讲。培训内容包括“从教学和技术的角度如何使用奥尔夫乐器、进行节奏训练等。

1953年，奥尔夫音乐教学法被传播到日本，引起了很大的反响。1962年，奥尔夫和凯特曼被邀请到日本并在六个城市中进行了讲学，广大的音乐教师逐渐认识到了即兴创作的重要性。1989年，奥尔夫音乐教育协会成立，会员达350人，遍布于各个职业和各个教育层次。

奥地利奥尔夫音乐教育协会1961年在萨尔斯堡成立。协会的宗旨和目的是为了实现奥尔夫的理想，让奥尔夫音乐教学法在全世界得到推广和利用。到2000年，会员已达1581名。协会每年组织两次会议，彼此交流经验，在奥地利音乐教育领域产生了非常广泛的影响。

第二章 奥尔夫音乐教学法本土化的背景及其价值

一、中外音乐教育文化与思想交流及其融合的意义

（一）文明共享

民族文化和本土文化要发展，与外来文化的沟通和交流是必然的途径，但只有在立足本民族的文化基础上的吸收、交融、改造，本土文化才会勃发出生命的活力。音乐的要素有很多，主要包括节奏、旋律、音响，通过这些音乐要素可以表现情绪，刻画形象，理解内涵和意境，从而体验和领悟到相应的文化背景和文化内涵。音乐与文化的融合是音乐人文精神和价值的具体体现，是直接提高人之文化素养的最重要的方式之一，音乐文化的融合和创生对于拓展学生的视野，提升审美能力，优化音乐资源配置，提高音乐教学质量具有不可估量的意义和价值。

历史和实践证明，传统的音乐教学与具有多元音乐文化背景的教学效果差异明显。在课堂气氛、学习的主动性，师生间的交流和互动、对音乐主题的把握、对音乐表现形式的感悟以及人的健康全面的发展上，两种音乐教育所起的作用大不相同，多元音乐文化教育在各方面的效果无疑更好一些。由此可见，音乐教育与一定音乐文化的融合，是音乐人文精神和价值的重要体现，有助于拓宽学生的音乐文化视野，增进学生的音乐审美体验与感受，提高学生的音乐鉴赏和表现力，非常有利于培养适应现代化发展的综合型音乐艺术人才。

（二）视域融合

我们都知道，当前音乐教育理念的“大众化”趋势日益明显，音乐教育中学科综合的趋势也不断被强化，因此，音乐教育的内容也要脱离学科本位束缚而走向多学科间的相互渗透。奥尔夫曾指出：“音乐教育本质上是人的教育，对此，我最终关注的不是音乐本身，而是精神层面的”。[①] 也就是说，奥尔夫更强调要从人的精神层面研究和学习音乐，毫无疑问，这是音乐与文化融合的

① 廖乃雄．音乐教学法［M］．北京：中央音乐学院出版社，2005．37．

良好范例。前苏联音乐家卡巴列夫斯基在这方面也进行过大量的音乐教学改革的探索。在其编著的《普通学校音乐教学大纲》一书中他建议教师要在很小的年纪就教授涉及与文学和文化相关的音乐作品，建立音乐与文学及文化的联系。

笔者认为，音乐教育的研究离不开对哲学等相关学科发展的考察，这也是人文学科研究的特点之一。哲学是构成不同音乐文化思想核心的重要基础，因此，运用哲学的思维、方法乃至视域把音乐教育纳入世界文化的视野中来进行分析，就显得犹为必要。例如在音乐教育的现代性与后现代问题上，后现代音乐教育学在吸收后现代音乐人类学、音乐哲学、音乐社会学、音乐心理学、音乐美学的基础上，运用文化并置的方法分析了“作为文化理解的音乐教育”的思想。例如罗伯特·沃克的全文化的音乐教学法，雷默对以演奏演唱为主的音乐教育的颠覆，克莱南的多元文化音乐教育学的阐释，埃里奥特对现代性的审美音乐教育的批评，布莱金对非洲音乐文化价值的探讨以及音乐生物学的研究，等等[①]。这些“视域”的引入对我国的音乐教育具有重要的解构、反思和批判作用，是一种多元文化的“视界融合”。由此开辟了一种新的音乐文化研究的视角，以研究那些人们可能早已知晓但并未足够重视的研究领域和研究内容。例如从音乐教育的哲学基础、课程论、音乐学科及音乐教学方法来重构中国的音乐教育学科范式等。

（三）文化传承

奥尔夫音乐教育体系在中国新世纪的深入发展，为实现民族化和多元化的统一创造了有利条件。该体系的先进理念被我国音乐教育所运用，为我国的音乐教育改革提供了方法。而这一切都归功于奥尔夫音乐教育体系的原本性教学内容和开放性教学体系：“原本性”使其拥有全人类共有的来自生命本源的音乐体验；“开放性”则使其能接受借鉴者对该体系的发展。我国借鉴奥尔夫音乐教育体系的过程正是我国音乐教育追求多元化的体现，而该体系所给予我国音乐教育的却不是盲目地照搬，它允许我国从自身的民族特色出发，通过实现奥尔夫音乐教育体系在中国的传播与实践将我国的民族文化通过音乐教育的形式加以弘扬。中国拥有悠久的文化传统，丰富的民歌、富有个性的民间歌舞和多样的民族乐器都是中国民间音乐的独特魅力。遗憾的是，在我国以往的音乐教育中常以西方音乐的专业化教育作为模式，不利于将我国的特色文化传承下去并发扬光大。这样的状态如果一直持续下去，我国的民族文化将面临灭绝的危机。这一问题到了注重多元化发展的 21 世纪显得更为突出。奥尔夫音乐教

① 管建华. 后现代音乐教育学［M］. 西安：陕西师范大学出版社，2006：145.

育体系的开放性使它能适当地融进各国的民族文化，在壮大自己的同时也发展了别人。新世纪音乐教育改革在理念上应用奥尔夫音乐教育体系，既使我国本民族的文化得以传承，又将我国本民族文化加以壮大，使之成为世界多元文化中的一分子。新世纪奥尔夫音乐教育体系在中国的深入发展为实现民族化和多元化的统一创造了非常有利的条件。

（四）超越创新

要做到音乐教育与相关文化有机融合，文明共享，就必须在借鉴、引进的基础上，大力在音乐教育教学实践的各个环节进行创新。这就需要教师在具体的音乐教育教学情境中捕捉学生的兴趣，从音乐教学的形式到教学内容都要满足学生的心理需求，实现“音乐陶冶学生、文化丰富学生”的具体目标。在这样的基础上灵活使用适合的奥尔夫音乐教学法，激发学生的学习兴趣，适当运用奥尔夫音乐教具，渗透我国原生态的音乐文化精华，为学生展示音乐之美、文化之美和人格之美。音乐教育工作者还要引导儿童确立多元的音乐价值观和良好的音乐思维方式，确立音乐教育的“音乐为本”和“育人为本”的教育理念，重视健康向上的音乐文化对学生的教化作用，使学生在多元音乐文化的学习中感受音乐多样之美，体验音乐融合、创生之魅力。也只有如此，学生才能在音乐教育与音乐文化融合的学习过程中心灵得到净化与升华，观念与思维得到提升，音乐学习的视野得到拓宽，民族自豪感和自信心得到增强，民族音乐精华得到体验和传承。

二、奥尔夫音乐教学法本土化的背景

（一）世界的融合

全球化日益明显是当前世界发展最显著的特征。全球化作为一个整体性变迁过程，是全世界一种内在的、日益加强的相互联系，是人类不断跨越各种界限，超越各种障碍，不断的冲突、融合进而成一个有机整体的过程。因此，正如有学者指出的那样，全球化是统一性与多样性并存的过程，是不同政治文化、信仰、民族传统之间的接触、冲突、碰撞与交流基础上民族化和本土化的生成。任何国家都无法避免这种融合的趋势。每个国家及个人都只能保持一种开放的状态，文化之间要不断地进行渗透与融合。随着文化交流的不断发展，必然导致文化之间的相互渗透，不同文化正是在不断的交往和相互影响中不断冲突、融合、改进。社会是由不同民族和群体构成，各种文化都有平等的生存权和发展权。总之，世界总的发展趋势是在确保各自文化独特性和差异性的基础上，相互移植、借鉴，不断融合、趋近，最后走向共同繁荣和强大。在这种背景下，文化之间的交流和碰撞是不可避免也是必须的。也正是在这种背景下，奥尔夫音乐教育与中国本土音乐文化和音乐教育的融合和创生也是必然的。

（二）教育的融合

正如上文所述，随着科技的不断发展，信息之间的交流与传播越来越快，世界一体化、国际化程度日益加深，人类开始进入全球化时代。由此而来的文化碰撞、影响、冲突与融合变得更加的频繁和激烈。在这种背景下，如何保持文化的多样性，培养人们对多元文化的适应能力，成为全球化时代教育的重大使命。而且，追求多样性和多元化已成为当前社会发展的主要趋势。多元文化的发展倡导文化间应该保持着积极的交流和互动，教育的使命也被定位于尊重文化的多样性、促进文化间的相互理解，进而达成文化间的认同。这种多元文化教育要求所有参与者和教育机构在教育的具体情境中促进尊重文化的多样性及增强文化间的理解，从而使学习者能够相互借鉴，不断创新，共同繁荣。教育多元发展要求教育目标、课程内容、教育手段与方法以及办学形式都要不拘一格，力求多元。多元文化教育的根本目的在于通过大量的教育改革，使所有的教育主体都能享有平等的教育机会、教育权利和教育条件。多元文化教育经过70多年的发展，各国在教育理念、教育政策和教育实践等方面都积累了不少的经验。随着全球化时代多元文化的不断发展，多元文化教育也在不断向前推进。随着全球化趋势日益明显，文化交往日益频繁，不同文化间的了解，彼此间的平等尊重已成为时代发展的必然要求。正如美国教育家班克斯所言："多元文化教育是一种思想，一种哲学观点，一种价值取向，一种教育的改造行动和一种改变教育自身结构为主要目标的课程[①]。"现代化加速了全球化的进程，全球化凸现了多元文化的独特价值。多元文化教育在这种背景下蓬勃发展，笔者认为，真正的多元文化教育应该坚持多元的视野和个性化的指向，培养所有学生多元化的适应能力与发展能力，促进世界文化的多样性以及相互之间的尊重，并承担起全球化时代的新使命。

（三）艺术的融合

世界已经进入21世纪，在全球化的背景下，新世纪全球音乐教育的发展趋势和发展潮流是什么？对此，不同的人出于不同的思想视域可能有不同的观点，但有一点无疑很容易能够达成共识，那就是音乐教育多元发展基础上的日益融合。对此，我国研究世界民族音乐的资深专家陈自明教授认为，新世纪在全球范围内正在形成一种"世界民族音乐"，在国外被称为世界音乐（World Music）[②]。然而目前

---

① 管建华．国际音乐教育研究［M］．西安：陕西师范大学出版社，2007：158.

② 这种世界音乐以比较音乐学、民族音乐学和音乐人类学为依托，向人们展示了丰富多彩、绚丽夺目的世界民族音乐的繁荣与多样。

我国的音乐教育界在以西方的音乐艺术作为主流教学对象的同时，极大地忽视了世界民族音乐的地位。近几十年以来，国际音乐教育学会从重视东方音乐到关注世界各地区与民族的音乐，要求音乐教育拓宽学生的视野，提倡跨文化和多元文化思想，在笔者看来，这是一个具有远见卓识、博大宽广的音乐政策。

在承认文化价值相对论的今天，在多元文化日趋融合的发展趋势下，我国的音乐教育再也不能坐视了。音乐是一种创造性的艺术，“创造”就意味着要有新的事物产生。创造不能没有传统，没有传统也就没有了生命的基础；同样传统也不能没有创造，因为传统失去了创造就会枯萎甚至死亡，只有不断地创造才能赋予传统以生命。从这个意义上讲，音乐还要继续不断地发生变化。如果我们站在21世纪音乐教育的高度来审视中西方现当代音乐，我们不难发现，其中的创造意识和多种艺术风格并存的思维方式正是新世纪我国音乐教育应具备的重要理念。而在此基础上，将世界音乐的学习纳入当前我国音乐教育的发展目标，并积极树立这样一种意识，那就是“所有的音乐体系都有价值，值得学习、理解和欣赏；所有的音乐，只有在与某种全球背景相参照才能获得最佳的理解和最佳的教学效果①。”

因此，笔者认为，我们在关注传统的同时，也应着眼于20世纪世界音乐的发展。“当代”是一个问题，它并非仅仅日常语义之单纯时间概念，显然，已被赋予相当的文化涵义，是“历史承载下的现时”的复合，具有跨世纪的长远意义。20世纪以来，科技与资讯的发展令人叹为观止，人类知识领域急剧扩展，学校教育实践在这种科技至上、知识万能的形式下，在强调知识教育的同时，强调时代精神显得十分必要。我国音乐教育的研究需要多学科、多视角以及多文化的参照及比较研究，音乐界应对社会科学、人文科学有关“当代”研究以及学科前沿予以关注。另外，我们需要有更为开放的心态，一些超前性、超越性的研究也应关注。比如，应该是从历史的角度出发，探讨音乐及相关问题。我国的音乐教育应当建立一套适应中国社会走向现代化的文化系统，这里当然包括及时了解最新的国内外的音乐信息，同时还包括向西方学习。聘请外国专家及利用一切可以利用的资源为学生提供尽可能多的学习机会，从而形成了当代音乐的比较规范的教学体系，从而拓展了学生的知识层面，使学生了解到了更全面的音乐知识。

德国哲学家、社会学家阿多诺（1903－1969）曾这样说：“艺术品，尤其是远离概念的音乐，却象征着社会。”② 20世纪西方现代音乐的发展正是与整

① 郭声健，薛晖．音乐教育越洋对话［M］．长沙：湖南师范大学出版社，2009：49.

② 谢嘉幸．音乐的“语境”：一种音乐解释学视域［M］．上海：上海音乐学院出版社，2005：145.

个西方社会的政治、经济以及充满矛盾和动荡的社会秩序紧密相连的，在19世纪末到20世纪上半叶，可以看出音乐发展的四大方向：具有民族民间音乐要素的音乐风格的作曲家及作品发展迅速。从19世纪下半叶到1930年，在音乐创作领域兴起了民族主义，它的特征是强烈的强调音乐的民族因素及源泉，作曲家在作品中重视国家及民族性的表现。这股浪潮给音乐的发展产生了深远的影响。从欧洲到整个西方，很多国家都有自己代表的作曲家及作品。各种音乐流派兴起，在作曲手法上既力求运用新的手法，又或多或少的与19世纪前的作曲技巧或其他艺术形式有着联系。如印象派的代表人物德彪西在声音色彩的运用方面掌握了新的技巧，在音乐思维上则接受了绘画中印象主义的影响。还有新古典主义，其作曲家重新使用均衡的形式和清晰的主题进行创作，但又倾向于采用扩张的或无调性的技法。这一时期很多音乐发展的方向都难以称作“派”，所以，20世纪音乐发展的流派在某种程度上是纷繁杂乱的。德国的后浪漫主义乐派转化为勋伯格、贝尔格和韦伯恩的十二音风格，“无调性”的作曲手法产生。出于对越来越复杂怪异作曲手法的反对，有一种作曲手法以取悦听众为目的，采用比较简单的乐汇。其中有的艺术家的艺术寿命较长，参与了不同风格和流派的创作，比较典型的人物是梅西昂和斯特拉文斯基。

我国音乐教育的研究需要多学科、多视角以及多文化的参照及比较研究，我们需要有更为开放的心态，对一些摄前性、超越性的研究予以关注。我国的音乐教育应当建立一套适应中国社会走向现代化的文化系统，这里当然包括及时了解最新的国内外的音乐信息，同时还包括向西方和世界各个地区与民族学习。在培养音乐人才时，一方面我们要注意突出民族性，因为一种文化要对人类作出贡献，就必须有其特色，没有特色的文化对人类的贡献总是有限的，因此学习当代中国音乐文化必不可少；另一方面，要注意突出多元化，我们必须时刻跟上时代的脚步，熟知全球不同地域的最新的音乐文化，更新自己的观念，避免自己在日新月异的时代变迁中落伍。

三、奥尔夫音乐教学法本土化的价值

（一）深化音乐教育研究，完善音乐教育理论

我国在古代就有很多著名的教育作品和教育理念，如孔子的《论语》以及“学而时习之不易悦乎”、“温故知新”等理念。这些教育专著和教育观点直到今天有重大的现实价值。但我们也一直缺乏关于如何学习和掌握知识的完整和系统的理论体系。众所周知，学习知识固然重要，掌握科学的学习方法可能更加重要。奥尔夫音乐教学法的引入、借鉴和本土化发展弥补了我国传统音乐教育理念和音乐教学方法方面的不足。对于改变我国传统应试教学模式以及音乐

教学中的“教师本位”观念，改变音乐教学中学生被动学习的状态，具有明显的借鉴价值。对奥尔夫音乐教学法本土化的深入研究，可以在音乐教育教学领域建立一整套全新的理论体系，为我国的各级各类音乐教育教学实践提供理论支持，对于丰富和完善学生的音乐学习心理也有着重要的作用。奥尔夫音乐教学法在探索、发现、即兴创造的音乐教学过程中，学生的思维和实践能力都得到了极大锻炼和提高。总之，奥尔夫音乐教育本土化研究对于丰富、完善教育教学理论，深化音乐教育研究都具有十分重要的作用。

（二）促进音乐课程改革，探索音乐教学模式

奥尔夫音乐教育作为对世界音乐教育产生重大影响的著名音乐教学法，它以“原本性音乐”为标志，以一种自由、开放、多元的姿态，随世界多元音乐文化教育的发展而发展，随时代的变化而变化。自从上个世纪 80 年代初，奥尔夫音乐教育传到我国以来，经过 30 多年来不断推广和传播，大量的音乐教育工作者做了卓有成效的探索工作，人们对奥尔夫音乐教育也有了越来越深的了解和认识。奥尔夫音乐教育非常重视音乐对人之发展的作用。这直接影响了我国新的音乐课程观也从“学科本位”到“个人本位”的转向，对于我国音乐课程改革强调从学生需要出发，关注学生音乐学习的兴趣、态度，重视音乐学习过程与个人文化成长环境的联系，强调音乐课程对学生的意义和价值等方面也产生了重大的影响。可以说，奥尔夫音乐教育的“人本主义”教育观与我国音乐新课标理念不谋而合，正是其符合马克思主义关于人的全面发展的观点，对我国的基础音乐教育提供了指导和借鉴。奥尔夫音乐教育的本土化探索对于克服我国普通音乐教育中的“专业化”、“技能化”、“工艺化”、“竞技化”等倾向，克服严重忽视人之全面发展、远离音乐审美教育的实质有着重要的启示价值。进入新世纪以来，世界性的音乐教育改革浪潮迭起，为适应 21 世纪国际竞争和社会发展需要，我国建立具有“中国特色的基础音乐教育课程体系”的音乐教育改革也正紧张开展着。新的音乐教育理念和音乐课程思想也在不断冲击着广大音乐教育研究者的思想。在这种背景下，如何移植、借鉴、运用和本土化发展奥尔夫音乐教学法，就成为音乐教育工作者面临的重大问题。虽然在奥尔夫音乐教育传入到我国之初，我们对其主要的操作进行了简单的模仿和借鉴，大量地运用了奥尔夫的经典音乐教学课例，但是，一味的简单模仿和照抄照搬并不能让我们学到奥尔夫音乐教学法的实质和精髓。从课程改革和教学模式的视角解读和研究奥尔夫音乐教学法本土化问题，有利于我们对其进行全方位的了解和认识，有利于音乐教师“课程参与者”角色的确立，有利于教师积极参与课程的开发和建设，有利于我们提高音乐教育教学的效果，有利于促进我国音乐教育事业的持续发展。

（三）提高音乐教学质量，促进学生个体发展

音乐教育以审美为核心，以声音为媒介，着重培养学习者艺术方面的基本能力和素质，如音乐审美能力和创造能力，音乐审美情操、审美理想和审美情趣等。对奥尔夫音乐教育本土化的研究，既为音乐教育教学提供了新的理论指导，打开了音乐教育改革的新思路，也在一定程度上拓展了音乐教育的内涵，为音乐教育教学提供实践依据。首先，它可以为音乐教师提供全新的、科学的、极富操作性音乐教学方法。这些教学方法不是单纯的“以人为本”的教育观或“原本性”教育理念等，还包括了具体的音乐教学设计和教学策略。其所提倡的以学生为主体的教学，有利于学生学习的独立性和自主性的增强。奥尔夫音乐教学法还可以有效提高学生的音乐审美能力，提升学生个体的整体音乐素养。音乐学习实际上是在音乐审美需要的支配和调控下，调动音乐审美能力而进行的音乐审美体验。在本土化奥尔夫音乐教学的实践探索过程中，学生亲自参与，在即兴创造等活动中探索音乐知识，获得良好的音乐体验的同时，有效地提高了音乐感知的能力。这比传统的音乐课程教学对学生在音乐感知能力的培养和整体音乐素质提升有更明显的作用。学生通过“原本性”的音乐审美体验加深对于音乐艺术的认识，学生更容易领悟、理解和把握音乐作品的内涵，能够激发学生的学习兴趣，增强学生的音乐表现能力。总之，在本土化奥尔夫音乐教育实践中，学生既是音乐的参与者、创造者，又是音乐的欣赏者和受教者，其音乐审美素质得到极大的锻炼和提升，实际的教学效果和教学质量也得到了有效地保障。

（四）激发音乐学习动力，培养学生创造思维

相关的科学研究已经证明，与其他学科或艺术相比，音乐在激发人的潜能和创造性方面有非常明显的效果。心理学认为，大脑皮层的优势灶受到某种声音的刺激时，就会对研究的相关问题形成一个创造性的机会。在各级各类音乐教育和教学中应用奥尔夫音乐教学法，既可以提高学生的基本音乐素养，又可以培养其对音乐的兴趣，最终促进学生创造性思维能力的提高。特别设计的奥尔夫音乐教育教学在实践中能够培养学生的观察力，锻炼学生的快速反应能力和思维的灵活性。奥尔夫音乐教育要求学生亲自参音乐活动，独自完成音乐设计，这种即兴性和参与性，十分有利于培养学生的实际操作能力。奥尔夫音乐教育运用各种形式的原本性音乐教学，从人的内在出发感受审美体验，有助于对知识记忆和积累，直接锻炼了学生的形象思维，而音乐教学过程中在教师引导下进行和各种推理、概括、总结活动，又锻炼了人的逻辑思维。奥尔夫音乐教学法的综合性教学方法，为学生创造性发挥的提供了有利的学习环境，发展了学生多方位发散思维能力，这也是其创造性思维的重要体现。

第三章 奥尔夫音乐教学法本土化的内涵及依据

众所周知，“奥尔夫音乐教育理念在很多方面集中地体现了音乐教育本土化的特点和原则。奥尔夫音乐教学法呈现出一种开放性，使得奥尔夫音乐教学法在任何一个国家、民族的传播必然形成本土化”[①]。由此可见，奥尔夫音乐教学法在全世界都能够被广泛应用，也能够适合任何一个国家的音乐教育。重要的是，“无论是在哪个国家，在具体运用这一音乐教学法时，必须需要体现出本国的实际特点，体现出本土化的意蕴和特点。即引入者不能照搬照抄奥尔夫音乐法，而应该将其与中国音乐文化实际特点相结合，做到‘取其精华，去其糟粕’。脱离了本国、本地区音乐文化（或营养）的滋润，再多的借鉴与吸收也不会产生良好的效果”[②]。因此，在具体的本土化过程中，我们要“充分把握奥尔夫音乐原本性教学理念、整体性艺术观念、本土化实践特点三大核心思想，寻找适合本国的奥尔夫音乐发展之路。正如有研究者所指出的，奥尔夫对待自己创立的音乐教育体系，看中的不是‘体系’而是‘原理’”[③]。因此，本章将对奥尔夫音乐教学法本土化内涵、依据和融合方式进行深入系统地阐述，以期能对我国的奥尔夫音乐教学实践提供理论借鉴和指导。

一、奥尔夫音乐教学法本土化的内涵

前文已经论述过，通过加工和改造，使西方音乐文化的内容和形式适合我国的本土音乐发展需要，是外来音乐文化理论本土化的应有之义。然而，仅仅有这种意义上的本土化，而无立足于本土的音乐教育实践基础之上的音乐文化创生，就仍然摆脱不了对外来音乐文化的依附性，不能争得本土音乐文化在世界多元音乐文化中的平等地位。于是，我们不得不思考“本土化”的深层的内涵，“那就是将经过改造的外来音乐文化吸纳于基于本土的音乐教育实践的文

① 金奉. 奥尔夫音乐教育思想对中国音乐教育发展的影响 [J]. 曲靖师范学院学报, 2006 (07).

② 金奉. 奥尔夫音乐教育思想对中国音乐教育发展的影响 [J]. 曲靖师范学院学报, 2006 (07).

③ 李妲娜, 修海林, 尹爱青. 奥尔夫音乐教育思想与实践 [M]. 上海: 上海教育出版社, 2002: 1.

化创造之中，形成实现了多元音乐文化的整合的，既适合本土需要、具有本土特色，又具有国际交流价值的音乐文化。从这个意义上说，本土化不仅是外来音乐文化的引进和改造，而是以本土音乐文化的创造为主体的外来音乐文化的融合”。[①] 从目前我国教育界学者对本土化问题的认识来看，它主要包括有“引进一渗透与整合”、“借鉴一吸收与转化”、“生成一建构与创新”这三个层次，并且依次体现出本土化不断深入的境界。接下来。笔者将结合我国音乐教育发展以及奥尔夫音乐教学法的实际融合事例对本土化的内涵进行简要分析。

（一）引进——渗透与整合

引进即把外国先进的音乐理论或音乐教育模式引入到我国，然后通过与我国音乐文化的渗透与整合，为我所用。“引进”或“借鉴”式的本土化是音乐教育本土化最初的层次。虽然人们容易将“引进”或“借鉴”理解为“移植”、“照搬”、“抄袭”，但“引进”不是对外来音乐教育思想或音乐文化思维全盘接受、盲目借鉴并不加思考地全面吸收的过程。它首先是对外来优秀音乐教育理论或音乐文化的一种“选择”，一种利用，引进之后还需要对所选择的外来音乐文化或教育理念进行适当地改造。因此，在某种意义上，无论对于任何一种音乐教育思想而言，其理念必定源自某个国家、民族或地区，必然是普遍性与特殊性的统一。[②] 而普遍性使其具有被其他国家和民族利用的潜在可能性，实际中能否真正被他者所用，则需要经过本土化的整合与改造。“引进”或“借鉴”不是目的，而是过程而已，“引进”有助于缩短中国与世界各国音乐教育发展水平的距离。对此，我国近现代音乐教育史上著名的音乐教育理论家曾志态教授认为，“引进”或“借鉴”是“过渡时代不得已的办法，非长久之计，中国人应创作属于自己的新音乐”[③]。翻开音乐教育的发展历史，我们不难看出，音乐教育中的这种“引进”或“借鉴”在我国有着很长的历史渊源，从我国清朝通过日本引进西方音乐文化和音乐教育理念的“学堂乐歌时代”开始直到今天，虽然不同时期的侧重点不同，然而近百年来这种“引进”和“借鉴”几乎一直在我国音乐教育的不同维度、不同层面发生着。比如我国在20世纪80年代全面引入瑞士的达尔克罗兹音乐教育体系、奥尔夫音乐教学法、柯达伊音乐教学法等世界著名三大音乐教育体系。在三大音乐教育体系引入之初，无一例外的都是通过渗透与整合的“引进”式本土化。

（二）融合——吸收与转化

融合层面的音乐教育本土化，在本研究中指的是近百年以来外国音乐教育

---

① 李姗姗．他者教育理论本土研究［D］．长春：东北师范大学出版社，2010：6．

② ［美］贝内特·雷默．熊蕾，译．音乐教育的哲学［M］．北京：人民音乐出版社，2003：5．

③ 马达．20世纪中国学校音乐教育［M］．上海：上海教育出版社，2002，34—35．

理念在我国本土被引进、吸收、整合、认同，进而融入我国实际音乐教育的发展过程，是一个从外由内的发展历程。世纪之交我国音乐教育领域内的课程改革率先开启了与以往音乐课程标准不同的音乐教育本土化改革。这次系统的、整体性的改革，是在世界性的新观念、新思潮的引导下进行的，具有广阔的国际视野。从音乐教育改革的理念来看，2001 年公布的《全日制义务教育音乐课程标准（实验稿）》即“音乐新课标”是对国际上著名的音乐教育思想实践经验的借鉴，更是对新世纪我国以全面推进素质教育为目标的基础教育课程改革理念的实践和体现①。由此可以看出，“融合”式的本土化是介于笔者建构的本土化三种方式中间的一种层次。与“引进”、“借鉴”式的音乐教育本土化以全面吸收为主要特征有所不同的是，“融合”式本土化并不是简单地改造和整合，而是运用国外先进的音乐教育的视域、理念和范式来探讨我国音乐教育存在的问题，最终的目的是建立我国本土化的音乐教育体系。“融合”式强调的是外来音乐文化理念与本土音乐文化整合之后的转化，这种转化是一定区别于那种全面借鉴式的引进的，虽然还没有鲜明的本土化的建设目标，但从音乐教育实际的发展过程来看，“融合”也是为了使本土的音乐教育和文化建设得到不断发展的一条捷径。

（三）生成——建构与创新

笔者认为，生成即传统音乐理念自我生长层面上的音乐教育本土化。本书指的是我国传统音乐教育演进、建构、创生的发展过程，与前面谈到的相反，这是一个由内到外的过程。毫无疑问，“创新与建构”式的本土化是音乐教育本土化的最高层次。而要作到音乐教育方面的创新，笔者认为，首先应该作到就是中西音乐文化的交流、沟通与对话。一般来说融合、对话产生的条件有两种：其一，差异性的存在。音乐教育方面，体现这种差异性的即是一个国家、民族或地区的本土音乐教育，也是音乐教育领域历来所谈论的“民族性”的问题。其二，“民族际性”（inter-nationality）的存在。② 正是由于音乐教育领域“民族际性”的存在，才为不同国家、民族或地区音乐教育之间的“对话”提

---

① 王安国. 从实践到决策：我国学校音乐教育的改革与发展［M］. 广州：花城出版社，2005：50.

② “民族际性”也是学者项贤明在比较教育学领域提出的一个概念，他认为对比于侧重国际关系表达的“国际性”（internationality），“民族际性”指的则是“那种使不同民族之间相互理解成为可能的前提性的东西，那种对不同民族而言的共同有效性和共同存在”。“民族际性”具有“普世性”（universality），但是“它不带有普世主义所包含的同质化的诉求，而是标举一种异质性的共存”。它的产生“是不同民族后天相互交往的结果，是不同民族的人们在相互交往过程中共同建构起来的”。参见项贤明. 教育：全球化、本土化与本土生长—从比较教育学的角度观照，北京师范大学学报，2001（2），36—37.

供了基础和前提。全球化时代的多元音乐文化格局中，国际音乐教育领域的相互“对话”在一定程度上也给我国本土的音乐教育提出了要求，“即我们必须具备从国家自身内部经由自主探索、自主思考而生成的本土音乐教育体系（包括概念、框架、方法等等），它不但需要有自己的本土特色（民族特色），而且还要能引起他者的关注思考，给别人以启示”①，随着近年来音乐新课程改革的开展，以及“多元文化音乐教育”观的逐步推广与深化，这种“对话”式的音乐教育本土化观念正在我国逐步深入人心。20 世纪 80 年代，我国在音乐教育方面获得了更多与国外交流的机会，奥尔夫音乐教育体系在 80 年代末经廖乃雄先生传入我国，在我们与国际音乐教育理念与方法接轨并开始“国际化”步伐的同时，关于如何引进、学习、借鉴、吸收这些外来的音乐教育理念并把它们与我国音乐教育进行整合的“本土化”问题也随之产生。正如奥尔夫所言，音乐教学的内容是一种开放性的东西，我们鼓励任何其它地方的借鉴者和使用者充分运用其想象力，将奥尔夫音乐理念和模式“本土化”。综合以上论述，不难看出音乐教育的本土化问题不但是一个在引进、借鉴、对话、方式中发生、发展的过程，同时还是一个在吸收、融合与生成的两个层面上演变的过程。这一特征在改革开放与世界逐步接轨后的我国音乐教育背景下，在深度和广度上比以前更有所发展，而且还呈现出一种不同于往昔的趋势，尤其是在 21 世纪全球化背景的今天，笔者认为这就是所谓的多元基础上的“中西融合”。

纵观我国近百年来整个音乐教育在学习、引进、借鉴、吸收、融合、创生国外音乐教育理念的本土化过程中，产生的问题主要有以下几个方面。首先，在音乐教育本土化的广度方面，我们更多关注国外音乐教育理念“有形”的部分而比较忽视“无形”的部分。比如在对国外音乐教育体制、教学内容、课程设置本土化的引进和借鉴方面，我国音乐教育都做得很好，在不同历史时期各有特色。然而对音乐教育思想、理念、教学方法、模式等无形方面的内容，学习和借鉴的就相对较差，这与我国音乐教育学起步较晚导致的音乐教育水平和理论研究不高有直接关系。其次，在音乐教育本土化的深度方面，目前我国音乐教育自身的发展似乎还没有真正从“引进”、“借鉴”的模式中向前发展，跨出先前“西方”的束缚。笔者期望学习其有利因素，来改善当前我国的音乐教育，但在具体操作实施之后却常常变成了“他者性建构”② 的工作。再次，在音乐教育本土化过程中产生的“西方化”的音乐文化价值取向等相关问题。时

---

① 。管建华．民族音乐文化传承［M］．西安：陕西师范大学出版社，2007.

② 王欣．反思音乐教育本土化的困境［J］．乐府新声，2005（4）.

至今日，尽管“传统文化价值倾向”以及“多元文化音乐教育”的观念在全球化飞速发展的今天已经不再新鲜和不再具有极大的吸引力，但是要完善从音乐教育理论到音乐教学实践的这个过程并不是非常容易的事，尤其是我们当前不能将这种音乐理念纳入具体的实践中的时候。①

笔者认为，当前改变这种情况需要在以下几个方面作出努力。例如确立自己的音乐文化身份。继续传承我国千百年以来的音乐文化及教育传统是我们首任的要务，至于方式、方法问题现在也有多种提法，如以乡土、地方音乐文化为依托，在具备相关语境的院校、地区建立具有地方传统特色的音乐教育理论体系，另外，继续切实地增加民族以及民间音乐课程在我们现有课程设置中的比例，加深对传统音乐教育科学研究的力度，对我国传统的音乐教学法、音乐教学思想进行专门的研究，深化对国外（西方）音乐教育理念的研究，树立真正开放的国际视野。多年以来受西方音乐模式教育或影响成长的孩子要改变这种可以说是“根深蒂固”的“西方音乐中心观念”并不是一件非常容易的事情，然而随着人类学中“文化并置”② 以及音乐教育学中“民族际性”等概念的提出，它们可以首先为我国音乐教育领域在这方面的突破提供一种理论依据。

总之，本研究所理解的奥尔夫音乐教学法本土化的内涵主要是基于“引进一渗透与整合”、“借鉴一吸收与转化”、“生成一建构与创新”三个层面而言的，音乐教育的本土化问题不但是一个在引进、借鉴、对话、方式中发生、发展的过程，同时还是一个在吸收、融合与生成的多层面上演变的过程。

二、奥尔夫音乐教学法本土化的依据

（一）哲学基础：人本主义和原本性的音乐观

1. 人本主义的音乐价值观

不同的理论流派对于音乐的价值都有不同的理解。同样，任何音乐教育体系也都相应地隐含着创立者的相关哲学思想和观念。奥尔夫音乐教育体系深受人本主义教育价值观的影响，处处体现着人本主义教育的思想。对此，奥尔夫说过：“从出身到教育我一直都深受人本主义思想的深刻影响，我的全部创作和全部作为，都处于这个标志之下……或许教育中有人本主义理想的时代已经

① 也就是说，当我们在思考音乐教育的本土化问题时，似乎一直会看见一片“乌云”在我们的头上困扰着我们，并且越来越多的乌云让我们看不清对方的“真面目”，甚至会感到有被吞噬的危机，于是我们决定先保护好自己，然而此时却出现了更不利的境况，我们竟回答不了自己是谁了！这是我们现在所面临的巨大矛盾与窘境。

② 王铭铭．社会人类学与中国研究［M］．三联书店，1997，317．

远去了，或许《学校儿童音乐教材》已是这方面的一次最后的宣言。即使如此，它也不会在历史上消失。如果人本主义思想理念真的终结了，这是我不愿看到和不能相信的，如果真的是这样，我想，人类会因此丧失得太多，可能会把不可恢复的东西丧失了。”①

音乐教育首先是人的教育，人是衡量万物的尺度。音乐教育最终或者说最主要的目的是为了培养和提高全体国民的音乐素养，其核心是培养人的审美能力和创造性思维。“每一个以《学校儿童音乐教材》的精神为孩子和青少年工作过的人，都不难发现《学校儿童音乐教材》有一种人本主义的深度影响，这远远超于音乐的功能之上”②。笔者也强烈地认同这种音乐教育思想，即在音乐教育中，音乐只是某种外在的手段，培养音乐人才和人的音乐基本素养才是最本质的目的。这也是奥尔夫音乐教学法的根本出发点，也是其音乐教育的最终归宿。从中不难看出，奥尔夫音乐教学法无论从音乐理念上还是具体的操作上，都具有明显的“人本主义”教育价值取向，它在其音乐教学法中包含了以下几方面的内涵。

第一，音乐教育应该以人为本，重视所有学生个体的音乐审美能力的提高和创造性思维的激发。音乐既是一种艺术，又是人之本能。音乐教育的任务在培养普通听众和造音乐家两方面都不可忽视，对于绝大多数人来说，音乐教育的最重要的或者说首要的任务应该是提高其音乐欣赏水平，在音乐中得到快乐。音乐教育不能只关注有特殊才能和天赋的学生，注重音乐学习中的机会均等和“有教无类”，正是奥尔夫音乐教学法“以人为本”的具体体现。

第二，“人本主义”教育思想在历史上具有独特的地位和价值，受到人们的广泛关注，它应该作为所有类型和阶段音乐教育的理论基础。奥尔夫音乐强调音乐出自并诉诸人的本性，不应该只是局限于儿童教育，应当成为所有阶段音乐教育的基础。无论是培养音乐家还是普通音乐爱好者，都是必不可少的。“从音乐教学实践中我们不难看到，奥尔夫音乐教育从儿童最初发展开始，从幼儿教育做起，在自然状态中充分地挖掘人生来就具备的音乐本能，避免了灌输式的、技术化、不人道的、非人性的音乐教育。此外，它主张在所有的音乐教育实践中，都应该以人为本，诉诸感性，强调学习者情感的自然流露，借助音乐，通过音乐达到教育人、发展人、提升人的根本目的”③。

---

① 李妲娜，修海林，尹爱青．奥尔夫音乐教育思想与实践［M］．上海：上海教育出版社，2002：48—49．

② 李妲娜，修海林，尹爱青．奥尔夫音乐教育思想与实践［M］．上海：上海教育出版社，2002：49．

③ 廖乃雄．奥尔夫儿童音乐教学法初步［M］．合肥：安徽文艺出版社，1987：6．

第三，奥尔夫音乐教育观也体现了一种文化平等的理念。奥尔夫认为无论何种音乐，都有其自身独特的精神内涵和文化价值。“以人为本”就应该尽可能地选择所有符合儿童年龄特征、身心发展规律、兴趣爱好，并且有利于孩子健康成长和全面发展的、优秀音乐文化遗产作为其音乐教育的内容，而不是局限于某一民族或地域音乐文化。因此，奥尔夫本人也非常重视对音乐教育内容的选择，他内外兼顾，在选择德国优秀音乐作品的同时，也重视对世界其他国家经典音乐作品的选择。奥尔夫明确指出，在音乐教育内容的选择上，各国应结合本国或本地区的音乐文化传统和特点，努力创造出各具特色的音乐教育素材。这种文化平等观正是体现其“人本主义”的音乐教育观。

2. 原本性的音乐价值观

以德国的海德格尔（1889－1976）为代表的一些哲学家认为，存在是“人”的存在，而不是“物”的存在。只有通过“人”之存在—“此在”①，才能使人之存在的意义获得彰显。“此在”不是孤立的，是一种人之“共在”，世界是一个整体，人类与世界融合在一起。以哈贝马斯为代表的一些人则认为，存在是主体之间的存在，存在是主体与主体的交往、对话和体验，存在是主体之间的理解与和谐。“主体间性”② 美学思想即把审美与人的生存状况和体验

① 此在（Dasein）是海德格尔在他的巨著《存在与时间》中提出的哲学概念。Dasein一词无法翻译成中文的术语，它由两部分组成：da（此时此地）和sein（存在、是）。为表达da与sein本身的关系，有时也译作“亲在”、“缘在”等等，“此在”是现在比较通用的译名。但当理解此在的时候，不能将da理解为此时此地，而是指通过对“存在”的领会而展开的存在方式。海德格尔用此在的概念来揭露笛卡尔和康德没有探索的关于存在的自然本性。海德格尔追问存在的本质，由于人们谈论存在时，总是指称某个存在者，存在本身则隐而不露，所以我们只能得到存在者本身。由于存在者有无数个，在海德格尔看来，我们只有通过对此在这样一种存在者才能把握存在本质。海德格尔将此在定义为：期望、理解、把握、通达，都是构成存在的行为，而且它们本身就是一种特定存在者的样式，也就是提问者向来所是的那种存在者的存在样式。因此，理解存在的本质在于把握那个提问者的存在。追问存在的本质这个问题本身受到追问者的规定，也是追问者的存在样式，所以此在就是一种对存在发出追问的存在者。由于此在作为一种能追问存在意义的存在者，所以它才能成为我们解决存在意义的特殊存在者。

② 主体间性是拉康提出来的，在阐述中他给现代性的主体性以致命的打击。他认为，主体是由其自身存在结构中的“他性”界定的，这种主体中的他性就是主体间性。进行这种分析的时候，他对黑格尔德《精神现象学》中的“奴隶和主人”进行了精神分析语言学上的重新描述。他认为，当看守为了囚犯而固定在监狱的位置上的时候，那他就成了囚犯的“奴隶”，而囚犯就成了主人。根据这种主体间性，针对笛卡尔的“我思故我在”，他提出了相反的思想：我于我不在之处思，因此，我在我不思之处。这应该说是对笛卡尔的“我思”主体的最大摧毁，也是对现代性思想根基的摧毁。主体间性概念的最初步的涵义是主体与主体之间的统一性，但在不同的领域中，主体间性的意义是有差异的。在主体间性概念的形成历史过程中，事实上涉及了三个领域，从而也形成了三种涵义不同的主体间性概念，这就是：社会学的主体间性、认识论的主体间性和本体论（存在论、解释学）的主体间性。另一后现代哲学家哈贝马斯也对这一术语有过大量经典的论述。

结合起来，认为艺术审美其实更是一种人的体验方式和生存方式。奥尔夫音乐教育体现和渗透出的教学理念，其实是一种美学存在方式，“原本性”（musicae）音乐是其显著的特点，“整体性艺术”是其核心体现。在其音乐教学的诸种关系都是自由的主体间的沟通、理解和对话的关系[①]。作为一种典型的人本主义审美教育，其过程就是个体生存和体验的审美过程，是学生音乐素养和音乐能力激发和显现的过程。奥尔夫音乐教学法强调以人为本，他认为学生必须与音乐交往，才能在音乐理解中获得审美体验。

我们再来看看，其实原本性在我国也有着深厚的理论渊源。奥尔夫的“musicae”音乐观念，在我国被称为“乐本体”观念。它是我国传统音乐文化十分重要的哲学和美学基础。我国古代通常把“悟”当作领会存在意义的一条根本途径[②]。由此可见，奥尔夫的音乐教学法与我国的传统哲学和音乐文化是有共通之处的。马克思主义哲学认为，人通过个体的实践征服自然从而使自己的存在具有某种主体性。人的存在是自由的不同于物的有意识的存在，人能够领悟自身的存在的意义。“自由是本真的存在的属性，而本真的存在是对现实存在的超越，是自由的精神性的创造。”

奥尔夫音乐教学法，以原本性音乐为基础，创造自由的音乐环境氛围，强调即兴性和参与性，让人获得最原始和最直接的音乐体验一对“自身存在”的体验，这些都反映了其原本性教育理念[③]。马克思曾经说过：“对于不辨音律的耳朵说来，最美的音乐也毫无意义，音乐对他说来不是对象。”[④] 因此，要使音乐成为人之主体的认识对象，在审美过程中理解并把握，奥尔夫的“原本性”音乐选择是必然的。可以这样说，“原本性”的音乐教育观念是奥尔夫音乐教育的主题和核心思想。正如奥尔夫本人所言：“我的教育体系所持有的一切观念，不过是关于一种原本性的音乐教育观。什么是原本的音乐呢？它不是单独的音乐，它是和动作、舞蹈、语言紧密结合在一起的一种人们必须亲自参与的音乐，即：人们不是作为一名听众，而是作为亲自的演奏者参与其中。原本性的音乐是接近土壤的、自然的、健康的、能为所有人学会和体验的、适合

---

① 主体（教师、学生）与原本性音乐之间，原本性音乐与客观乐器之间，音乐与语言、戏剧、舞蹈、动作等之间，教师与学生之间等等。

② 如《乐记》中“乐者，天地之和也。”刘韶的《文心雕龙》中“情以物兴、物以情观”等文字，也体现出“借物感兴”的体间和谐交往的哲学思想。

③ 比如注重儿童个性的全面发展，调动其主体性、能动性，在审美教学过程中通过音乐实践获得体验，这反映在其音乐法的综合性、广泛性和人本性特点上；而学生进一步的了解自身潜能、发现并即兴创造，这就产生了艺术上的超越，并逐步形成了求知自觉性一获得对本身存在意义的主动把握，这些都反映在其即兴性及本土化理念中。

④ 马克思. 1844 年经济学—哲学手稿［M］. 79.

于每个儿童的。”[①]

从课程改革的视角来看，奥尔夫音乐教学法是一种尊重学生个性的、倡导学生自由发展的、由学生亲自参与的“对话型”主体间性教育[②]。由此不难看出，奥尔夫音乐教学法在全世界的音乐教育中仍具有旺盛的生命力便不难理解了。从课程的视角我们还可以发现深刻而先进的思想，比如当前音乐教育中最流行的“学科综合”[③] 观点。从前文的论述中也可以看出，在实践中发展起来的奥尔夫音乐教学法并不是单纯的音乐，而是动作、语言、体操、舞蹈等方式紧密结合在一起的综合的音乐形式。突出地体现了当下音乐教育中的学科综合思想，由于他把学生发展始终摆在音乐教育的第一位，因此，学科综合就成其发展的必然。

（二）文化学基础：“民族”与“多元”文化认同理念

西方著名学者詹姆斯·林奇认为，多元文化，是一种多种文化共存并相互冲突和作用的现象[④]。近年来，多元音乐文化教育成为全球关注的教育热点问题。多元文化主义（Multiculturalism）思潮首先在20世纪60年代于美国出现萌芽，接着这种思想在加拿大、澳大利亚、英国等西方国家快速发展，成为一种非常流行的、有争议的文化思潮和社会观念。就音乐教育来说，多元音乐文化教育的本义则是指以本国、本民族或地区的音乐文化为基础和主要内容，同时在了解世界其它地区和文化的音乐的基础上，引进融合这些优秀的音乐文化理念和音乐教育模式，使其能更好地在理解本土音乐文化的同时，意识到音

① 卡尔·奥尔夫．廖乃雄，译．学校儿童音乐教材：回顾与展望［M］．载奥尔夫音乐教育参考资料．中国音协奥尔夫专业委员会编．2005.

② 一方面，学生在整个音乐教育教学过程中拥有自己的主观动机、自己的实际行动、自己的角色定位、平等的交流对话及自我客观评价等；另一方面，教师为了使学生能成为学习的主体也积极地组织、设计、规划相应的学习氛围。在此过程中，学习主体和教育主体之间的交互作用得到了非常充分的体现。21世纪新的音乐教育需要我们培养学生在未来瞬息万变的社会中独自生存的能力，这就需要我们充分地尊重学生、发挥学生的积极性和主动性。

③ 20世纪之前的很多艺术教育（包括音乐教育）多呈现为各自分离状态，不仅各种艺术之间缺乏有效的综合，而且与其它的人文学科也缺乏融合与渗透。进入20世纪后，这种交互与整合的艺术教育课程理念逐渐受到人们的重视，从艺术课程的教学内容到学生的学习方式都经历了一场非常深刻的变革。音乐教育也逐渐由关注学科逻辑体系的传统音乐教育走向更加符合学生个体发展需要的现代音乐体系。学科综合也体现了现代教育的总体发展趋势，是学科体系向学科领域的伸展。

④ 殷洁．论多元文化视域中的课程实施［J］．教书育人，2006（29）84—86.

乐文化存在多样性的合理性，在多种音乐文化中理解音乐的本质。[①] 在多元化背景下，对于处于弱势地位的国家或民族来说，其表现在文化价值、文化传统和民族尊严等方面的独立性遭遇到了巨大的挑战，其文化价值观念在多元化的发展中面临着可能被同化的倾向。这种危机和失落感在一定程度上促成了一些国家民族主义情绪的高涨，也在一定程度上促成了其民族意识的觉醒，从而导致了本土主义的兴起。于是 21 世纪初出现这样一种景象：在多元化迅速发展、多元化态势日益明确的前提下，某些民族主义却表现得异常活跃，本土文化被发掘和强化的趋势也在发展。

结合本书的内容，我们可以看出，奥尔夫音乐教学法“并不是一种固定的、封闭性的‘框框条条’，它的具体教学内容和方法，都鼓励和启发人们自己去创造和安排，它自身也在不断吸收新的东西，不断发展、前进”，[②] 它是一个开放性的、充满活力的教学体系。这就是该体系在世界范围内得以广泛传播的重要原因之一，正因为我们在借鉴它的过程中不被要求生搬硬套，我们完全可以根据自己的实际情况去做选择、判断和创造。奥尔夫音乐教学法的这一开放性特征为我们既“弘扬民族文化”又“理解多元文化”提供了可能性。对此，我们在强调弘扬民族音乐立场的同时，还应以开阔的视野、宽广包容的心态，学习、理解和尊重世界其他国家、民族和地区的不同音乐文化，通过多元音乐教育使每个个体都树立平等的多元文化价值观，以利于我们共享人类文明的一切优秀成果。

“古典音乐的财富今天几乎是每个音乐学习者的基础。而原始的音乐，原本的节奏和原本的旋律，却被我们的古典音乐财富所掩盖了。儿童原始的创造力也被巨大的艺术传统压制了。”[③] 奥尔夫这样说的目的并不是要否定欧洲古典音乐的重要价值，把古典音乐从人的感受和学习中忽略。奥尔夫认为，“儿童自然的、原本的音乐已经丧失，现代人的音乐体验已从自身主动参与演变成

---

① 所以从这个角度看，多元文化更大程度上侧重于一个大范围的文化现象，比如同一个国家民族间的文化关系、全球各国各民族间的文化关系等。而另一部分学者较赞同另一种观点：当把多元文化视为一种观念、思想或哲学时，它是一组信仰和说明，承认并尊重种族的重要性和文化的差异性，包含在生活形态、社会经验、个人本身及个别的、群体的和国家的教育机会间所形成的文化差异。综合各家观点，可以发现，无论“多元文化”一词的定义究竟如何，从它自身的发展来看，承认文化的多元性、差异性以及平等性终究是其核心所在。多元文化强调，社会是由不同民族、不同群体构成的，社会成分的多元化决定了文化的多样性，而各种文化又都有其产生与发展的背景，都有之不可剥夺的存在理由和不可代替的独特价值，都应享有平等的生存权和发展权，并且没有优劣好坏之分。

② 秦德祥．元素性音乐教育［M］．南京：南京大学出版社，1989：115.

③ 卡尔·奥尔夫．古尼尔特凯特曼．廖乃雄，编译．为儿童的音乐［M］．上海教育出版社，2004：2.

为了被动接受的音乐活动。人类精神领域表现原本的最质朴、最本质的生活化的音乐，被专业化音乐艺术抑制”①。而实际的情形却是世界人民的民族情感和精神理想是各具有其独特表现的。“不管是哪个民族或种族，人的音乐感受是相似的。人们不能再像过去那样孤立于某种文化中。文化融合中的相互理解是我们这个时代必不可少的”②。因此，在音乐等艺术领域也必须进行沟通和理解。这表明奥尔夫对多元文化教育的尊重。

音乐的属性是文化，音乐与文化的关系密不可分，音乐同时也是文化的重要组成部分。当前学校音乐教育具有多重使命，发展和传承一定的音乐文化是其重大的使命。对于我国的音乐教育来说，加强民族音乐艺术的主导地位，同时培养学生具有开阔的视野和开放的胸怀，接受人类一切优秀音乐艺术文化遗产，造就立足本土又面向世界，具有创新能力的新型音乐人才。在继承传统文化和借鉴创新上，国外音乐教育的理念和经验会从不同的角度给我们以启迪。

总之，多元文化音乐教育是当今世界音乐教育的主流，它顺应了当前世界音乐教育的全球化发展潮流，彰显了多元、开放的音乐观念，在重视他者的音乐文化的同时，也重视本土音乐文化。在此基础上，如果能正确处理好一元与多元的关系、民族与他者的关系、现代性与后现代性的关系、本土音乐文化与世界音乐文化的关系，多元音乐文化教育将会焕发出强大的生命力，向着更好的方向发展。

（三）心理学基础：加德纳的多元智能理论与皮亚杰的发生认识论

1. 加德纳的多元智能与审美心理发展理论

多元智能理论是由美国哈佛大学教授霍华德·加德纳（Howard Gardner）于 1983 年提出。加德纳从研究脑部受创伤的病人发觉到这些人在学习能力上的差异，从而提出多元智能理论。加德纳认为过去的智力理论对智力的定义过于狭窄，未能正确反映一个人的全面的、真实的能力。他认为，人的智力应该

① 卡尔·奥尔夫，古尼尔特凯特曼．廖乃雄，编译．为儿童的音乐［M］．上海教育出版社，2004：2.

② 比如奥尔夫体系的教学活动中，是以其家乡的语言、民歌、童谣、舞蹈和谚语为基本素材的。他认为不同的民族和地区的教材创生都应采取本土化的方式。在奥尔夫乐器方面的要求一样，也不是一成不变的。他鼓励各国人们扩大乐器的品种，每个国家都可以使用自己的民族乐器进行尝试和改造，这不仅仅是为了乐器种类的丰富，更是为了音乐教育本身的民族化的要求。

是一个量度他的解题能力（ability to solve problems）的指标。[①] 多元智能理论对于音乐教育具有重要的指导意义，值得教育工作者，结合学校教育与教育改革的现状和问题深入思考和研究，具体有以下几方面的影响。

第一，关注个体差异。多元智能理论告诉我们，智能是每个人不同程度地表现在生活各个方面的能力，每个学生都有多种智能，这些智能的发展并不平衡，这就造成了学生差异的存在。但是各种智能本身没有好坏之分，因为社会上需要各类人才，社会发展客观上也需要差异教育。关注差异的目的，是促进每个学生获得最大发展，开发学生的潜能。因此，要在实际的教育教学中做到首先，要承认学生的差异性。其次，尊重学生的差异性。学生与成人是相互平等的主体，学生是有着很大自我发展潜能的个体，在音乐教学过程中必须发挥学生的主观能动性，尊重他们的年龄特点和个体差异。“认真对待每个孩子的特质、兴趣和目标，尽最大的可能帮助他们体会到自己的潜力”[②]。再次，要善待学生的差异性。教育的宗旨就是关注学生智能的差异性，促进其潜能的开发。智能的多样性无疑为因材施教提供了坚实的理论基础，并从新的视角丰富和发展了因材施教的思想体系。在音乐潜能开发的过程中，教师要尽可能运用灵活多样的教育手段，如运用多样化的音乐情景、采用多样化的活动方式乃至应用多样化的音乐评价手段等来正确引导和促进学生音乐潜能的开发。总之，因为每个学生表现音乐智能的方式都各不相同，教师要“承认差异，尊重差异，善待差异”，在音乐教学过程中，教师要把握学生的特点，为每个学生制定出最佳的教学方案。依托多元智能理论，从教学手段、教学内容及评价方式等方面实践因材施教。

第二，更新教育观念。教育思想和教育观念制约着人们的教育行为，影响着教育教学的全过程。任何教育行为的实施，都必须建立在正确的教育思想和教育观念的基础上。首先，树立“在音乐面前人人平等”的智能观。教育要面对千差万别的学生，教师要真正做到平等的对待每一个学生，就需要强有力的理论观念予以支持。“所有的人在每个领域里的天赋都相同”。[③] 其次，确立每个学生个体可持续发展的教育价值观。在该理念指导下，音乐教育关注的应该

---

① 根据这个定义，他在《心智的架构》（Frames of Mind，Gardner，1983）这本书里提出，人类的智能至少可以分成九个范畴—语言（Verbal/Linguistic）、逻辑（Logical/Mathematical）、空间（Visual/Spatial）、肢体运作（Bodily/Kinesthetic）、音乐（Musical/Rhythmic）、人际（Inter-personal/Social）、内（Intra-personal/Introspective）、自然探索（Naturalist，1995 年补充）、生存智慧（Existential Intelligence，1998 年补充）。人的智能结构也相应地分为这九种智能。

② 加德纳．沈致隆，译．多元智能［M］．北京：新华出版社，1999：138．

③ 加德纳．沈致隆，译．多元智能［M］．北京：新华出版社，1999：52．

是人的内在情感的激发。多元智能理论给音乐教育注入了新的活力，它强调了学生在音乐学习上的主动性。再次，该理论有利于我们树立一种全方位的音乐教育整合观。该理论不仅让我们意识到了音乐课程整合的重要性，而且在奥尔夫音乐教学法的实施上也给予我们极大的启示。在音乐教学中，时时都充满着学生潜能开发的契机，我们应该以多元智能理论为指导，树立科学的音乐发展观，促进学生音乐素养的和谐发展。第四，树立科学的音乐教育评价观。音乐教育评价应该多元化，首先在承认学生差异的基础上，承认学生不同的发展水平，善于发现每个学生的优势智能，并通过恰当的评价让学生获得自信。最后，有利于树立正确的教师观。该理论通过强调让学生积极“参与”到音乐教学的实践中来，确立了学生在学习中的主体地位。

第三，丰富课程资源。从多元智能理论来看，其课程思想是竭力倡导拓展和整合课程与教学内容和资源，就音乐教学的实际情况来看，教科书不再是唯一的课程资源，音乐教学也不再局限于教室、书本、录音机等形式。以多元智能理论来看，“差异也是一种教育资源”。在音乐教学中有效利用学生的差异，可以将差异转变为有效的教学资源，促进学生之间的互动发展。另外，这种理论有利于在音乐教育中整合教师资源和学生资源。在加德纳看来，学生本身也是一种可利用的有效课程资源。音乐教师应该把学生个体的独特特点视为财富而加以有效地利用。当此外，该理论也有利于挖掘地方资源，把具有地方特色的音乐文化资源补充到课堂教学中，体现课程资源的开放性。

第四，优化教学方式。多元智能理论强调重视差异，面向全体学生，突出学生主体地位。那么，到底如何才能优化音乐课堂教学，真正做到“以生为本”呢？笔者认为，首先课堂教学要强调以学生为主体，学生要充分相信自己的能力，尽可能地做到由“被动学习”到“自主学习”，从“个体学习”到“合作学习”。其次，要强调以丰富的教学内容优化音乐课堂教学。音乐教育的内容要多元化和丰富化，学生的学习方式也要相应地从“书本学习”走向“生活学习”。此外，音乐教育也应该拓宽到其他相关知识领域，这对于发展学生独具特色的兴趣和能力的组合是至关重要的。

不难看到，多元智能理论所倡导的多元开放教育理念为我们解决音乐教育问题提供了深刻的启迪，有助于我们更全面、更深刻地认识学生个体的能力特征，实施个性化的教学，让所有学生都能发现自己的优点，重塑音乐学习的自尊和自信。

2. 皮亚杰的认知发生论

瑞士最著名的心理学家皮亚杰（J. Piaget）成果卓著，是认知发展领域非常有影响力的一位心理学家，他所首创的儿童认知发展的学派被后世学者称之为“日内瓦学派”。其理论充满唯物辩证法精神，例如皮亚杰坚持从内、外因相互关系的观点来研究儿童的认知发展。他认为，儿童是在与外界环境相互作用中来建构起关于外部世界的知识的，通过这个过程，儿童使自身的认知结构得到有效和合理的发展。认识是主体与环境之间的一种互动关系。作为认识主体的人在认识发展的过程中，不断建构与客体相应的认知结构，不断对环境作出各种适应性的改变。皮亚杰的智力适应理论的核心思想通过“同化”和“顺应”等概念体现[①]。以皮亚杰为代表的认知主义心理学派认为人是信息加工者，是一种具有丰富的内在资源，并能利用这些资源与周围环境发生相互作用的有机体。学习过程就是人在头脑内主动建构知识的过程。艺术在某种程度上说是情感与知识的最佳结合点。而每种艺术形式都包括主体间的交流：一个主体创造这种艺术的符号或对象，另一主体则按特定的艺术方式去理解或欣赏这一对象，并对此做出各种不同的反应。每个个体的身上都存在着伟大的潜力，让潜力得以发展是人本身的需要，因而人的“自我实现”其实就是人的本质。

奥尔夫音乐教学法正是以实践为主、注重个体参与和个人体验的个性化教学形式，这种教学体系为认识主体（学生）创造出自由、开放、活泼、互动的学习氛围和学习环境，由原本性音乐开始从简单向更为复杂的方式发展，认识主体（学生）在认识过程中逐步自主地重建音乐方面的认知结构并做出相应的改变。在某种程度上，正体现了认知发展理论的观点。奥尔夫音乐教育体系，遵循学生的认知发展的规律，在学生的音乐学习活动中，运用语言、思维、感觉、知觉、想象、情感等去理解、欣赏、创造音乐的同时做出反应，立足音乐智能的发展，带动了其它潜能，使学生能够获得全面的发展。

（四）教育学基础一建构主义教育理论

建构主义以儿童认知理论为基础，以学生的认知发展与学习过程来说明人类学习认知的规律，如人之学习如何发生、脑之意义如何建构、物之概念如何形成，理想的学习环境应包含何种要素，等等。在这套思想指导下形成的一套新的相对有效的认知学习理论我们称之为“建构主义”理论。建构主义学习理论可以从“学习的含义”和“学习的方法”两个方面加以说明。这种理论认

---

① 同化和顺化是相辅相成的，两者在认识过程中达到平衡状态，促使主体较为客观地重新建构客体，使客体与主体结构的状态相符。在这里，平衡不仅是一种状态，更是一种过程。同化与顺化每达到一次平衡，认识的结构也随之改变。同化与顺化不断的达到平衡，打破平衡，再达到平衡，认识的结构也随之不断的由低级向高级发展。主体的认识结构是一步一步构造出来的。这里的客体，实质上就是与认识主体交往关系中的共在主体。在他认为智力发展的形式运算阶段（包括青少年期到成人期），形式思维与现实的协调使青年逐渐摆脱自我中心状态。当青年能认识到反省思考是预测和揭示经验的时候，同化和顺化就再次获得了平衡状态。

为，知识不是通过教师的传授获得的，而是学生通过意义建构的方式而获得的。因此，建构主义学习理论认为，学习就是一种意义建构的过程。建构主义学习理论的四大要素为“情境”、“协作”、“会话”和“意义建构”①。由此可知，“一个人获得知识的多少真正取决于学习者根据其自身的经验去建构有关知识的意义的能力，而不取决于学习者记忆或背诵教授者所传授的知识内容的能力”②。

“建构主义提倡以学生为中心的学习方式，特别强调学生主体作用的发挥。同时，也不能忽视教师的在教的过程中的主导作用，教师承担的角色不是学生学习的传授者或灌输者，而是意义建构的帮助者和促进者。这一理论给我们的启示在于，学生要成为知识的主动建构者，就必须发挥主体作用；教师要发挥出应有的指导作用也创设良好的环境，激发学生的兴趣”③。

关于建构主义的教育观点，很多教育家也有过类似的观点或论断。我们来简单分析一下。苏联教育家苏霍姆林斯基指出：“只有能够激发学生进行自我教育的教育，才是真正的教育。”我国教育家叶圣陶说过：“教师的教为了达到不需要教。”未来学家阿尔文·托夫勒也明确表示：“未来的文盲，不再是不识字的人，而是没有学会学习的人。”美国心理学家布鲁纳认为：“学习者不应是信息的被动接受者，而应该是知识获取过程中的主动参与者。”这些都说明真

---

① 情境”：学习环境中的情境必须有利于学生对所学内容的意义建构。这就对教学设计提出了新的要求，也就是说，在建构主义学习环境下，教学设计不仅要考虑教学目标分析，还要考虑有利于学生建构意义的情境的创设问题，并把情境创设看作是教学设计的最重要内容之一。“协作”：协作发生在学习过程的始终。协作对学习资料的搜集与分析、假设的提出与验证、学习成果的评价直至意义的最终建构均有重要作用。“会话”：会话是协作过程中的不可缺少环节。学习小组成员之间必须通过会话商讨如何完成规定的境下，教学设计不仅要考虑教学目标分析，还要考虑有利于学生建构意义的情境的创设问题，并把情境创设看作是教学设计的最重要内容之一。“协作”：协作发生在学习过程的始终。协作对学习资料的搜集与分析、假设的提出与验证、学习成果的评价直至意义的最终建构均有重要作用。“会话”：会话是协作过程中的不可缺少环节。“意义建构”：这是整个学习过程的最终目标。所要建构的意义是指：事物的性质、规律以及事物之间的内在联系。

② 马克思·范梅南. 教学机智：教育智慧的意蕴［M］. 李树英译. 北京：教育科学出版社，2001：53.

③ 对于学生而言，第一，要求学生要用探索法、发现法去建构知识的意义；第二，要求学生主动去搜集并分析有关的知识和资料，过程是先提出假设然后加以验证；第三，把当前学习知识和已知事物相联系，并加以认真思考。“联系”与“思考”是意义构建的关键结合点。教师要想成为学生建构意义的启发者和帮助者，第一，激发学生的学习兴趣，形成良好的学习动机；第二，通过创设良好的建构知识意义的情境，来提示学生新旧知识之间联系的线索，帮助其建构当前所学内容的意义。第三，为了使意义建构更加有效和正确，多组织协作学习或讨论交流，注意引导学生朝有利于意义建构的方向发展。引导的方法主要包括：提出适当的问题以引起学习者的思考和兴趣，进而针对这个问题进行讨论；在讨论中引导学生加深对所学内容的理解；要启发诱导学习者主动去发现学习的规律、自己去认识错误并改正。

正的教育应当教会学生通过实践自主学习。奥尔夫音乐教育的目的就是通过学生逐步的自主学习、建构，培养其音乐审美能力，并完善其人格。

认知学习论的分支流派也认为，学习者要完成对所学知识内容的意义建构，即达到对该知识的深刻理解和体会，最有效的办法是让学习者到真实的环境中去感受和体验（即通过获取直接经验来学习），而不仅仅是在课堂上聆听教师对这种经验的介绍或讲解。教师是学生学习活动的引导者、合作者、帮助者和促进者，是具有主体性的客体。在教学中，教师的言行是为了激发学生，唤起学生的注意、促进内部图式外化和外部图式内化。教学过程不是学习者被动地接受知识，而是积极地建构知识的过程。在学校里，学习不是教师向学生传递知识的过程，而是学生建构自己的知识和能力的过程。奥尔夫音乐教学法的教学模式以学生为主体，在教师的引导下，开放式的教学从原本性音乐出发，由学生自主发现、探索和创造，在实践中获得经验，也带有建构主义的特点，与音乐教育能够产生共鸣。

美国教育家贝内特·雷默认为，音乐教育作为审美教育是通过培养人对音响内在表现力的反应进行的感觉教育。音乐教育的价值“在于通过丰富人的感觉体验，来丰富他们的生活质量”。其最重要的作用就是帮助学生逐步增加对音乐要素的敏感，包括可以获得感觉体验的那些条件。审美观察应当是自由的、开放的、放松的沉浸在所观察的审美性当中。审美体验是一种创造性体验。奥尔夫的音乐教育正是轻松、自由、快乐的开放式教育，通过提供丰富的音乐审美体验，教师引导学生在互动中增加对音乐要素的敏感，感受真正具有表现性的音乐。奥尔夫的音乐教育中，探索—模仿—即兴—创造的一系列音乐活动正是审美观察到审美体验再到审美建构的过程。学生通过建构和体验，获得审美提升。

教学过程是师生之间和班集体成员之间人际关系相互影响的过程。奥尔夫的教学过程是互动的教学过程，通过互相合作进行沟通、学习，以即兴创造发展学生的创造性，达到自我实现和自我建构的目的。总之，奥尔夫音乐教学法通过独特的音乐教育方式，为广大的儿童和学生提供了自主发展认知和审美建构的机会。

三、奥尔夫教学法在我国的融合方式

（一）与本土音乐文化的融合

音乐教育的本土化是在“现代化”的标准下建构具有民族特色的音乐教育及文化，因此，“音乐教育本土化绝不意味着向传统的简单回归，而是创造性地走出符合‘现代性’标准或具有‘现代性’内涵的民族音乐教育之路”①。我们要继承传统的音乐文化，不能只对其进行简单重复，而应当站在现代音乐发展所要求的高度，对传统音乐文化进行辩证的审视、选择、取舍和改造。在这一过程中，“改造”无疑是最重要的环节。为了顺利“改造”以符合现实需要，我们应该努力做到以下两点。第一，将新的时代内容、时代形式以及时代思想渗透进传统的音乐教育中去。解决音乐教育存在的现实问题不能单纯靠回归传统，只能向前看，推动音乐教育的进一步发展。只有当我国传统音乐教学内容观中的合理部分被分离出来，并被赋予与现代主流的音乐思想相适应的时代内容和时代形式时，其精华部分才能被转化成适应当今音乐教育要求的新思想和新内容。第二，注重传统音乐文化中各个要素的整合，使传统成为现代的一部分，避免传统音乐文化精华与现代音乐教育思想的生硬“对接”。传统音乐教育精华作用的发挥，需要各要素间的互动，如果不对其进行分解和改造，进行整合，它就会游离于现代音乐教育之外，并有可能与现代音乐教育发生各种冲突②。

我国传统音乐教育包含了极其精深博大的丰富内容，但某种程度上它仍具有滞后性和片面性，如果我们仅仅以自身音乐文化传统精华为导向和来源，我国现代的音乐教育的建构毫无疑问会难以摆脱由于“近亲繁殖”的阴影。因此，我们在进行本土化音乐教育改革的过程中，首先，要完整地对待中国的音乐文化，在纵向上既涵盖了传统的音乐内容，又延续至近现代的音乐作品。从横向上既包括一个时期的主流音乐内容，也包括那些与主流内容相互联系又有所区别的亚教学内容。继承传统音乐的精华时，要珍惜传统中的宝贵音乐资源，又要不囿于一隅，以偏概全，造成传统音乐精华的浪费。其次，要引进与传统音乐互补的外来音乐文化理论，并将二者有效结合。③ 在继承传统的过程中，取长补短，这是实现传统到现代的转变，建构本土化音乐文化的重要措

① 王啸，邹丕振．“现代性”的教育学话语：在全球化与本土化之间［J］．江苏大学学报（高教研究版）．2004（1）17.

② 例如，传统音乐教学模式中的自然无为式，与现代强调以个体为中心的音乐教学理念极为类似。但自然无为式忽视教师在音乐教学中的积极指导作用，结果学生的学习处在放任自流的状态，从这一点上来看，二者又有所区别。因此，如果只看到两种模式类似而单纯地生搬硬套，不考虑时代背景和音乐教育的自身发展状况，其弊端是不言而喻的。

③ 我国的传统音乐教育与引进的西方音乐教育不仅互有长短，而且在彼此的长、短项之间，往往存在着明显的互补关系。例如，在思维方式上，我们的传统音乐注重综合，注重音乐现象的类比，而西方音乐文化则更注重分析，注重对艺术本质的透视；在对个体培养的教学目标上，我国音乐传统注重服从、合作，偏重于塑造为社会服务的音乐人才，而西方更侧重自主、竞争、个性的张扬，偏重于培养具有个性的、充满音乐活力的、音乐素养全面深厚的人才。

施。再次，要汲取现代音乐发展成果，建立起建构现代音乐教育所需要的新思维和新意识。继承传统音乐教育精华，建构现代音乐教育理念，关键在于建构者要具有建构现代音乐教育的现代意识，我们要注意当下音乐文化思潮发展对我国音乐教育的理论基础、音乐教学目标、音乐教学内容、音乐教学方式和学习方式、以及音乐课程教学评价等的影响，以不断强化和更新我们建构现代音乐教育的意识。与现代音乐文化的融合过程中，我们更强调自主音乐文化的生成与建构，也就是更强调在继承传统音乐教育的同时注重创造。毫无疑问，继承的目的是“创新”。因此，我们要最大限度地发挥传统音乐文化精华的现代作用。同时，传统音乐的取舍、改造和现代化的转化，要服从和服务于现代音乐教育的发展需要。要按照音乐教育发展的要求，将传统音乐文化重塑为新文化中的内在要素。因此，要实现传统音乐教育向现代音乐教育的转化，首先，要构建一个开放的、充满生机的有中国特色的音乐教育体系；其次，要服从我国音乐教育的根本性质，不能与这一性质相悖①。建构本土化的中国音乐教育，并不是要割裂传统音乐教育与现代音乐文化的关系，它强调的是传统音乐的精华的时代创生和转化。一言概之，我们需要在继承传统音乐精华的基础上引进和借鉴国外优秀音乐理念，以充实和完善我们的音乐理论基础。建构本土化的中国音乐教育，就是要在继承中创新，在实践中生成，在引进中发展。

（二）与其它音乐教学法的融合

80年代初期以来，我国先后持续地、不同程度地介绍或引进了若干国外音乐教育体系和教学法，主要包括：德国的奥尔夫教学法，匈牙利的柯达伊教学法，瑞士的达尔克罗兹教学法，美国的“综合音乐感”课程，日本的铃木教学法等，这些新的音乐教育理念的进入，有效地推动了我国整个学校音乐教育事业的蓬勃发展。上述全球流行的五种音乐教学法各有其特色，强调的音乐教育内容、方式、方法、策略等都有差异。接下来，笔者就对这五种音乐教学法进行一下简单的对比。具体情况见图 3－3。

① 例如，传统音乐教育理念中的“陶冶”、“和谐”、“超脱”等观念，在新的音乐教学理念中仍有其重要位置；但是，只有在摆脱诸如盲目排外、绝对平均主义等传统局限，以开放、竞争的时代观念为前提，这些艺术观念和思想才能以崭新的面貌，成为现代音乐教育中的有机组成部分。

国外音乐教育体系和教学法一览 3 - 3

外国音乐教学法名称	达尔克罗兹音乐教育体系	奥尔夫音乐教育体系	柯达伊音乐教育体系	“综合音乐感”课程	铃木音乐教学法
创立者	达尔克罗兹（1865—1950）	奥尔夫（1895—1982）	柯达伊（1882—1967）	美国教育部	铃木镇一（1898—1998）
国家	瑞士	德国	匈牙利	美国	日本
形成年代	1905 年左右	1930—1935 年	1925 年左右	1965—1968	1944—1950 年
核心内容	体态律动学	原本性、即兴奏唱、节奏训练、乐器	民族民间音乐和二声部合唱	螺旋式上升素质培养大纲	祖国语言与才能教育

在引入到中国的著名国外音乐教育体系和教学法中，以德国奥尔夫音乐教育体系和匈牙利柯达伊音乐教育体系的影响力最为深远。本研究这里仅以匈牙利柯达伊音乐教育体系为例，简要探讨一下奥尔夫音乐教育体系与其它音乐教育法的融合共生情况。通过上图 3 - 3 比较发现，柯达伊音乐教育体系与奥尔夫音乐教育体系这两者是有一定区别的，二者在培养音乐人才的目标和教学方式的等方面各有侧重。我们通过下面的表格可以清楚看二者之间的区别与联系，见图 3 - 4。

柯达伊音乐教育体系与奥尔夫音乐教育体系比较一览表 3 - 4

名称		柯达伊音乐教育体系	奥尔夫音乐教育体系
实际侧重培养目标		音乐家	普通国民的全面素质
教师	注意方向	音乐	孩子
	地位、作用	主宰者、传道授业	引导者、组织指导者
学生	地位	被动接受者	主动参与者
	性格趋向	统一、规范	自由、个性
	能力趋向	掌握、运用、求取已知	感受、创造、探寻未知
教材、教法结构		严谨、固定	灵活、开放
教学方式		讲授、训练	活动、即兴
教学气氛		严肃、美	生动、活泼
总体倾向		继承发扬传统	面向现在、开拓未来

通过对比分析，笔者认为奥尔夫音乐教育的原理更适用于普通基础教育学

校音乐教育。由于奥尔夫音乐教育体系不像柯达依音乐教育体系那样按规定好的大纲、进程以及固定的教材教学，并反对“音乐教育系统的理性化”，所以，奥尔夫音乐教育体系更容易在教学上进行创造性、个性化和灵活的操作，从而使不同国家和民族、不同地区，甚至不同的音乐教师都可以对奥尔夫体系作出自己的阐释和演绎，按其基本原则和精神进行创造性的教学活动。另外目前国内本土化的奥尔夫音乐教学中，也融合了其他教学体系的音乐教学方法，如柯达伊音乐教育体系中的柯尔文手势、字母读谱法等，达尔克罗兹音乐教育体系中的体态律动等，多种教学方法的融合使本土化的奥尔夫课堂更加生动与完善。对此，笔者的观点是，任何一个教学法或教育体系，都有其独到的价值和意义，都有其强调的重点和适用的对象，因此，我们应该在音乐教育的过程中博采众长，汲取各个思想流派的优长，在具体的音乐教育教学中将这些先进的理念融合，挖掘现代音乐文化的精髓，创生出独具特色的本土音乐文化和音乐教育。

（三）与其他学科的融合

众所周知，当前音乐教育的发展趋势是重视学习者的经验和体验，强调音乐教育要回归人的生活世界，提倡课程同人和社会需求的密切联系，追求音乐课程内容的整合与综合，这也是当前课程改革提倡的重要理念之一。音乐以声音为载体，作为人类文化的重要载体，是人类创造力的源泉，在各级各类教育体系中其内容都占有非常重要的地位。我国最新出台的基础教育《音乐课程标准》也明确指出：“音乐教学的综合包括不同领域之间的综合；音乐与舞蹈、戏剧、影视、美术等姊妹艺术的综合；音乐与艺术之外的其他学科的综合。”① 而在强调综合性这一点上，新课标与奥尔夫音乐教育理念有着共通之处。

奥尔夫音乐教学法也强调“综合性”，“原本性的音乐决不仅仅是单独的音乐，而是和动作、体操、舞蹈、语言的相结合的音乐。”他的“军特学校”全名就是“体操—音乐—舞蹈”学校，奥尔夫在教学极力倡导把音乐、舞蹈和动作等各方面融合在一起。如在嗓音训练中把歌曲活动和节奏朗诵综合在一起。（内容是童谣、儿歌、游戏、谜语、谚语等）又如奥尔夫把音乐与声势（主要包括拍手、捻指、拍腿、跺脚）综合在一起，这种综合性的音乐学习，对训练学生大脑的灵敏反映、身体的协调能力等方面效果非常好。奥尔夫说过：“以各种原本的元素开展音乐活动和教学游戏，以节奏、音响、体操、舞蹈、旋律、言辞和动作，会激发想像力并培养孩子的发散思维能力，使创造的意欲原动力活跃起来，否则儿童的这些素质会慢慢萎缩、退化。”他认为，语言和动

① 马达．20世纪中国学校音乐教育［M］．上海：上海教育出版社，2002：231．

作从来就是音乐的源泉的综合性思想。在实际的教学中，奥尔夫教学法可以和诸如舞蹈、体操、语文、外语、美术、地理、历史等学科进行融合，在实践中，这种融合都取得了不错了效果。接下来，笔者就语文和外语这两个学科简单谈谈与奥尔夫音乐教学法融合的问题。

1. 与语文学科相结合

语文作为基础教育的主干学科，在中小学中占有非常重要的地位。如何与其他学科进行融合，更好、更高效地学习好语文，一直是一个具有重大研究价值的课题。在这方面，很多的研究也都做过大量的探索。我们都知道，“语言是正常人与生俱来的一种发自本能冲动的能力，把语言引入到实际的音乐教学中是奥尔夫音乐的一个巨大的贡献，是奥尔夫音乐教学法中独具特色的部分。奥尔夫认为语言是音乐的‘根’，而节奏是音乐的出发点”。[①] 语言是知识和人产生联系的基础，在奥尔夫音乐教育法实施的节奏教学，就是建立在学生可以像学习语言一样的接受音乐这个前提上。语言在节奏教学中的应用极为丰富和广泛，它为节奏教学打开了一个新的思路及领域。语言节奏教学在奥尔夫音乐教育中是非常重要的内容，通过多声部节奏教学能使学生一脑多用，通过学习与别人合作，培养和锻炼自己的控制和把握能力，它是一种有较高教学效率的教学方式。语言是人表达思想的工具，而交流思想则是音乐的最重要的功能之一，因此，利用语言进行奥尔夫音乐教学的确是一个非常有效的学科融合的尝试[②]。由于笔者在后面的教学课例中有结合朗诵进行节奏训练的内容，因此，这里笔者不再赘述。

2. 与外语学科教学相结合

很多学生一提起外语都觉得外语非常难学，单词记不住，语法、课文更难于理解。在这方面，与奥尔夫教学法相融合，则能起到独到的作用与效果。我们都知道，奥尔夫音乐教学法强调参与、即兴，主张在轻松愉快的氛围中培养儿童的想像力和创造力。所以，在实际的外语教学过程中，我们可以把奥尔夫音乐教学法渗透进来，进行一种个性化地外语教学，让儿童在“玩”的过程中

① 廖乃雄译. 奥尔夫儿童音乐教学法初步［M］. 合肥：安徽文艺出版社，1987：126.

② 当音乐教师在上渗透各种文学知识的奥尔夫音乐教学课时，教师通常可以选用适当的音乐背景为教授的诗歌、散文配乐，烘托出唯美的文学审美意境，也可以运用浪漫的文学语言和散文式的表达来描绘具体的音乐情境，进而营造出浓郁的艺术氛围，这些都会对学生的情感与心灵产生巨大的感染力和震撼力，在这样的具体教学过程中，学生体验到的已经不仅仅是音乐本身，而是对更深层次文化背景与人文精神的感悟、体验与思索。同样，音乐与历史、地理等学科的融合，可以让学生在学习和了解一些不同历史时期、不同地域和不同国家的代表性音乐的同时，学习到相关的风土人情和风俗文化，激发学习的动力和兴起，提高音乐学习的效率和质量。参见：李爱琳. 幼儿早期浸入式双语教育研究［D］. 南京师范大学，2008（06）.

感知音乐、学习知识、掌握外语。这其实是一种融合外语和音乐的多科性融合教学。这样的教学既能提高学生学习外语的积极性，也可以用灵活的音乐学习的方式帮助学生记住单词、提高外语表达的能力。奥尔夫音乐教育与儿童外语教学能够结合的关键在于，我们可以通过奥尔夫音乐教学法的教学模式和灵活形式，增加儿童外语学习的主动性。新课改在学生外语教学中也特别强调生活化、情景性、游戏化的学习方式，强调让儿童在玩中学、动中学、游戏中学，将奥尔夫音乐教学法融入外语教学中，不仅符合学生的年龄特点，而且能够激发学生学习外语的主动性和理解能力。① 在奥尔夫教学法与外语教学融合方面，我国已有多起成功的经验。例如近期出版的《幼儿英语与奥尔夫音乐艺术》，这是我国第一部奥尔夫音乐综合艺术幼儿系列教材，该教材整合了幼儿英语、音乐、美术、手工、自然科学等知识突出奥尔夫音乐教育的综合艺术性，同时，注重向家庭亲子活动延伸，增强了娱乐性及互动性。该课程在国内多家幼儿教育机构教学实践以来，取得了令人满意的效果。

① 具体的使用方法，教师可以在教学情境中不断探索。如教师在新授单词时，可以在幼儿感兴趣的音乐活动中引出单词，也可以创设音乐情境引导幼儿在情景中学习。如学习 teather、mother、grandma 、grandpa 时，教师扮演 teather、mother、grandma、grandpa 以音乐剧表演的方式来到学生中间与他们打招呼、做游戏。这种轻松有趣的氛围有利于幼儿的主动学习，让其在“玩中学”，达到事半功备的效果。还可以在新授活动中巧妙地融入节奏，有效提升了幼儿学习新单词兴趣。有的孩子边有节奏地念，边按节奏拍手，有的是边按节奏念单词，边蹦跳。在动动口、动动手、动动脚中儿童的兴趣被激发起来。还可以在节奏中巩固教学内容。比如在让幼儿复习单词时，加入一定的节奏性，最常用的节奏有：XX | XX | Xo，教师可以用自己录制的节奏音乐，引导学生跟着节奏乐边念单词边拍出节奏类型。此外，还可以用游戏的方式来提高幼儿复习单词的兴趣，拓展幼儿的思维，让幼儿举一反三。句型的引入能使单词活学活用。在外语的句型表述中，本身就带有一定的韵律性，奥尔夫的节奏在外语句型的复习与应用中有效渗透，能让幼儿的外语表述更富韵味。比如理解了 What colour do you like? 的句型意思后，让学生将自己的喜好用的句型 I like——予以表述，既富有节奏韵味，又能贴近儿童的生活实际，拓展其生活经验。参见周卫红．奥尔夫教学法在幼儿英语教学中的应用［J］．新课程（综合版），2010（07）．

第四章　奥尔夫音乐教学法本土化的历程与现状

通过前文的论述，笔者深深地意识到，中国音乐教育理论本土化的水平离我们理想中的境界还有很大的差距。那么通过什么方式或途径才能达到奥尔夫音乐教育理论本土化研究的最高境界和最终目的一实现中国音乐教育理论与世界音乐教育理论的交流、对话、融合和中国音乐教育理论自身的创新呢？笔者认为至少在理论与学术研究层面应做到以下三点。

一、奥尔夫音乐教学法本土化的学理探寻

（一）重视对奥尔夫音乐教育体系的全面、系统考察

对某种理论的熟练应用和融合创生的基础是对该理论要有全面和详细的考察和了解。从前文的文献综述可以看出，目前介绍外国音乐教育思想和流派的研究成果层出不穷。这反映了我国音乐教育研究者对外来音乐教育理念的重视程度，同时，对奥尔夫音乐教育这一体系本身的系统考察也是我国音乐教育理论本土化的重要途径之一。因为任何理论都有一定背景、历史渊源和明显的地域特征。因此笔者认为，只有对奥尔夫音乐教育体系本身作系统和全面的了解，才有助于我们深入了解这一音乐教育理论的真正内涵和精华所在。只有真正做到对奥尔夫音乐教育体系进行全面、系统和深入地考察和探讨，才可能实现传统与现实相结合，民族与多元相结合，本土与外域相结合，引进与融合相结合，扬弃和创新相结合，才能在引进和整合的基础上融合、创生，做到真正意义上的音乐教育本土化。

我国著名的教育学研究者鲁洁教授曾经指出，“20 世纪 80 年代以来，在中国教育学的学术领域，对来自外国的教育学的思潮、理论和各种学术成果，不作具体分析的简单引进和移植，一种新的全盘西化现象还在一定程度上严重存在”[①]。这一评价恰恰击中了我国教育界在引入外国优秀成果方面长期存在

① 鲁洁．试论教育学的本土化［J］．高等教育研究．1993（1）．

的弊端。任何音乐教育理论，都会深深的打上其民族音乐文化的烙印①。因此，世界上任何一种音乐教育理论都有其文化和民族特色，它不可能完全适合于另外一个国家和地区。因此，无论是“古为今用”，还是“洋为中用”，对音乐教育理论体系本身进行全面的、系统的、深入的考察和探讨应该是音乐教育理论本土化首先要做的事情。

（二）重视音乐教育实践，走进音乐教育的生活世界

众所周知，中国自古历来缺乏具有民族特色的、系统的音乐教育理论体系，这是学术界公认的一个基本事实。这在根本上是由于中国音乐教育理论界过于重视“概念搬运”和“文本诊释”，却忽视了音乐教育理论赖以生长的广裹的社会基础，缺少对音乐教育与日常生活的关怀所造成的。前文也谈到，音乐教育首先是人的教育，是表达对教育生活的价值关涉，引导人之生活走向的学问和艺术。因此，音乐教育绝对不能脱离人的生活世界，而必须深深扎根于其中。如果没有音乐的“生活世界”作为背景，音乐教育理论势必是一种无根的理论，是不会有鲜活生命力的。因此，音乐教育不能脱离人之生活世界，恰恰相反，音乐教育要紧密与生活的联系，走进人的生活世界。走进音乐教育的生活世界，不能简单移植和套用西方的音乐教育理论和实践，这样做的后果只能是“音乐教育领域因其文化传统和强烈的地缘色彩更会在新鲜一段时间以后产生‘反胃’现象”，出现“水土不服”②。

因此，中国的音乐教育理论研究必须走进我国的音乐教育实践，进入音乐教育的日常生活世界，使音乐教育理论深深扎根于人的实际生活，植根于人之

---

① 例如德国的音乐教育具有典型的理性主义色彩，中国传统的音乐教育思想具有明显的泛伦理和功利主义色彩。美国音乐教育学具有强烈的实用主义色彩。它们恰恰反映出各自民族文化的底蕴和差异，而且是由一定的理论基础支撑起来的，如德国的理性主义、中国的中庸之道和美国的实用主义都有其深刻的理论和文化背景。

② 郑金洲. 中国教育学研究的问题与改进路向［J］. 教育研究. 2004（1）22.

生活的真正需要，建构出具有本土风格民族特色的音乐教育理论。[①] 只有进入无限丰富的、原生态的音乐教育的生活世界，音乐教育的理论和音乐教育研究才会丰盈，才会充满活力，独具特色、个性突出、本土化的音乐教育理论才会可能产生，中外音乐教育理论的对话才会成为可能。

（三）重视理论研究，进入音乐教育的意义世界

前文谈到，音乐教育不能脱离人之生活世界，同样的，我们也不能从一极端走向另一个极端，一味地强调与生活的接轨，从而忽视音乐教育的理论研究。“‘走进教育理论研究，进入教育的意义世界’和‘走进具体的教育现象，进入教育的生活世界’两者构成教育学理论本土化研究的两翼，也就是著名教育学家叶澜教授形象比喻的关于教育研究的‘上天’和‘入地’”。[②] 走进音乐教育的实际生活，目的是在对整个音乐教育深刻地分析的基础上，对音乐教育进行结构化的解读。音乐教育的学术研究和学术观察如同一种哲学思辨一样，不仅是描述行为，而且还透视意义。没有理论框架的观察材料是无效和没有意义的，仅仅像是一群数字的堆积，缺乏数据背后的意义解读，只有我进行结构化的安排并进入音乐教育的意义世界，才会凸显出音乐教育的真正价值[③]。因此可以说，音乐教育理论研究首先必须对国内外的音乐教育理论与实践自身要有深刻的体验和感悟，并从“他者”音乐教育理论中汲取精华和营养，在两者

① 在这方面，国内外都有成功案例。如1810年在德国，柏林大学除了进行传统的教学外，还致力于学术研究，并取得良好效果，德国的高等教育尤其是大学得到迅猛发展。于是欧美国家纷纷效法。美国许多州立大学在是否应以柏林大学为师展开了激烈的争论。有人认为不能这样做，因为学术理论的学习和应用知识的传习不能截然划开，而美国的中学教育刚刚在成长，大学也是初创时期，于是提议美国大学不能按照柏林大学的模式来办理，而应走自己的道路。由于不好高骛远而紧密结合当时的国情，大学未以造就学者为志，而以培养适应现实需要的人才为怀，因此而创建了美国式大学的新类型，对美国政治经济的发展产生了巨大的推动力，取得了显著的效果。南北战争以后，学术教育渐渐有了实施的可能，这才于1876年创立了约翰·霍布金斯大学。不料，校长吉尔曼急于办成追求学术的学府，考虑只办研究生院。但是由于美国的中学，教学质量不如德国的文科中学，大学毕业生的学力只达到德国大学的二年级的水平，因此就很难实现预期的理想，不久，就改成在办好本科的基础上办好研究生院，结果成绩显著，被誉为是美国的柏林大学。这样一个小小的弯路说明忽视国情而急于求成，不仅是枉然，还有可能造成意想不到的后果。我国教育家蔡元培通过“兼容并包”的方式改造原已暮气沉沉的北京大学，不是照抄照搬别国的办学经验，而是巧于运思于创造，不因循守旧，不卤莽行事，学习外国的经验，结合本国的国情，创造出适合本国国情的，具有本土性的办学思想和理论。

② 邬志辉. 教育全球化中国的视点与问题［M］. 上海：华东师范大学出版社 2004，283.

③ 举一个简单的例子，人们现在经常做问卷调查，如果不懂得设计它的理论框架的人，看到的仅仅是一些零散的答案或简单的数据，根本就没有任何的价值，但对于问卷的设计者来说，这些答案和数据就蕴涵着极其丰富的价值。所以没有学术研究和意义的透视就不会有教育思想和理论。

渗透和融合的基础上进行有效地整合，做到中外音乐理论之间的融会贯通。① 因此，走进音乐教育理论研究，进入音乐教育的意义世界和音乐教育的生活世界，是一个事物不可分割的的两个方面，我们只有做到既“上天”，又“入地”，才能真正实现音乐教育理论与实践的有效结合，创生出具有本土特色的音乐教育理论来。

（四）重视音乐教育范式研究，构建音乐教育的方法论体系

重视范式研究意味着我们要运用各种科学、严谨的研究范式，拓宽研究的方法，以更为宽广的视域来研究本国音乐教育的各种实际问题。早在赫尔巴特时期，他本人就“批评了教育学依赖于哲学思辩或满足于经验描述的研究状态，主张把教育当作一种事实尽可能地来进行实证性的研究”② 他呼吁教育的研究者“对其要作审慎的考虑”③，去多了解其他学科（如物理和化学）的实验研究方法。从上述材料中不难看出赫尔巴特为引进科学的研究方法和范式所做的不懈努力。笔者认为，在这个问题上，要具体问题具体分析，研究不同学科的问题要应用不同的研究范式。价值研究可以运用哲学方法，事实研究则要用科学的方法。因此，音乐教育理论研究不能盲目地照搬、照抄其它外来的理论或模式，而要立足于本国、本民族或本地区的音乐文化、音乐教育的历史和实际情况，对存在的问题进行深入全面的分析，采取科学而规范的研究方法，努力建构有自己学科特色的方法论体系。④

二、奥尔夫教学法在中国的传播历程

奥尔夫音乐教育体系从形成至今已有八十余年历史，并凭借其深厚的根基和旺盛的生命力在世界各国广泛流传：其“原本性”音乐教育理念被运用于指导各国的音乐教学实践；其《学校音乐教材》被翻译成几十种不同国家的文

---

① 但是非常客观地说，我国当下的音乐教育理论研究还并没有走上融贯中西、相互渗透，坚持特色的发展道路，也可以说这种研究目前还没有达到成熟的地步。对世界主流的音乐教育理论研究，坦率的说，我们的贡献不多。对于音乐教育实践，我们还远未发挥出我们应有的影响力，为世界主流音乐教育界所接纳。参见郑金洲．教育理论研究的缺失一世纪末我国教育理论的反思［DB/OL］．http：//www．54479．com/school/o．

② 叶澜．教育研究方法论初探［M］．上海：上海教育出版社，1999，60．

③ ［德］赫尔巴特．李其龙，译．普通教育学：教育学讲授纲要［M］．北京：人民教育出版社，1989，9．

④ 方法论水平的高低直接反映研究水平的高低，而我国在这方面表现相对薄弱。正如著名教育学者叶澜所说：“自从闯入‘方法论’这个研究领域，我越来越深切感受到的是方法论问题本身的复杂、原有研究的粗疏以及我们知识上的贫乏。现在我只是从一种杂乱的丰富感中走了出来，初步认清了方法论问题的范围、性质及价值，形成了一些自己的观点和看法，离更加深层次的、明晰的认识及建立完善的方法论理论体系还有非常大的距离，还要作相当艰苦的努力和探索。”

字；其“奥尔夫乐器”被各国学校音乐教学采用，等等。这一体系在流传过程中被融入了各国的本土文化，逐步实现了在各国的本土化，如在美国，奥尔夫音乐教育学会已有一百多个分会，是世界上最大的一个奥尔夫音乐教育学术团体；在美国的学校中几乎没有一个音乐教师不使用奥尔夫音乐教育的理念和方法。[①] 二十世纪八十年代，奥尔夫音乐教育体系被介绍到中国，并得以迅速传播。在短短三十多年的时间里，奥尔夫音乐教育体系同样被融入了我们中国文化，在中国这片沃土中生根、发芽、开花并结果。这一传播与实践过程经过起步期（即传入期）、发展期和深入期，并等待着进入更完善的成熟期。接下来，笔者就各个时期的发展状况，对奥尔夫音乐教育体系在中国得以传播与实践的历史背景、进程和内外因等问题进行必要的阐释。

（一）传入期（1980－1989 年）——学习、模仿阶段

80 年代后，中国的学校音乐教育存在着大量的问题需要改革，如中小学音乐课程的学时设置偏少；课程内容过于单一，多以唱歌为主；教学设备缺少；教材量不够丰富；音乐师资力量还需加强，等等。众所周知，音乐教育是进行美育的重要手段之一，是培养学生德、智、体全面发展的不可缺少的组成部分，具有不可忽视的意义。廖乃雄于 1980 年赴德国访问，在德国奥尔夫会见了廖乃雄，向其介绍了奥尔夫音乐教育理念，将整套《学校音乐教材》（五卷）和音响相赠，并安排他参观了奥地利扎尔茨堡奥尔夫学院。奥尔夫也希望其教育理念能在中国开花结果，得到广泛的传播与实践。1981 年 1 月，廖乃雄回国后，开始投入到对奥尔夫音乐教育体系的推广中，这是中国第一次接触奥尔夫，奥尔夫音乐教育体系从此在中国步入了传播与实践的起步期。

在此期间，对奥尔夫音乐教育体系的传播主要集中在对该体系的介绍中。廖乃雄于 1982 年再次赴德学习和考察，还去了意、法、比等国的“奥尔夫中心”进行访问、听课和观摩演出。[②] 回国后，1984 年廖乃雄在上海首次举办了奥尔夫音乐教育讲习班，并于 1985 年安排施奈德夫人来华讲学，这都为我们学习奥尔夫音乐教育体系开辟了新途径。1986 年，中国音乐协会音乐教育委员会正式成立。廖乃雄担任主任委员，李妲娜担任执行秘书[③]。中国音乐协会音乐教育委员会的成立，对奥尔夫音乐教育体系在中国的深入传播发挥了重要的作用。1986 年，中国音乐协会音乐教育委员会再次邀请施奈德夫人来华介绍奥尔夫音乐教育体系，施奈德夫人在讲学过程中还曾选择中国民歌，如《茉

① 李妲娜．奥尔夫教学法（Orff－Schulwerk）在中国［J］．乐府新声，1995（3）28．

② 廖乃雄．奥尔夫音乐教育的基本思想和原理［J］．中小学音乐教育，1985（3）6．

③ 姚思源．中国当代学校音乐教育文选［M］．上海：上海教育出版社，2000：495．

莉花》、《娃哈哈》、《快乐的哆嗦》等进行授课，为如何实现奥尔夫音乐教育体系在中国的本土化提供了范例。1988年8月，奥尔夫学院的沃尔夫冈·哈德曼等专家应邀来我国北京进行奥尔夫音乐教育体系方面的讲学，大大加深了我国音乐教育界对奥尔夫音乐教学法的深入了解，也培养了一批音乐教育改革的骨干力量。同年9月中国音协邀请美国的玛瑞·涉洛克教授在陕西省西安市进行奥尔夫音乐培训，并接着在北京作了奥尔夫音乐教学法的示范教学，受到我国学者良好地评价和热烈欢迎。此后，中国音协又组织国内音乐教育领域的专家李妲娜等人和一批一线音乐教师赴德国实地考察、学习。1989年6月，经中国音协批准在我国成立了奥尔夫音乐协会。

在传入期，介绍奥尔夫音乐教育体系的书籍以对德国相关著作的翻译为主。我国最早介绍奥尔夫音乐教育体系的教材是1986年由廖乃雄翻译的《节奏一旋律练习》一书。此后，1987年8月，廖教授又翻译了由凯特曼编著的《奥尔夫儿童音乐教学法初步》。1989年，由秦德祥编著的《元素性音乐教育》一书也是这一时期较系统介绍奥尔夫音乐教育体系的为数不多的重要著作之一。接着，秦德祥出版《中外音乐教学法简介》一书，对“奥尔夫与中国古代的音乐教育理论”、“奥尔夫与我们之间的观念之别”等问题作了详细论述，进一步发展了中国学习奥尔夫音乐教育体系的理论研究。

这一时期研究所涉及的相关内容主要有以下几项。一是对奥尔夫的生平及其音乐教育体系的各项内容的总体介绍。二是研究并总结出了奥尔夫音乐教育体系的几大特点，如节奏性、即兴性、参与性等。三是初步掌握奥尔夫乐器应用原理并利用中国民族乐器进行课堂教学实践。四是开始将奥尔夫音乐教育体系与中国民族文化结合，在选材上尝试运用中国的民歌、童谣、语言、诗词等。五是在理论上将奥尔夫音乐教育体系应用于早期儿童音乐教育，拓展了该体系的应用领域。六是依据该体系，分析了我国音乐教育存在的诸多问题，如班级学生过多、音乐师资薄弱、学习条件差等。七是指出了我们在学习借鉴该体系的过程中可能出现和已经出现的问题，如把奥尔夫音乐教学简单地等同于打击乐器演奏，突出节奏训练，忽视地方差异，全盘照搬该体系等。

在这十年内，经过廖乃雄等专家的共同努力，奥尔夫音乐教育体系在一定程度上已被我国音乐教育界所了解，甚至被尝试着运用于教学实践中。这得益于我国政府对教育的重视，促使音乐教育快速发展。同时也表明，奥尔夫音乐教育体系和中国传统文化之间存在某些联系，中国是一片适合奥尔夫音乐教育体系开花结果的沃土。

（二）发展期（1990—2000）**——交流、融合阶段**

1988年5月，我国颁布《九年制义务教育全日制小学音乐教学大纲（初审稿)》和《九年制义务教育全日制初级中学音乐教学大纲(初审稿)》。大纲强调了音乐教育在学校教学中的重要性，对音乐教学的目的、教学内容与要求、学业考核、课外活动、教学设备等都作了明确的规定，音乐课被规定加入唱游的内容，强调寓音乐教育于游戏之中；器乐教学得到重视，规定将器乐教学列入教学内容，以培养学习兴趣；体现了民族性，规定了学习民族音乐作品的要求和时数比例。1989 年，当时的国家教委又颁布了《九年义务教育全日制小学音乐教学器材配备目录》和《九年义务教育全日制初级中学音乐教学器材配备目录》。[①] 在这两份国家行政文件中对中小学音乐教育教学所需要的各种教学设施、器材设备等方面都作了详细的规定。在器材设备的规定中加入了一系列易演奏的打击乐器，如响板、木鱼、双响筒、铃鼓、沙锤、碰铃、串铃、三角铁、大小锣、大小钱、大小军鼓、小堂鼓等。在这些纲领性文件中，我们不难找到与奥尔夫音乐教育体系相类似的因素，有关这些因素的规定都将有助于奥尔夫音乐教育体系在中国的继续发展，奥尔夫音乐教育体系由此进入了在中国传播与实践的发展期。

奥尔夫音乐教育体系在中国的传播与整个基础音乐教育改革密切相关。上世纪 90 年代以来的十年音乐教育改革，为奥尔夫音乐教育体系在中国的继续发展提供了历史背景。奥尔夫音乐教育体系这十年的发展在持续前一阶段发展的基础上取得了历史性的进步。这一时期，中国音协在推动奥尔夫音乐教育体系在中国的进一步发展仍发挥出积极作用。1991 年 8 月，中国音协音乐教育委员会再次邀请奥尔夫学院的曼努艾拉、库巴斯特两位专家来北京讲学，同年，台湾的陈惠龄女士也应邀来大陆讲学。在这些交流活动中，李妲娜等人还做了公开教学观摩课。1991 年 9 月至 1992 年 2 月，李妲娜赴美考察音乐教育，除了更深入了解借鉴奥尔夫音乐教育体系在美国的发展情况，也看到了他们在借鉴中所面临的矛盾和困难，同时也向其介绍了中国音乐及音乐教育，促进了发展奥尔夫音乐教育体系的经验交流。1993 年 8 月 16，我国音协在河南省开封市举办了奥尔夫教学法师资培训班，特邀台湾省著名奥尔夫教法教师刘嘉涉、林芳谨讲学。1995 年是我国音乐界学习奥尔夫音乐教育体系的繁盛期。1995 年 6 月，邀请哈特曼先生再次来上海讲学。1995 年 6 月至 7 月，中国音协派 7 名相关研究者赴奥地利萨尔斯堡参加纪念奥尔夫诞辰一百周年国际研讨会活动，引起了与会代表的轰动与关注，对奥尔夫音乐教育体系在各国实现本土化发展起到了很大的作用。[②] 1995 年 7 月由李妲娜率中国音乐教育代表团赴

---

① 马达. 20 世纪中国学校音乐教育 [M]. 上海：上海教育出版社，2002：200.

② 姚思源. 中国当代学校音乐教育文选 [M]. 上海：上海教育出版社，2000：498—501.

澳大利亚墨尔本参加纪念奥尔夫诞辰一百周年国际研讨会，并进行了学术交流活动。

在传入期内，对奥尔夫音乐教学法的相关研究以翻译、直接引进等方式为主，而到了发展期，这方面的研究则更加深入，除了继续翻译奥尔夫音乐的相关文章外，书籍方面则更多地出现了相关的专题介绍，如刘云翔、魏煌所著的《音乐教育学》，李妲娜主编的《世界音乐教育集萃》等。在这些书籍中，对奥尔夫音乐教育体系在教学内容、教学方法、教学模式、教学原则、教学特点的总体把握，都有较全面和准确的论述。这些书籍对奥尔夫音乐教育体系的介绍和梳理虽然也存在不是很系统等一些具体问题，却也体现了这一时期我国音乐教育界的研究成果[①]。奥尔夫音乐教学法在中国的传播与实践过程发展至上世纪 90 年代从移植和模仿阶段进入到实践摸索阶段。其后近十年的实践探索中，在传播和运用奥尔夫音乐教学法上取得了相当良好的成绩，奥尔夫音乐教育体系也尝试着运用到中国农村音乐教育、中国儿童基础舞蹈教育、中国少儿电子琴教学甚至于老年人教育等于各个领域中。

奥尔夫音乐教育体系在中国的传播与实践经历前一阶段近十年的学习和模仿之后，顺利进入上世纪 90 年代的发展期。这一时期，中国基础音乐教育改革中规定的相关法令法规、采取的措施以及所取得的成果都为该体系的在中国的传播与实践提供了背景，并加速了其进程。

（三）深入期（2000—现在）——创生、建构阶段

1999 年的第三次全国教育工作会议对于基础教育的发展而言是一次具有里程碑意义的大会。大会上明确确立了“素质教育”理念，提出了培养“创新能力和实践能力”的国家基本的教育方针。另外，“心理学家斯坦等人的研究成果表明：通过适当的教育可以激发人们的创造性思维能力”[②]。也就是说，教育肩负着培养学生创新能力的任务。作为培养创新能力和综合素质的重要手段，音乐教育也在强调“素质教育”和“培养创新和实践能力”方针的指导下取得了进步。《全日制义务教育音乐课程标准（实验稿）》于 2001 年 7 月正式出台。[③]“素质教育”和“创新能力”在此音乐新《课程标准》中得到体现。在这样的背景下，奥尔夫音乐教育体系凭借其“普及性”、“整体性”和“创造性”等原本性特征指导着我国基础音乐教育的新一轮改革，成为中国音乐基础

---

① 胡知凡. 艺术课程与教学论［M］. 杭州：浙江教育出版社，2003：25.

② 张德秀. 创造思维的发展与教学［M］. 长沙：湖南师范大学出版社，1990：156.

③ 2002 年 9 月起，音乐课改的实验区扩大为 504 个，2001 年至 2003 年，音乐新课程标准及实验教材进行验证实验，并修改完善。2003 年至 2005 年，在全国范围内，一至九年级分学段推广使用新课程标准和新教材.

教育发展素质教育、培养创新能力的有力工具，奥尔夫音乐步入其在中国传播与实践的深入期，并朝着健康的方向继续发展。

在此阶段，中国学习和发展奥尔夫音乐教育体系仍然采取举办讲学、培训班等形式。如2000年，北京继续举办奥尔夫短期培训班，2002年开始将这一课程转移到了西安、广州等地。培训班的火热程度，足以表明我国教师对奥尔夫音乐教育体系的渴求，也在一定程度上证明了我国缺乏奥尔夫师资的问题，参加培训的教师学成后都较好地运用于教学实践中[①]。在高校开办奥尔夫音乐教育的实验也在这一时期开始尝试。2000年中央音乐学院继续教育部成立，聘请了奥尔夫专业委员会会长李妲娜等人担任"教法课"教师，课程内容就是以奥尔夫音乐教育为主，受到了学生的热烈欢迎。[②] 2001年8月，中国音协奥尔夫专业委员会特邀美国奥尔夫协会前主席朱迪·邦德教授前来讲学。此后，清华大学也开始尝试奥尔夫音乐教育，开设了"综合艺术素质活动与创造课"。2002年中央音乐学院成立了"奥尔夫音乐教育研究中心"，举办了"奥尔夫音乐教育师资培训班"活动，由奥尔夫学院派出师资力量。为了纪念奥尔夫逝世20周年，中央音乐学院音乐学研究所和音乐教育系共同主办了"2002年北京奥尔夫活动周暨音乐教育国际研讨会"[③]，这些活动的成功举办为各国奥尔夫音乐教育工作者提供了一个成果和经验的交流平台，对我国基础音乐教育的发展起到了积极的作用。2001年李妲娜、李燕治等人应邀赴新加坡讲学，还分别参加了德国国际研讨会和暑期培训班活动；2001年—2002年，王甘、郑莉、陈淑宜分别应邀赴美参加全美奥尔夫年会；2001年我国邀请朱迪·邦德来京讲学；2002年聘请哈特曼和曼努艾拉女士为奥尔夫专业委员会顾问。这些交流活动都促进了我国奥尔夫音乐教育的本土化发展。

这一时期，出版的相关书籍也更具实践意义。2002年，《奥尔夫音乐教育思想与实践》出版，由李妲娜、修海林和尹爱青编著。作为全国教育科学"八

---

① 例如山西大同城区四十一校的韩丽老师在其小学中运用了各种方法来实践奥尔夫音乐教育理念，如将学生从座位上解放出来进行教学；在音乐考试时则采取"百灵鸟音乐会"的方式，使考试实现了其真正价值。河北邢台第七中学的孙淑萍也在大量的实践中取得了成果，她在课堂教学中直接引用或进行改编或重新编写课例，取得了很好的教学成果，如其学生创编的古诗词在年度艺术节中被认为是最有新意的节目；师生共同创编的《中国喜洋洋》荣获创作表演声乐作品一等奖；师生共同创编、配器、伴奏、表演的歌舞《绣红旗》都取得了不错的教学效果。参见韩丽．奥尔夫教学模式初探［J］．太原城市职业技术学院学报，2004，10：141.

② 陈庭星．教育观念新，教学方法新，采用教具新一谈谈奥尔夫教学法的特点［J］．星海音乐学院学报．2002（4）92.

③ 张乐心．展示成果增进交流规划未来：记2002年北京奥尔夫活动周暨学术研讨会［J］．中央音乐学院学报，2002（4）93.

五”规划项目的重要丛书之一，此书还是大陆第一本较全面介绍奥尔夫的专著。从奥尔夫的生平到其相应的音乐活动，此书有详细的一手资料；对奥尔夫音乐教育思想，此书有较准确的论述；对奥尔夫音乐教育体系在中国本土化的可能性，此书更是通过大量的课堂实例来说明。基于其重要性，《奥尔夫音乐教育思想与实践》已成为我国音乐教育专业学生的必读书籍。另外，2004 年，由左玲玲编著的《音乐素质训练：国外音乐教育体系与中国教育实际的结合》、《音乐素质训练：国外音乐教育体系与中国教育实际的结合》、《中文版的奥尔夫《学校音乐教材》、《为儿童的音乐—奥尔夫（学校音乐教材）精选》等书籍的出版，都很好地体现了在深入期奥尔夫音乐教育体系在中国的传播与实践过程。2002 年由廖乃雄编著的《中华学校音乐教材》出版，此教材继承和发展了奥尔夫音乐教育体系的众多理念，在当时解决了我国实践教学领域“教材短缺”的问题。

这个时期奥尔夫音乐教育体系在中国传播与实践，为新世纪基础音乐课程改革提供了有力的工具，为实现民族化和多元化的统一创造了有利条件，为深化农村音乐教育改革拓宽了途径，对促进我国音乐教育教学改革具有非常深远的意义。如果将奥尔夫音乐教育体系流传中国所历经的前二十年作为其在中国传播与实践的起步、深入发展期，各方面条件都相对成熟的 21 世纪自然可以被称为融合、生成和建构期。

综上所述，奥尔夫音乐教学法在中国的传播与实践进入生成、建构就朝着相对明确的方向、以相对稳定的速度持续发展。从经历的三个阶段来看，传入期发展也是初步的，更多的是一个引入、学习和模仿的过程。而且盲目的学习和模仿导致在这个过程中出现了许多问题，比如由于错误理解而扭曲了该体系的理论精髓等。但此阶段的学习和借鉴所起到的启蒙意义还是需要肯定的。进入发展期后，奥尔夫音乐教学法的传播进入到摸索和积累阶段，并付诸实施了大量的教学实验，取得了较明显的进步，进而促进了奥尔夫音乐教学法的传播顺利地进入深入发展期。在这个过程中，出现了很多具有历史性和代表性的成果，以《音乐课程标准》和《中华学校音乐教材》为代表的这些也为今后奥尔夫音乐教育体系在中国的继续发展打下了良好的基础，指明发展的方向。

三、奥尔夫教学法在中国的传播现状

（一）教育理念方面

改革开放以来，我国基础教育的改革与发展取得了很大成就，同时，随着科学技术的迅猛发展，国际竞争的日趋激烈，教育也面临着极大的挑战。课程领域也出现了很多新问题[①]，原来课程体系在很多方面已经不能适应时代发展。在音乐教育领域，80年代以后，匈牙利的柯达伊教学法、德国的奥尔夫教学法、日本的铃木教学法、俄罗斯的卡巴列夫斯基教学法、瑞士的达尔克罗兹教学法以及美国的综合音乐感教学法等国外著名的音乐教育思想相继被介绍到国内，对我国的音乐教育的整体发展和改革都产生了非常重要的推动作用。"这些思潮都高度重视学生的主体地位，重视现代化教学手段的运用，强调亲身参与音乐活动而获得直接的艺术体验，强调通过激发创造性来挖掘学生的音乐潜能，强调教学必须以激发学生的兴趣和培养正确的学习态度为基础，并把这些作为学生在音乐方面可持续发展的决定因素，等等"[②]

我国于2001年颁布了《全日制义务教育音乐课程标准（实验稿）》，后续又对音乐课标进行了重新的修订，这些改革都吸收、借鉴了国外著名音乐教学法的教育理念。《标准》对基础教育实施音乐教育教学的若干基本理念作了非常全面的归纳，总结出"以音乐审美为核心，以兴趣爱好为动力、面向全体学生，注重个性发展、重视音乐实践，鼓励音乐创造、提倡学科综合，弘扬民族音乐，理解多元文化"[③] 的音乐教育五大理念。这既是对我国长期音乐教育理论与实践经验的总结，也融合了改革进程中一些带有共性的音乐教育思想和观念。笔者认为，新课标把音乐审美放在第一位，强调音乐教育要面向全体学生，强调音乐兴趣和创造精神的培养，提倡将音乐课程和其它课程的融合等，都是奥尔夫音乐教育理念所极力倡导的，可以说，奥尔夫教育理念对我国的基础音乐教育有着非常深远的影响，这些理念也是落实我国素质教育目标的重要保证。

（二）教材建设方面

教材是教育目标的直接体现，是教学的主要资料及工具，其对学校教育意义重大。在教材方面，奥尔夫和凯特曼合编的《学校音乐教材》目前已传播到世界各国，被广泛采用，并深刻影响着各国音乐教育工作者。大量的奥尔夫音乐教育的研究者和实践者都以本民族语言、儿歌、民歌为基础，创编适合本国学生使用的各种教材。对此问题，奥尔夫也是极力提倡各国音乐教育工作者以创新精神去编写具有自己特色的教材，提倡本土化教学理念。在我国也不断有研究者在进行尝试。廖乃雄教授是最早将奥尔夫音乐教育理念引进我国的专

① 这些问题包括课程结构过于强调学科本位，缺乏整合性、综合性和选择性；课程过于注重知识传授的倾向；教学方法过于强调接受学习、死记硬背和机械训练；课程内容繁、难、多、旧，偏重书本知识，脱离学生生活及社会发展；评价方式过于注重甄别、选拔和淘汰等。

② 音乐课程标准解读（实验稿）[M]. 北京：北京师范大学出版社，2002：7.

③ 音乐课程标准解读（实验稿）[M]. 北京：北京师范大学出版社，2002：7.

家，他借鉴奥尔夫和柯达伊音乐教育体系的基本原理和实践经验，以汉语和我国民间音乐为依据，主要采用民歌和儿歌为音乐基础，并采用我国的古代经典的诗词、格言、谚语等为语言素材编写了著名的《中华学校音乐教材》，这是我国最早的、引起了广泛反响的本土化奥尔夫音乐教材，这套教材标志着我国在奥尔夫音乐教学法本土化方面迈出了重要的一步。此后廖乃雄又于2004年出版了《奥尔夫学校音乐教材精选》，对《中华学校音乐教材》进行了补充概述，对音乐教学的针对性更强，更便于师生的阅读，这本教材也得到了广泛的认同和使用。1989年，秦德祥编著的《元素性音乐教育》出版，这是全面、系统介绍奥尔夫音乐教育体系的为数不多的重要教材之一。1990年，秦德祥又出版了《中外音乐教学法简介》，主要介绍了几个重要的、有广泛影响的国外音乐教学法，其中也包括对奥尔夫音乐教育体系的专题介绍。90年代以后，我国对奥尔夫音乐教学法的研究越来越多，呈现出日趋火热的态势，其标志是出现了大量具有代表性的学术研究成果。① 在这些研究成果中，对奥尔夫音乐教学法在教学内容、教学方法、教学原则、教学模式以及评价原则等问题的总体把握都有比较全面和准确。

2002年2月，由李妲娜、修海林和尹爱青编著的《奥尔夫音乐教育思想与实践》出版，本书比较全面介绍了奥尔夫音乐教育思想，从奥尔夫的生平到其相应的音乐理念再到音乐实践活动，本书都作了较准确和深入的介绍；对奥尔夫音乐教育在中国本土化发展，本书更是通过大量的音乐课堂教学实例来加以说明。因此，有学者指出本书已成为我国音乐教育专业学生的必读教材之一。2004年，由左玲玲编著的《音乐素质训练：国外音乐教育体系与中国教育实际的结合》出版。此教材内容大都借鉴于奥尔夫音乐教育体系的相关理念且适用于奥尔夫音乐的实践教学。各级学校的音乐教师可以用来作为教学参考用，偏重于实践操作。

（三）乐器制作方面

“奥尔夫乐器”是奥尔夫音乐教育体系中非常重要的组成部分，很多具体的教学活动都需要借助奥尔夫乐器来完成。奥尔夫乐器主要可以分为两种：第

---

① 如刘云翔、魏煌所著的《音乐教育学》（辽宁教育出版社1990年5月出版）；曹理所著的《普通音乐教育学概论》（北京师范学院出版社1990年6月出版）；李妲娜主编的《世界音乐教育集萃》（广西漓江出版社1991年1月出版）；《音乐教育文选》（四川音协音乐教育委员会、四川省学校艺术教育协会1992年7月出版）；邵祖亮主编的《中学音乐教学法》（上海音乐出版社1993年3月出版）；王英奎主编的《小学音乐教学研究》（辽宁教育出版社1993年3月出版）；曹理主编的《普通学校音乐教育学》（上海教育出版社1993年9月出版）；曹理、缪裴言主编的《中学音乐教学论新编》（高等教育出版社1996年4月出版）等。

一种是无固定音高系列的打击乐器，主要分为以下几大类。

① 皮革类：主要是皮革制作的鼓类。(包括手鼓、铃鼓、大小军鼓、架子鼓、大小堂鼓、定音鼓、排鼓等)

② 木质类：用竹子制作。(包括梆子、单双响筒、木鱼、蛙盒等)

③ 金属类：用铜、铁等金属制作。(包括锣、碰铃、三角铁等)

④ 散响类：主要是根据乐器的发声特点命名的金属或竹木制作的。(包括西斯特、串铃、沙锤)

第二类是有音高的音条乐器，音条乐器是奥尔夫对乐器创造方面最重大的贡献，按乐器制作的原材料和音色特点可以简单分为以下三种。

① 钟琴：包括高音钟琴（SG）和中音钟琴（AG)。

② 金属琴：亦称铝板琴、钢片琴、铁琴等，主要视制作音条的材料而有不同的称呼[①]。

③ 木琴：包括低音木琴（BX）、中音木琴（AX）和高音木琴（SX)。

我国1994年颁布的中小学音乐器材目录中，就已经正式将小型打击乐器、木琴、钟琴等奥尔夫乐器列入音乐教育的常规教具。“奥尔夫乐器中的钟琴、木琴和组合式音块，已由相关研究所研制成功。这种乐器，不但音质好、音律准，而且易于掌握。在上海音乐学院召开的鉴定会上，包括谭抒真、陈良、王瑞玮在内的专家、教授，均给予肯定和好评。目前，此种钟琴和木琴已由相关教具厂批量生产”[②]。

此外，在奥尔夫教学法中经常使用的主要乐器还有竖笛，它主要是吹奏旋律的。竖笛在我国比较普及，而且时间比较早，从小学起，很多学校学生就开始使用竖笛教学，并且一直到初中都在使用。我国教育界还经常举行形式多样的竖笛师资培训活动。我国各地都有各类名目繁多、音响色彩丰富的打击乐器，如河北的梆子、陕西的腰鼓、黄河沿岸的盘鼓等，它们也是进行奥尔夫节奏教学的天然乐器。由于各地区条件差异很大，有的地方没有条件购置，他们选择自制“乡土化”的奥尔夫乐器，在这方面许多音乐教师及其学生都积累了一些经验。[③] 师生演奏自己制作的乐器，乐在其中，同时也锻炼了学生动手能力和创造精神，这正是奥尔夫重探索、重实践的原本性教育的精髓所在。现在

① 这类琴一般有11—13个音条，分高、中、低三种，分别称之为高音钢片琴（SM)、中音钢片琴（AM)，低音钢片琴（BM)。这类琴中还有一种叫音块，每个音条一个小共鸣箱，一个音一块，可以拿在手上。

② 转引自李燕治．奥尔夫乐器在教学中的运用 [J]．乐器，1999（6）34.

③ 如用大纸箱、饼干筒等当作鼓用；用高低不同的酒瓶或者碗类排在一起制成高低不同的音条乐器；高梁杆排一排，制成蛙鸣乐器；易拉罐装上沙土、豆子可做成沙锤乐器等。

每年在奥尔夫音乐教育的国际研讨会议上，都能见到各种新发明的乐器。可见，从本地奥尔夫音乐教学的实际条件出发自制乐器，不仅是学习奥尔夫教育的基本方法，也符合奥尔夫音乐教育体系自身不断创新和发展的需要。

（四）教学实践方面

在音乐教育教学的实践方面，我国参加过奥尔夫音乐教育培训的音乐教育专家和一线教师也做过大量的探索，出现了很多有代表性的成果。在这方面突出地表面在节奏教学、乐器教学、声势教学等层面。很多奥尔夫教育专家和一线教师用我们国内熟悉的各种歌曲、童谣、儿歌等创编出大量的新课例，进行了大量的本土化的实践。其中李妲娜、宋丹、陈淑宜、李燕治等人在奥尔夫教学法本土化以及拓展我国音乐文化等方面付出了大量努力。尤其是李妲娜多年来一直致力于奥尔夫音乐教学法的理论和实践研究和推广工作，是中国奥尔夫音乐教育体系本土化的代表性人物。李妲娜创编的很多课例都在融合奥尔夫教育理念的基础上，进行了创新，明显具有典型的中国特色，如“十面埋伏”、“春江花月夜”、“秋思”、“春节”、“鸭子拌嘴”等等。奥尔夫特别强调音乐教育要“以人为本”，现实中个体间是有差异的，地区间的音乐文化也是有差异的，因此，广大教师要因地制宜，视具体情况来进行个性休的音乐教学。在这方面，由李妲娜、修海林、尹爱青合著的《奥尔夫音乐教育思想与实践》就做得相对很好，该书专门介绍了奥尔夫音乐教学法在我国的传播及其“本土化”现状，书中收集了六十余个关于奥尔夫音乐教学的课例，为我国的奥尔夫音乐教育研究和实践提供了丰富的理论支撑和教学素材。

四、奥尔夫教学法本土化存在问题分析

关于奥尔夫教学法在中国的本土化过程中出现的问题，笔者在查阅了期刊网上的有关文章和相关著作的基础上，为了更深入了解当前我国奥尔夫音乐教学法本土化现状及存在的主要问题，笔者于 2009 年 8 月参加广东省教育委员会举办的音乐教育实践研究会和 2010 年 12 月在东北师范大学音乐学院承办的“国培计划—2010 年中小学艺术骨干教师培训项目”会议现场共发放了音乐教师调查问卷 200 份，收回 196 份，问卷有效率为 96%。又分别于 2009 年参加奥尔夫音乐教育委员会青岛举办的奥尔夫教学法培训以及 2010 年 10 月参加台湾奥尔夫音乐教育研究中心举办的《音乐童年》系列课程教材、教师培训会议其间访谈来自全国各地的奥尔夫专业教师 80 人，其中幼儿园教师 20 人，基础教育音乐教师 30 人，高校音乐教师 10 人，社会机构音乐教师 20 人。另外对吉林省长春市一实验小学、辽宁省鞍山市山南小学、北京人大附中以及上海市进华中学的音乐教师及部分学生、家长进行了问卷调查和访谈，其中共计发放

学生问卷600份，收回有效问卷595份，问卷有效率为99%。三所学校共访谈音乐教师20人，访谈学生家长共计20人。

学生问卷设计了20道封闭式问题，主要考察我国当前基础教育中奥尔夫音乐教学法在基础教育领域内实施的基本现状、存在问题；家长访谈提纲设计了10道开放式问题，主要考察家长对奥尔夫音乐教学法的了解程度、态度、观念以及家长对目前中小学音乐教育现状的看法。教师调查问卷设计22道封闭式问题，同时，教师的访谈提纲设计15道开放式问题，主要是考察广大教师对奥尔夫音乐教学法的了解、培训、应用、思考以及深入研究的基本情况。同时，为了更好地了解全面的、真实的情况，笔者还在2009—2011年间全国范围内听课近百节，与一些学生、老师、学生家长和教育管理者就相关的问题进行大范围的、非正式的交流，这种近似于人类学的田野研究方式也让笔者在整个研究过程中获得了一些有价值的信息，可以说是受益非浅。

在对调查问卷和访谈提纲进行了全面的统计和基本的分析之后，笔者对于当前我国奥尔夫音乐教学法的本土化的现实状况有了一个基本的了解，现将能够说明问题的相关数据提炼出来，以期大家对这个问题有一个清晰的认识。对于一些了回答不是特别清晰、对本研究作用相对较弱的题目，笔者这里略去不再论述或做具体分析。首先，我们来看教师对奥尔夫音乐教学法的了解、培训、应用、思考以及深入研究的基本情况。见图3-1

图3-1

问　题	选　项	回答情况%
你了解奥尔夫音乐教学法吗？	a. 非常了解	10.1
	b. 一般了解	43.3
	c. 不太了解	32.7
	d. 不清楚	13.9
你在音乐教学中是否经常应用了奥尔夫音乐教学法？	a. 没有	23.3
	b. 很少	63.1
	c. 经常	13.6
你是通过何种方式了解奥尔夫音乐教学法的？	a. 课程学习	44.3
	b. 学校培训	20.9
	c. 他人介绍	21.2
	d. 新闻媒体	13.6

续　表

问　题	选　项	回答情况%
你所在的学校是否普遍采取奥尔夫教学法进行音乐教学?	a. 是	20.4
	b. 否	65.9
	c. 不太清楚	13.7
你采用的是何种奥尔夫音乐教育材料?	a. 学校儿童音乐教材	16.1
	b. 自编材料	24.0
	c. 引用他人创编	55.9
	d. 其他	4.0
你在应用奥尔夫音乐教学法的过程中出现过以下哪种问题?	a. 教学效果不明显	9.4
	b. 教学内容和素材的缺乏	40.1
	c. 教学过程的不可控性	20.4
	d. 缺乏有效的奥尔夫音乐教学指导	30.1
你在使用奥尔夫音乐教学法的过程中发现的最大的困惑或问题是什么?	a. 教育思想的冲突	23.4
	b. 缺乏良好的学校环境和设备条件	39.3
	c. 教师自身音乐素养欠缺	35.2
	d. 其他	2.1
你认为一名音乐教师应用奥尔夫音乐教学法最重要的是什么?	a. 良好的音乐素养	35.3
	b. 良好的教学能力	34.2
	c. 灵活的创新能力	15.8
	d. 适合的音乐教育理念和教学内容	14.7
你如何看待奥尔夫音乐教学法的在我国的适应性问题?	a. 不需要本土化	18.0
	b. 需要本土化	42.5
	c. 本土化是借鉴、融合、共生的漫长过程	38.2
	d. 不太清楚	1.3

问　题	选　项	回答情况%
你如何看待奥尔夫音乐教育与我国音乐新课标倡导理念的关系？	a. 高度契合	46.2
	b. 有点相近	19.1
	c. 相关很大	34.1
	d. 不太清楚	0.6
你认为应该如何克服在奥尔夫音乐教学过程中出现的问题？	a. 深化理论研究	25.2
	b. 加强技能培训	41.8
	c. 应用中灵活创新	18.6
	d. 增强音乐理论的适应性	14.4
你认为奥尔夫音乐教学法在我国应用过程中的主要影响因素是什么？	a. 中国人的性格及思维	24.2
	b. 我国教育体制	21.7
	c. 教育环境及设备	22.1
	d. 师资力量	32.0

在教师开放式的问卷中，访谈的教师基本上都是经过奥尔夫音乐师资的培训，所以对于奥尔夫音乐教学法的认识及实施状况的调查更具代表性。调查显示：对于你所在的学校是否在音乐教学中实施了奥尔夫音乐教学法，效果怎么样？67.9%教师回答所在学校的实施了奥尔夫音乐教学法，另30.3%回答则没有实施，1.8%的人表示不清楚。关于你认为奥尔夫音乐教学法的主要特点，有73.6%的人都能够基本地解释出奥尔夫音乐的原本性、综合性、创造性及参与性等主要教学特点，有17.8%的人能够说出几个特点，但是不能够很清晰地解释清楚。只有8.6%的人表示对此不是很清楚。

对于是否了解奥尔夫音乐教学法在我国的发展现状，62.7%的人表示知道一些，37.3%表示不太清楚。

对于你认为奥尔夫音乐教学法在我国各方面的教学中容易出现哪些问题？35.6%的人表示对方法的理解不太深入，43.3%的人认为缺少材料，21.1%的人认为当前社会上的教学流于形式，效果不明显。

关于结合一个具体课例，谈谈你是怎么应用奥尔夫音乐教学法的？64.8%的人表示结合了奥尔夫的乐器进行教学，尽管有一些乐器是自制的，但是教学效果还是很好的。35.2%的人表示教学中由于缺乏奥尔夫乐器，所以教学中多运用“声势动作”，以及其他趣味性很强的律动、舞蹈进行教学。

关于你在运用奥尔夫音乐教学法过程中的难点是什么？83.9%表示教学的

素材缺乏。45.1%的人认为培训的机会太少。66.5%的人认为掌握的具体方法不多，不灵活。关于对李妲娜等人奥尔夫音乐教学实验的了解程度，10.3%的人表示不太了解，64.3%的人表示听说过。

而关于教师进行奥尔夫音乐教学的素材或内容是通过什么方式获得的？45.4%的人表示是利用现成的教材，23.4%的人表示教学过程中自编了一些歌舞等。19.8%的人谈到自己经常上网下载一些教学材料。至于音乐教师如何解决奥尔夫音乐教学中存在的问题，77.4%的人都认为应该加强理论学习，加强这方面的培训。12.9%的人认为应该自学。在运用奥尔夫音乐教学法的个人体会这一项上，79.4%的人还是认为奥尔夫音乐教学法实用，对小学生而言效果很好。

关于如何看待外国音乐理论与民族音乐文化的借鉴、融合问题，有83.3%的人表示应该多学习世界上先进的音乐教育理论，吸取这些西方文化的优点，有8.4%的人认为当前奥尔夫音乐教育体系已经过时了，这套体系其实有价值的东西我们中国的音乐文化和音乐教育也能涉及到，因此不要迷信一些所谓的西方先进理论。

关于奥尔夫音乐教学法的局限性问题，35.8%的人表示在设备条件方面学校投入不够，36.3%的人表示整体培训应该加强。关于为了避免在奥尔夫音乐教学中出现问题，教师应该在哪些方面做出努力？83.7%的人认为应该加深理解和学习，学校或相关部门多做一些培训。32.6%的人谈到要进行自学。

对于奥尔夫音乐教学法和我国当前新课改和素质教育理念的契合点的问题，基础音乐教育老师及高校教师对此比较了解，普遍认为两者契合点很高，幼儿园老师更关注教学方法的学习，对于教育理念的认识不够深入。关于奥尔夫音乐教学法是否与我国的音乐教育理念存在冲突，57.4%的人认为没有冲突，24.6%的人认为可能有些文化差异。

关于学生的封闭式调查问卷，笔者经过统计软件的量化分析以及课堂观察、课后对学生和教师、教研员的交流和访谈，显现出如下比较明显的研究结果，笔者也通过表格的形式将基本的数据呈示出来，具体的数据情况见图3-2。

图 3-2

问　题	选　项	回答情况%
你了解奥尔夫音乐教学法吗？	a. 非常了解	10.1
	b. 一般了解	43.3
	c. 不太了解	32.7
	d. 不清楚	13.9

问　题	选　项	回答情况%
你听说过奥尔夫音乐吗？	a. 经常听说	1.9
	b. 不太了解	19.7
	c. 没听说过	71.3
	d. 不清楚	7.1
你觉得上音乐课有意思吗？	a. 非常有意思	82.0
	b. 比较有意思	12.0
	c. 没意思	6.0
你在音乐课堂中会主动参加老师的游戏吗？	a. 每节课都参加	54.3
	b. 经常参加，但不是每节课都参加	23.9
	c. 偶尔参加	19.2
	d. 从不参加	2.6
除了学校音乐课上学习的乐器，你是否学习过其他的乐器？	a. 是	24.4
	b. 否	63.9
	c. 不太清楚	11.7
平时听到音乐时，你会不自觉的动起来或打节奏吗？	a. 完全会	66.1
	b. 大部分会	24.0
	c. 偶尔会	6.9
	d. 从来不会	3.0
你想从音乐课上学到更多的音乐知识和技巧吗？	a. 非常希望	79.6
	b. 有点希望	12.9
	c. 不太希望	4.4
	d. 不希望	3.1
你对音乐课中的哪个部分的学习最感兴趣？	a. 唱歌	35.4
	b. 欣赏	28.3
	c. 舞蹈与律动	21.1
	d. 乐器	15.2

续 表

问　题	选　项	回答情况%
你们班级上音乐课的气氛和谐、融洽吗?	a. 非常融洽	65.3
	b. 比较融洽	24.2
	c. 不太融洽	9.8
	d. 不清楚	0.7
音乐老师上课时的表情经常是?	a. 一直微笑	29.0
	b. 满意时才笑	42.5
	c. 偶尔笑	28.2
	d. 从不笑	0.3
上音乐课时,教师讲授知识的方式是?	a. 经常启发,让你不知不觉中学会	56.2
	b. 同学回答后再说正确答案	15.1
	c. 老师提出问题后再回答	22.1
	d. 基本上是教师自己讲	6.6
教师上音乐课的程序?	a. 经常变化	21.2
	b. 一个学期有两到三次变	40.8
	c. 偶尔变化	26.6
	d. 从不变化	11.4
教师上音乐课的主要方式是?	a. 主要以坐在座位上听老师课为主	36.2
	b. 偶而会用动作、手势参与	31.7
	c. 经常用各种方式参与	14.1
	d. 边听边做,方式灵活	18.0
上音乐课时,老师最经常使用的乐器是?	键盘乐器(钢琴、电子琴等)	70.1
	小乐器(竖笛、三角铁等)	14.6
	民间乐器(笛子、葫芦丝等)	12.2
	从来不用乐器	3.1

从对学生的调查数据可以清晰地看出学生是非常喜欢音乐课的,教师们也

能够饱满热情地进行音乐教学，在参与方式、教学程序、教学态度等方面很受学生认可，教学中已尝试运用律动等强调音乐体验的教学方式。由于调查问卷发放的三所学校都在城市，所以教学设施还算完善，教学中基本都有乐器的应用。

在对学生家长的开放式访谈中，89%的家长表示孩子很喜欢音乐，只有11%的家长表示一般。在当前中小学生音乐课的上课方式上，45%的家长认为内容应该丰富一些，方式灵活一点。32%的人认教师要有责任心。至于学校上课的实际情形，大多数人表示不是很清楚。在孩子是否参加过课外的辅导或专业的音乐培训这个问题上，有23%的人表示孩子小的时候上过社会上开办的奥尔夫音乐教学课或是在幼儿园接受过这方面的学习。另有35%的人表示曾让孩子学习过钢琴、小提琴、笛子、古筝、萨克斯等乐器。关于是否听说过奥尔夫音乐，有87%的家长表示听说过，但对此了解不多。至于奥尔夫音乐的优点或者说特点，35.7%的家长认为提高孩子的音乐素养，最大的好处是能为将来孩子学习音乐或在音乐方面有所发展打下一个良好的基础。其他的人表示不是很清楚。关于奥尔夫音乐教育的成本高吗？有40%的家长表示很高，如有的家长表示自己孩子参加的奥尔夫教育学培训学费高达1500元左右，平均每节课接近45元，在上海有的每节课需要上百元。至于学校的奥尔夫教学成本，他们大多数表示不清楚。23%的人认为学校应该在这方面多做尝试。至于对奥尔夫音乐的看法及接受培训或教育的实际效果等相关问题，48%的学生家长认为这个音乐理念肯定是好的，但具体的原理特点等问题说不清楚。在接受培训的学生家长中，67%表示学习奥尔夫音乐对孩子有效果、有帮助，另外37%表示并没有年看出明显的变化。最后关于子女学习音乐目的是什么，78.5%的家长认为是让孩子能够习得一技之长，以便将来能在社会上很好的生存。有21.5%的人表示孩子有这方面的兴趣，家长就应该支持，没有特别明确的目的性。对于谈谈奥尔夫音乐的一些基本思想这个问题，绝大多数家长都表示了解不多，说不上什么有价值的东西。对于孩子在音乐教育方面的学习、支出、管理方式是否理性，56%的学生家长表示，只要能够承受的范围内，都可以做出努力，毕竟孩子的未来发展对于一个家庭来说是最为重要的。32%的人表示，并没有认真思考过这个问题，基本上是听别人宣传，然后觉得好就去学了。其它的并没有想那么多。

从以上学生和教师的调查问卷的统计数据以及对教师和家长的访谈结果的分析中，我们不难看出，当前我国奥尔夫音乐教学法本土化基本现状和存在的主要问题可以归纳如下。

（一）对奥尔夫音乐教育理念认识肤浅

奥尔夫音乐教育理念强调原本性的音乐理念，这种理念是有时代背景的，当时受欧洲“突破传统文化禁锢，回归生活和自然”的艺术思潮影响，奥尔夫在当时提出了“原本性”音乐的理念，强调“原始的音乐是接近土壤的、自然的、机体的、能为每个儿童学会和体验的、适合于每个儿童参与和体验的”。[①]基于这种原本性的音乐观，奥尔夫指出，“音乐教育和教学应该顺应并符合儿童的本性，儿童是音乐教育活动的真正源头，一切音乐活动均产生于儿童的内在需要”，“我追求的是通过学生自己奏乐，即，通过学生的即兴演奏而设计出自己的音乐，以促进学生学习音乐的主动性”[②]。从这种原本性和元素性音乐教育理念出发，奥尔夫强调在音乐教学内容、教学方法、教学模式和评价方式的选择上，音乐教育的实施都要根据不同的儿童特点和身心发展规律来进行，因此，可以说，“一切从儿童出发，为了每一个儿童”，是奥尔夫音乐教学法的最核心和最基本的教学原则。

对比一下我们国内的奥尔夫音乐教育教学，我们不难发现，国内的奥尔夫音乐教育、教学在借鉴、引进和实施奥尔夫音乐教育体系时，在认识存在着严重的误区，出现了一定程度上的肤浅化现象，具体表现在奥尔夫音乐教学法在引入我国之后，相当多的学校或社会培训机构进行奥尔夫音乐教育、教学的目的不明确，不是为了培养儿童的音乐素养和音乐兴趣，而是把它当做一种功利的手段，无论是教育者还是受教育者，在认识上都比较肤浅或产生曲解，具有一定程度的盲目性和从众性。还有一部分学校或社会培训机构只是将实施奥尔夫音乐教育作为其创收的一种手段或标签，并以此为借口收取高额的学费；另外可能有一部分学校或单位是以此哗众取宠，用这种时尚标签来标榜自己从而使自己显得很潮流而已；还有一部分学校或部门则是盲目跟风，认为国外的音乐教育理念就一定是好的，有价值的，甚至是先进的，既然你引进“××模式”，我就引进“××模式”，其实对这些模式或教育理念缺乏深入和实质的了解。总之，不管哪种情况，他们都是原样“拿来”，照抄照搬而已。例如在调查中，对教师调查的关于你们学校采用奥尔夫音乐教学法的原因是什么的问题，35.3％的教师表示其它学校或单位都在使用，24％的教师表示适应当前音乐教学的流行趋势。另外，关于奥尔夫音乐教学法的主要特点，有18.9％的教师表示对此不是很清楚。对于谈谈奥尔夫音乐的一些基本思想这个问题，绝大多数家长都表示了解不多，说不上什么有价值的东西。对于是否了解奥尔夫

---

① 张荫尧．奥尔夫儿童音乐教育思想及启示［J］．外国中小学教育，1999（1）．

② 杨立梅，李妲娜．走向未来的音乐教育［M］．海口：海南出版社，2000：9．

音乐教学法在我国的发展现状，42.7%的人表示知道一些，58.6%表示不太清楚。对于你认为奥尔夫音乐教学法在我国各方面的教学中容易出现哪些问题？32.5%的人认为当前社会上的教学流于形式，效果不明显。

笔者认为，奥尔夫音乐教育理念以德国本土音乐文化为基础，与德国的现实生活相呼应，植根于德意志民族音乐文化之中，有其鲜明的个性特征和文化特质，与各个国家和民族的音乐文化和思维方式都存在着明显的差异，如果我们只是简单、盲目的移植或引入到我国的音乐教育教学实践中，可能会产生适得其反的效果。对此，国外著名学者大卫·崔金斯曾形象地说过这样一段话："一棵根深叶茂的大树是不可能如此简单地被放进飞机里，再运送到其他地方的。"[①] 由此可以看出，奥尔夫音乐教学法虽然有很多的优点和特色，但是不可能简单地照抄照搬到其他国家。因此，"我国在音乐教育教学领域引进、学习、借鉴和实施奥尔夫音乐教学法时，不能简单地全盘接受、盲目照搬，而是要加强理论学习，东西方思想融会贯通，提高思想认识，坚持'洋为中用'的借鉴原则，有选择性地吸收，有扬弃性地接纳，有批判性地借鉴，在应用过程中发现为我所用之处，以促进我国本土艺术教育的发展"[②]。

（二）实施奥尔夫音乐教学的基本条件较差

笔者在实际的调查过程中了解到，很多教师也表示，学校在奥尔夫音乐教学的基本条件方面还很欠缺，比如奥尔夫教师，奥尔夫乐器，奥尔夫教材等等。笔者查阅了相关的资料后得知，目前我国很多音乐教育教学的课堂大多还只是摆设有桌椅、钢琴或配套音乐设备的常规教室，没有进行各种即兴创作的场所和器具，更没有成套的奥尔夫乐器，即兴、随意、自然的学习方式很难在这种条件下展开，这在一定程度上也制约了音乐教学活动的顺利进行。另外，教材是音乐学习的重要载体和工具，是音乐教育教学目标的直接体现。奥尔夫创作的《学校音乐教材》基本是以具有其民族特色的儿歌以及民谣为素材，这些带有明显欧洲风格的内容无论是在语言表达上，还是在音乐文化背景上都并不完全适用于我国学生。廖乃雄教授编写的《中华音乐学校教材》一定程度上解决了上述问题。可这样优秀的奥尔夫音乐教材不多，奥尔夫音乐教育教学在内容上远远不能满足实施奥尔夫教学法教学的实际需求。另外，一些奥尔夫器乐合奏教学作品通过各类奥尔夫音乐教学法培训班在我国广泛流传，但由于这些作品不成体系，也不可能成为教师的长期教学所需的奥尔夫音乐教材。

近年来，虽然我国也加大了对音乐教学设备的投入，但更多的是在传统教

① 王晓燕. 从外国到中国：关于瑞吉欧教育的一次谈话 [J]. 学前教育研究，2004 (2).

② 张为民. 奥尔夫儿童音乐教育异化现象点击 [J]. 幼儿园教育教学，2005 (9) 48—49.

学模式的基础上增添一些简单的设备，但笔者认为这是远远不够的，更重要的是我们在理解了奥尔夫教学的开放性后对教学设备的掌握、创造和灵活运用。同时，奥尔夫音乐教学法的推广离不开“奥尔夫乐器”。但是，一整套非常规范的奥尔夫乐器有很多件，有的甚至达到几十件的组合乐器，国内虽有生产，但乐器质量较差，音条乐器的功能开发也不完善。到国外进口，乐器的价格相当昂贵，这对于我国边远和落后地区的一些薄弱学校而言，购置整套奥尔夫教具的费用是难以承受的。另外还需要接受过奥尔夫音乐教育培训的相关教师来进行教学，这样一来，培训教师的费用也让这些学校难以承担。例如在调查学校教师使用的奥尔夫乐器这一项时，有18%的教师表示基本没有怎么使用过任何这方面的乐器。使用过的一般都是键盘、笛子这样极其普遍的乐器。这就使很多学校或社会上的培训机构为开展奥尔夫音乐教育，向学生收取高额的学费或器材赞助费等，导致很多儿童因为经济原因无法接受奥尔夫音乐教育，这与奥尔夫面向全体儿童的原则和主旨无疑是相悖的。奥尔夫“原本性”、“元素性”的音乐教育理念是一种最基本的、奠基性的、主要目的是提升儿童音乐素养的教育理念，“将面向全体学生的平民化的音乐艺术教育异化为‘贵族化’的教育，是有违奥尔夫音乐教育思想初衷的，会对我国的基础音乐教育造成极大危害的。”①

（三）奥尔夫教学的师资力量薄弱，缺乏培训

教师作为学校教育的软性力量，是决定教学质量的决定性因素。因此，音乐教师的素养高低直接影响着奥尔夫音乐教学法的传播程度和实际的教学效果。目前我国音乐教师的综合素质也存在着诸多问题。尤其是使用奥尔夫音乐教育法的音乐教师，作为课堂教学的引导者和设计者，必须具备良好的综合素质，能够有效地调整课堂气氛，全面、生动地讲解教学内容，充分带动学生的音乐学习兴趣和参与欲望。但实际情况是大多数音乐教师并不具备这种综合素质，并且理论知识和实践能力存在很大差距。很多教师根本无法胜任奥尔夫音乐教育法多元化的音乐教学和丰富多彩的音乐活动。很多教师往往是能唱不能跳、能弹不能唱，很难达到全面。因此，深厚的音乐文化底蕴和广阔的音乐知识面，对于一名实施奥尔夫音乐教学法的教师显得尤为重要。所以，提高音乐教师的综合素质和音乐文化的素养是音乐教育教学创新和发展的最基本的保障。奥尔夫音乐教学法的本质就是“从音乐的角度去解放人的思维和情感”，促进人的创造力的发展，这不是仅仅靠音乐教师的技艺和技能就能顺利完成的，音乐教师必须具备良好的音乐文化素养、博大的胸怀、充足的精力以及健

---

① 张为民．奥尔夫儿童音乐教育异化现象点击［J］．幼儿园教育教学，2005（9）48—49．

康的体魄来保证音乐教学的过程和质量。奥尔夫音乐教学法的实施不仅要求教师要有全面的音乐知识素养和创造性的思维，还要具有独立思考的能力并兼有艺术家的气质，要富有爱心和责任感等等，总之，这种音乐教育体系的顺利实施需要教师要具备相对全面的音乐素养，这是一个先决性的条件。

（四）曲解奥尔夫教学法的内涵与精髓

前文已经谈到，奥尔夫音乐教学法的真谛或者说精华就是在原本性、元素性的基础上，突出音乐教育的即兴性和参与性，用节奏作为纽带，将音乐、舞蹈、话剧、美术、英语等各科目联系起来形成一种综合的艺术教学手段，让儿童在轻松愉快的环境和氛围下，感受、领悟和表现人类丰富的情感世界，提升学生的音乐素养和基本技能，包括基本的艺术鉴赏力、丰富的想象力、一定的创造力和自信心以及合作意识。这种教学模式或方法体系能够充分挖掘和发展孩子们的各种天赋和潜能，培养适合当今世界需求的新型艺术人才。奥尔夫本人也说过："这种集诗、舞、乐、剧为一体的综合性的课程内容不仅符合人类生活的原始性或原本性，同时也符合儿童的自身特点、发展规律和自然天性。"① 我们都知道，节奏是奥尔夫体系最重要和核心的组成部分，但不是唯一，它是一个综合、复杂的体系，单纯强调任何一个方面都不会起到良好的效果。

然而在我国，奥尔夫音乐教学法虽然广为人知，但是大部分的学校在引进、学习和借鉴奥尔夫音乐教学法的教学内容和模式时，都存在着"片面化"或认识不清的现象。即音乐教育的内容似乎只有一种以节奏为主的奥尔夫乐器演奏活动。所有实施奥尔夫音乐教育活动的学校或教育部门，都只是在简单进行以节奏练习为主的乐器表演等。例如笔者的调查结果就显示，67％的家长认为学习奥尔夫就是让孩子学点乐器演奏方面的技能而已。而56％的教师表示在教学中也仅仅是用到了一少部分的奥尔夫乐器，至于其理念的精髓所在，很多即使是音乐专业的教师也不是特别清楚。奥尔夫所倡导的那种符合儿童的自身特点、发展规律和自然天性的集诗、舞、乐、戏剧等为一体的综合性内容不见了，丰富多彩、生动有趣、自由灵活的奥尔夫课程体系在这些学校或培训机构里变成了单调、呆板的课程教学内容，奥尔夫在一定程度上变成了所谓的

① 李妲娜，修海林，尹爱青．奥尔夫音乐教育思想与实践［M］．上海：上海教育出版社，2002．

“闹尔夫”或“奏尔夫”①。前文已经多次谈到，奥尔夫音乐教育的主要特点就是综合性，这种综合性的音乐教育不仅能使儿童在学习中保持主动和积极性，而且还能心情愉快，对于学生身心等各方面发展有很重要的价值和作用。正是基于此，奥尔夫音乐教育不仅让儿童学习知识，在音乐活动中表现自己，而且也让学习儿童演奏乐器，即兴地参与音乐创造。奥尔夫音乐教学法的这种综合性，无疑为我国当前音乐教育提供了可以借鉴的典范，值得我们在音乐教育教学中展开深刻的反思。

（五）奥尔夫音乐教学实践流于形式

奥尔夫音乐教育理念倡导人人参与演奏、演唱、跳舞、编曲，在快乐和谐的艺术氛围中共同享受音乐、创造音乐、感悟人生。然而，很多学校在引进、学习和借鉴奥尔夫音乐教学法时，却将其“时装化”了。只是用其来装点门面，正如很多人形容的“本土艺术教育谁都会，国外艺术教育时尚有品味”。② 还有一些人把其作为学校搞素质教育的标签，把奥尔夫音乐教育教学中的的即兴表演或创造性活动看成是显示教学成果的平台和应付上级检查的手段。急功近利的教师将其作为对付家长观摩活动的“时装饰品”。③ 实际上，这些人并未真正了解奥尔夫音乐教学法的精髓和本质所在，他们只是仅仅看到了奥尔夫音乐教育中效果明显、吸引人的地方而已，殊不知为了达到这种舞台表演的效果，学生为此付出了多大的代价一很多学校的学生日复一日地进行枯燥无味的打击乐演奏，占用了学生大量的课外时间，更有甚者，有的学校甚至要求家长花费了大量的金钱为孩子购置“奥尔夫乐器”，以期使孩子们的奥尔夫舞台表演更整齐、更规范、更有成效，这些教学实践毫无疑问都偏离了奥尔夫音乐的内涵和精神实质。笔者一直强调，“儿童学习音乐知识和掌握技能是在自然地、直接地诉诸于感性的奏乐、演唱、舞蹈的具体过程中进行的，舞台表演不是奥尔夫音乐教育追求的目的，如果一味追求舞台节目表演的效果，强调表演的规范性，追求表演的功利性，反而会削弱艺术教育活动的创造性和积极性，玷污奥尔夫儿童音乐教育体系。”④

---

① 对此，奥尔夫说过，“元素性音乐永远不是音乐本身，它是同动作、舞蹈和语言联系在一起的。”对于处在个体发展原始或者初级阶段的儿童来说，获得全面、完整的综合性审美体验是十分重要的。从艺术的本原来看，音乐、舞蹈、语言本来就是连在一起不可分割的。儿童的音乐学习行为，实际上就是人类原始艺术活动的一种再现，儿童音乐教学活动不能只局限于音乐范围内。”张为民．奥尔夫儿童音乐教育异化现象点击［J］．幼儿园教育教学，2005（9）48—49．

② http：//www．tianya．cn/publicforum/Content/no11/1/14751．shtml

③ 张为民．奥尔夫儿童音乐教育异化现象点击［J］．幼儿园教育教学，2005（9）48—49．

④ 张为民．奥尔夫儿童音乐教育异化现象点击［J］．幼儿园教育教学，2005（9）48—49．

第五章　奥尔夫音乐教学法的课程思想及其在基础教育中的实践探索

本章内容参照我国音乐新课程标准，在对音乐新课标进行解读的基础上，探讨了奥尔夫音乐教学法与我国新课程标准的融合问题。在本章中，笔者以吉林省长春市具有代表性的 X 小学的 4 个四年级班级的学生为研究对象，结合四年级所使用的音乐教材和教学内容，设计出奥尔夫式的音乐教学模式，实施了 12 周共 24 课时的奥尔夫本土化音乐教学实践。最后笔者通过统计、观察和访谈被试学生在试验前后的不同变化，揭示出奥尔夫音乐教学法的本土化的具体操作方法，并对奥尔夫音乐教学法在中国本土化的研究与前景进行了分析，也为进一步系统研究奥尔夫教学法本土化实践打下了基础。

一、奥尔夫音乐教学法的课程思想

（一）我国音乐新课程标准的解读

近年来，随着改革的不断深入，我国中小学音乐教育教学获得了长足的进步，也取得了不错的成绩。表现为音乐教育规模扩大，师资队伍不断增加，音乐教学水平得到大大提高，音乐教育理论和实践研究都取得了长足的进步，优秀的音乐教育研究成果层出不穷，音乐教育交流的日益频繁，音乐教学方式和教学手段正逐步得到完善。在取得这些成绩的同时，我们在音乐教育方面也存在着严重的问题。表现在现行的音乐教育观念、内容、方法、模式、手段和评价体系等方面都已经不能适应我国“素质教育”发展的要求，严重制约着我国中小学音乐教育的发展方向。因此，在整个教育改革的大背景下，音乐教育的改革也势在必行。在这种背景下，《全日制义务教育音乐课程标准（实验稿）》应运而生，这也是我国音乐教育改革方面的重标志和体现。

最新出台的我国音乐课标在教育理念上力求体现“深化教育改革，全面推进我国素质教育”的基本精神，体现以音乐审美体验为核心，使学习内容生动有趣、灵活多样，有鲜明的时代感和一定的民族性，引导学生主动参与到音乐实践活动中来，尊重学生个体的不同音乐体验、兴趣爱好和音乐学习方式，以提高学生的音乐审美能力，发展学生的创造性思维，形成良好的文化品性和人文素养，为学生终身喜爱音乐、学习音乐、享受音乐奠定良好的基础。具体而言，新课标的课程理念表现在以下几个方面：第一，以音乐审美为核心，以兴趣爱好为动力；第二，强调音乐实践，鼓励音乐创造；第三，突出音乐特点，提倡学科综合；第四、弘扬民族音乐，理解音乐文化多样性；第五，面向全体学生，注重个性发展。由于笔者在下文将对奥尔夫音乐教育理念与我国音乐课程改革理念的契合性进行分析，因此，这里对音乐新课程标准不再展开详细论述。

3. 课改后的音乐教育状况分析

（1）音乐新课改取得的成就

第一，教师的研究意识明显提高。音乐新课标、新教材培训，规模和力度得到很大的提升，最终的效果虽然不甚明朗，但是经过全员参与，各级培训，相当多的音乐教师的教学研究意识得到明显提升，研究能力也得到了很大提高，笔者通过参与培训讲座、与教师进行对话交流等，都深切感受到这一点。而教研方面又一直是音乐教师最薄弱的环节，因此可以说，这是本次新课改带给音乐教育的最大变化和最积极成果。

第二，教学内容、方式与手段更为丰富。学科综合理念、民族音乐与多元文化的密切联系，使得新课改后音乐教学内容有了拓宽。教学形式由原来较为单一的教师讲授式变为多种教学形式的综合运用，尤其是学生学习方式注入了新的内涵，如研究性学习、自主学习、合作学习等。

第三，音乐教学的硬件设施得到一定程度的改善。音乐新课改，对教学条件提出了新的要求，新课改要顺利进行，就必须加强硬件设施的建设。比如，高中实施模块教学，在硬件建设上与此前的音乐欣赏课相比，显然就提出了更高的要求。不过，硬件设施建设真正得到改善的还是城市学校、优质学校。

第四，学生上课的兴趣得到提高。在教学内容丰富的前提下，音乐更贴近学生现实生活，教学形式得到丰富，学生表现与创造音乐的机会增多了，知识技能方面淡化了，音乐学习的压力也就相应的小了。这些因素，都使得学生上课的兴趣较之以前大大提高，“学生喜欢音乐却不喜欢上音乐课”的尴尬局面明显得到了改善。

（2）音乐新课改存在的问题

第一，宏观上城乡差距拉大。总体而言，对于相对处于弱势学科地位的音乐课程改革，城市学校热火朝天，农村学校冷清依旧，形成了强烈的反差。农村学校的音乐课程的开设本来就成问题，音乐新课改在这类学校更不可能取得什么实际成效。这样一来，城市学校无论是教师素质、还是教学设备或课程资源等，都因新课改而有明显改善，而农村学校则一如既往地是被音乐课程遗忘的角落，城市与农村的差距因此越来越大。

第二，中观上教学异化现象经常出现。一味地追求学科综合，追求内容的丰富和形式的多样，使得音乐教学表面繁荣，内在缺失，有时甚至迷失方向，实际的音乐课音乐性不足，非音乐的东西充斥和占领着音乐课堂。音乐教学缺少来自于音乐的真实而自然之美感。这种现象并非个别，且时有发生。

第三，微观上知识技能化依旧严重。音乐教学和改革过程中“淡化知识技能”的口号影响至深，使得很多一线教师在教学中不是把关注点放在如何改进音乐知识和技能教学上，而是如何去试图回避音乐知识和技能教学。而一旦音乐课堂上没有了知识技能，教师又不知道该教些什么。可以说，在整个音乐新课改过程中，知识与技能教学是最让教师难于权衡和选择的。

（二）奥尔夫音乐教学法蕴含的课程理念分析

如前文所述，奥尔夫选择“原本性音乐”作为其教育体系的显著标识，创立奥尔夫音乐教学法，并以一种多元、开放的姿态在全球各地广泛传播，不断地向前发展。80 年代初廖乃雄将奥尔夫音乐教育最先引入我国，后来大量的音乐教育理论和实践研究者为其传播和发展做了持续的努力和不懈地探索。21 世纪以来，教育思潮此起彼伏，全球的教育改革不断。我国基础教育中的音乐课程改革面对世界上各种新的音乐教育理念和音乐课程思想（如后现代音乐课程观）的不断冲击，也面临着全新的挑战。在这样的背景下，如何学习、借鉴外来音乐文化和音乐教育理念，在我国顺利实施奥尔夫音乐教学法，已成为我国音乐教育改革进程中面临的一个急待解决的重大问题。奥尔夫音乐教育体系传入之初，我国普通的音乐教师将其作为教学方法来借鉴，奥尔夫的音乐教学课例也被很多音乐教师的在教学中广泛运用。但这种简单的模仿性引入和学习让我们在推广奥尔夫音乐教学法的过程中走了很多弯路，产生了很多错误的理解，这种借鉴方式并不能让我们学到奥尔夫音乐教育的精髓和精华。因此，从音乐课程改革的视角来解读奥尔夫音乐教育的深刻内涵，有利于我们对其理念、目标、教材、教学过程和方法等问题进行更为全面的了解和认识，有利于广大的音乐教师转变传统的教师角色，积极参与到音乐课程改革中来，从而有力地推动我国音乐教育教学改革的进程。

1. 课程内涵方面

奥尔夫音乐教育的课程内涵到底是什么，对这一问题的认识，有助于我们更好地理解和把握奥尔夫音乐教育的诸多方面问题。众所周知，音乐是情感表达的艺术，通过一般智力的、理性的方式或途径来学习音乐知识和技能，或者用类似于数学符号或是与儿童无关的文字书写方式来获得音乐知识，往往达不到很好的学习目的。音乐教育是一种以获得情感体验和审美愉悦为主的教育，基于此，奥尔夫音乐教育改变传统音乐教育中只重知识技能的传授而忽视学生参与、体验和感受的局面，倡导原本性、参与性的音乐学习方式。奥尔夫一直认为，音乐教学的结果其实并不十分重要，重要的是音乐教学的过程，我们要创造一种让学生接触音乐、亲自参与体验音乐的环境，让音乐学习变成一种主体的体验过程。因此，奥尔夫音乐教育是十分强调学生在教学过程中的感悟和体验。为此，奥尔夫还为孩子们精心编写了静态的课程文本一《学校儿童音乐教材》。因此，笔者认为奥尔夫音乐教育体系的课程内涵主要包括以下两个方面：即静态的奥尔夫音乐课程和动态的奥尔夫音乐课程。也就是说，它是一种静态与动态兼有并相互融合的，其中比较强调动态因素的音乐课程体系。①

2. 课程目标方面

在奥尔夫音乐教育体系所体现的课程目的上，奥尔夫本人明确地把“教育人”、“完善人“、“提升人”放在最重要和最核心的位置上，并把它作为其音乐教育的出发点和归宿，视为最根本的目的。我们都知道，课程是教育目的实现的载体和中介，因此，音乐课程本身可以被理解为是使学生达到音乐教育目的的手段之一。关于奥尔夫音乐教育的课程目标，笔者查阅了相关的文献，在介绍奥尔夫音乐教育思想的经典著作《20 世纪音乐教学》（埃冯·吉莱斯皮著）一书中有这样的论述：“在奥尔夫音乐教学法中，中心思想看来好像是‘隐伏着的工作事项’，但课程是围绕其设置的。这些中心思想其实就是音乐教师引导学生体验奥尔夫课程时的目标。”② 由是观之，奥尔夫课程实践中蕴含着一些基本的音乐教育的“中心思想”一即所谓的课程目标。笔者经过归纳，把它概括为“促进学生的个体成长，培养学生肯定的自我形象，提高学生的参与和表达的能力，培养学生音乐学习的兴趣和主动性，培养学生的合作意识，培养学生的音乐感知力和鉴赏力，发展音乐表现力和创造力，学会理解音乐文

① 这种课程具有以下几方面的特征。即体验性一亲自参与获得感知、感受、感情的经验，这是奥尔夫强调音乐教育应感性先于理性的重要内容，也是他教育观念最重要的组成部分之一。参与音乐、体验音乐是奥尔夫课程的重要特征。“儿童在早期所体验的一切，在他身上得以被唤起和培养的一切，对其毕生是起决定性作用的。”开放性一奥尔夫音乐教育是一种体验的课程，也是一种向学生经验开放的课程，其开放性表现为对儿童学习的全方位开放。整合性一奥尔夫音乐教育课程不受学科知识体系的束缚，从体验和开放出发，有效的实现了目标、内容、实施、评价诸方面的整合。自主性一奥尔夫音乐教育不仅强调从“做中学”，而且突出学生的主体性，充分体现学生的主动性、自主性、能动性、参与性，体现学生自我意识的提升。具体参见卡尔·奥尔夫、廖乃雄泽.《学校儿童音乐教材》—回顾与展望［M］. 载《奥尔夫音乐教育参考资料》，中国音协奥尔夫专业委员会，2005：65.

② ［美］埃冯·吉莱斯皮、汤亚汀译. 奥尔夫教学法［M］. 载《国外音乐教育简介》，上海音乐学院音乐研究所编，1986. 14.

化的多样性”[①] 等几方面。

3. 课程内容方面

一般而言，所谓课程内容是指一门学科中特定的事实、观点、原理和问题，以及处理它们的方式，通俗地讲，也就是实际教学中的讲授内容。课程目标是课程内容的选择的控制力量。那么，奥尔夫音乐教育的课程内容是什么呢，通过对其体系的学习和研究，我们不难发现，其课程内容其实是其课程思想在音乐教学实践中的具体体现。举例来说，奥尔夫的《学校儿童音乐教材》就是奥尔夫音乐课程内容最主要的文本体现形式。这套五卷本的教材产生于奥尔夫的儿童音乐教学实践的具体过程之中，是一部理解奥尔夫音乐教学法的奠基性著作。笔者认为，音乐教学过程中学生学习经验的形成则是奥尔夫所要真正关注的。也就是说，奥尔夫音乐教育的课程内容是学生在与音乐教育的实际情境的相互作用过程中生成的，奥尔夫音乐体系的课程内容实质就是学生个体的音乐学习经验。

4. 课程实施方面

在本书中，将奥尔夫音乐教育的课程目标和课程内容具体实施的过程就是课程实施。也就是说，将奥尔会音乐教育教学内容教授的全部过程就是课程实施的过程。一般来说，课程实施的途径有很多方式，这些方式可能是多种多样的。其中音乐课程教学是奥尔夫课程实施的最主要途径，它占据了其课程实施的核心地位。从课程实施的视角研究奥尔夫音乐教育，笔者认为应该主要聚焦于研究奥尔夫音乐课程在实施中的原则和教师的角色两个方面。首先，由于其课程实施原则表现为综合性原则、节奏性原则、参与性原则、体验性原则、创造性原则、即兴性原则、本土化原则、全体性原则等。而关于教师的课程角色，奥尔夫认为教师的作用非常重要。他认为教师必须能够深刻理解奥尔夫音乐教育理念，并根据学生的实际情况，补充、发展和创造出各种音乐教学的素材和良好的音乐教育情境，使教学过程成为师生交流顺畅和对话和谐的过程。总而言之，奥尔夫音乐教育是一种实践和关注过程的课程，教师在其中作用重大。因此，没有音乐教师的发展就没有音乐课程的发展，没有音乐教师的发展就没有奥尔夫音乐教育体系的发展，没有音乐教师角色的充分体现，就没有奥尔夫音乐教育的巨大魅力和价值的充分显现。

5. 课程评价方面

所谓课程评价，通常是指研究课程所具有的价值的过程，它是由判断课程

① 刘杜芳．课程视野下的奥尔夫音乐教育理论与实践研究［D］．上海：上海师范大学出版社，2006：26.

在促进学生学习方面所具有的价值的一系列活动构成的。不同的评价观念会导致不同的评价方法、手段和方式。我国传统的音乐教育评价过于关注结果，忽视过程，把分数作为主要评价依据。这种评价方式背离了音乐教育作为审美教育的本质，伤害了学生的学习兴趣和动力、影响了学生音乐审美能力的培养和提高。奥尔夫音乐教学法虽然没有明确的、系统的、全面的课程评价方面的论述，但纵观其整个教育理念，我们还是能够归纳出其“关注过程”的评价原则，即课程评价贯穿着整个音乐教育教学的始终，结果不是唯一的关注点，过程才是考虑的主要问题。也就是说，音乐教育教学过程中，学生自主性、师生关系、学生的参与程度、教师的主导性等等都是其评价的主要内容。可见，奥尔夫音乐教育理念体现的课程评价思想其实是一种“形成性的”、“过程性”的评价，其目的不在于评定音乐教师课程实施的好坏以及学生分数的高低，而主要是为了调整、修改音乐课程，发掘出音乐课程的最大价值。

（三）奥尔夫理念与音乐新课标的契合性分析

《全日制义务教育音乐课程标准（实验稿）》吸收、借鉴了奥尔夫音乐教育体系中“原本性”的音乐教育理念，强调以审美为核心的人本主义教育思想，开放性、发展性的教育内涵，注重即兴性、创造性、参与性、综合性的教学原则，对我国基础音乐教育改革产生了深远的影响。笔者从我国最新的音乐课程标准的核心内容所体现的“五大理念”出发来揭示其与奥尔夫教育理念的内在契合性，以期能更好地指导广大基础教育音乐教师在音乐教学中更好地理解国外音乐教育理念，关注学生个性差异，创设特色的课堂教学氛围，充分发挥学生的主观能动性，在教育实践中不断丰富和完善教学理论、教学模式以及教学方法，从而更好地进行基础音乐教育的教学和改革。

1. 以音乐审美为核心，以兴趣爱好为动力

在传统的音乐教学中，教师过多地用语言来描述音乐的情境，容易把音乐课上成政治课或语文课，不擅长用音乐艺术特有的审美表现特征引导学生去欣赏音乐，从而引起学生情感的共鸣，达到音乐艺术净化心灵、陶冶情操、启迪智慧、情智互补的作用。所以新课标把审美体验做为核心目标提了出来，要求教师要把审美体验贯穿在音乐教学的全过程中，通过审美体验培养学生良好的情操，健全的人格，即使是音乐基本知识和基本技能的教学，也应有机地渗透在音乐艺术的审美体验之中，使音乐教学成为师生共同体验，发现、创造、表现和享受音乐美的过程。

奥尔夫音乐教育理念认为，音乐是先于智力，潜在于人体的，喜欢音乐是人与生俱来的一种天性，音乐是人人需要的，那么实施音乐教育便不宜过多地诉诸理念，通过人体的活动才是最佳的途径。“儿童在早期所体验的一切，在他身上得以被唤起和培养的一切，对其毕生是起决定性作用的。”学生的音乐发展实质上是一个文化的体验过程，这个过程是以各种各样的活动内容和活动方式为构成要素，在探究、交往、创造、体验中实现的。奥尔夫音乐教育通过大量的结合语言、动作和器乐等等的实践活动，使学生在对现实生活文化的吸收、运用和创造的同时也进行着静态的民族文化的“活化”。“音乐本是文化中的音乐，它在文化中产生，也应当在文化中得到认识”。[①] 因此在奥尔夫的教学活动，教师很少有语言的渲染，而是让学生通过动作、节奏、朗诵、舞蹈、奏乐或即兴创作等大量的实践活动，直接去感受音乐，把学生具有的音乐潜能开发出来，在感受和体验音乐语言、节奏、韵律中健康快乐地成长。奥尔夫提倡通过自己亲自参与音乐活动，从亲自体验中找出“知识”。作为人类心灵的载体之一的音乐更是首要的是感觉的体验。音乐不同于其他学科的最大特点就在于它是人类情感的载体。在诉诸于感性上，奥尔夫抓住了其中一个基本的手段，亲自参与，“参与”曾被称为20世纪教育的新起点。奥尔夫提出，人们不应以听众的角色来参与音乐，而应作为参与者去演奏或表演。因为人体的动作是心灵的外化，音乐生活中自音乐与身体的动作分离出来（歌舞分家）被称为“现代化”之日，也就是自然人被异化的开端。奥尔夫为了实现审美价值的体现，采用在课堂上减少技术负担的方法，如运用简单的声势，固定音型的乐器伴奏，即兴的艺术创作等，将高度的艺术性寓于简单的技术性中。由于奥尔夫回归人本的教育思想，所以国外很多人称他为“从钢琴上（教师），从座位上（孩子们）解放出来的音乐教育家”。

在传统的音乐教学中，学生从来都是被动地去学习，教师只注重如何去教，却忽视了学生的主动性，学生往往会变成被动的聆听者，不利于调动学生学习的积极性，激发不出学生对知识的渴望和兴趣，教学效果也会大打折扣。所以课标中强调兴趣是学习音乐的基本动力，音乐课应充分发挥音乐艺术特有的魅力，在不同的教学阶段，根据学生的身心发展规律和审美心理特征，以丰富多彩的教学内容和生动活泼的教学形式，激发和培养学生的学习兴趣，而且还强调教学内容要与生活经验相结合，加强与社会生活的联系。

游戏是儿童最喜欢参与的学习方式，奥尔夫提出“教育应顺应儿童本性”的思路，他认为儿童音乐才能的发展，应从其自然趋势出发。奥尔夫教学法的基本原理就是先让学生在游戏中、玩耍中接触音乐，参与音乐实践，使他们真正喜欢音乐，然后由教师引导，以学生为主体，师生在一起共同进行创造性的活动，让学生在“玩”的状态下感受音乐、实践音乐、喜欢音乐，从而培养儿

① 匡惠．德国学校音乐教育教学理论和方法的历史回顾［J］．中国音乐教育．1997（4）34—36．

童的音乐能力。在教学中，学习状态是轻松的，学生无需坐在课桌旁，而是围坐在一起，以游戏的方式进行，让孩子们充分体验到音乐的“乐”即是快乐的“乐”。

奥尔夫认为，音乐的本质就是音乐的生活形式，回归音乐的生活世界，就是让音乐回归到它原本的生活形式。所以在教学中主要是通过学生的亲自参与来实现的，当然这种参与并不仅仅是简单意义上的音响层面的参与，而是从音乐的文化背景出发，采用多样化的参与，通过一种生活化的体验，让学生走进音乐的生活世界，从而更加深刻地理解音乐作为人类生活中一种多样化实践活动的意义。另外在奥尔夫的教学中总是给学生创设一定的生活语境和文化语境，采用生活中常见的物品作为教具，使课堂教学更加贴近学生的日常生活，体现了教育回归生活的教育理念。

2. 强调音乐实践，鼓励音乐创造

新课标认为，音乐课程的教学过程就是音乐艺术的实践过程，因此所有的音乐教学领域都应重视学生的艺术实践，把音乐实践活动作为学生走进音乐，获得音乐审美体验的途径。尤其是小学生天真烂漫，活泼好动，模仿力强，想象丰富，根据小学生的这一年龄心理特征，在课堂中教师应让学生参加丰富多彩的音乐活动中寓教于乐，让他们亲身体验音乐，鉴赏音乐，表现和创造音乐。

奥尔夫音乐教育也同样认为“让孩子自己做应该成为音乐教育极为重要的一条原则。让学生在亲自参加的动作、语言、表演、舞蹈、奏乐、创造音乐等大量的活动中，直接去感受音乐，把他们的音乐潜能充分地发掘出来，并逐步引向高级的程度。”此观念除了强调学生学习音乐的主动性，还强调教师应该在课堂上甚至于课堂外尽可能多地为学生创造实践音乐的机会，使学生将所学知识运用于实践中，并从实践中获得相应的反馈。

这与新课标理念之“重视音乐实践”，让学生通过音乐实践获得音乐审美体验，通过音乐艺术实践，增强学生音乐表现的自信心，培养良好的合作意识和团体精神是相一致的，尤其是奥尔夫的编配原则，当学生刚刚接触乐器时，就能通过固定音型的演奏进行合奏表演，当学生只掌握一个简单的节奏型，就能够带领学生通过声势进行多声部的体验，当学生只能唱几个音符时，就能在教师竖笛的伴奏下进行合唱。在多样化的实践活动中，不仅获得了音乐的审美体验，还极大地增强了合作意识和团队精神。

21世纪是竞争异常激烈的世纪，国际间的竞争归根到底是人才的竞争，而创造精神的张扬是人才的首要标志和竞争的利器，学生创造力的欠缺长期以来一直是困扰我国整个教育界的难题，因此新课标提出在音乐的教学过程中，应设定生动有趣的创造性活动内容、形式和情景，发展学生的想象力，增强学生的创造意识。

正如一切原始形态的艺术活动都有自发性、创造性一样，奥尔夫倡导的原本性音乐教育的一个基本点就是创造。奥尔夫明确指出“让孩子自己去寻找、自己去创造音乐，是最重要的”，“音乐创造有简单复杂之分，但从创造的本质意义上说，儿童的音乐创造和音乐大师的创造具有同等意义，同等价值”。① 引导创作成了奥尔夫音乐教育体系中的主要教学方法。在教学中，教师仅仅向儿童提供一些原始性的材料（如最基本的音调、最基本的节奏、最基本的动作等）然后要求教师站在儿童的角度来主持开展音乐教学活动。学生则主要通过范例和在教师的启发引导下进行集体创作的音乐学习，要求学生即兴创编歌词或节奏，用自己创造的音响和图形来记录自己的音乐。创造自己的“乐谱”，通过儿童在即兴基础上所进行的综合性创造过程，来培养和发展儿童的创造力。教学过程是循序渐进的，开头要简要，以后再加上重复、变化，逐步复杂、完整，象小苗长成大树那样去建造“奥尔夫音乐大厦”。其次，奥尔夫音乐教学过程有益于增强学生的自信心。“我能行”是奥尔夫音乐课堂上每个学生的心里话。在不断的创造中寻找自信心，不仅活动了脑筋，发挥了想象力，而且最重要的是使学生敢于面对众人，敢于面对自己，健康自信地成长。奥尔夫音乐教学法还培养了学生之间团结协作的能力，采用小组活动的形式，使那些偷懒或孤僻的学生能够与大家融合在一起，既要表达自己的想法，又要尊重他人的意见，学会互相交流与合作，培养全面健康的人格。

3. 突出音乐特点，提倡学科综合

在传统的音乐教学中教师通常只会按照教学大纲的要求，单纯地完成某首歌的教学任务，教师一味地教唱，学生填鸭式地学唱，教学手段很单一，教师只重视音乐学科的知识技能，而忽视了与其他学科领域的横向联系，学生不能得到综合的发展，影响了教学质量和对学生潜能的开发。

奥尔夫从古希腊诗歌舞一体的艺术形式上得到灵感，强调“原本的音乐决不单单是单独的音乐，而是和动作、舞蹈、语言、美术、戏剧等相结合”综合性的教学形式。这也是奥尔夫原本性音乐教育理念的一个主要层面，在奥尔夫的教学空间里，这种多种艺术形式相综合是他极具特色的教学方法，奥夫音乐教学的魅力就于它可以让人用不同的方法去学习不同的知识。正如奥尔夫所说的“只有通过这种原本的唱奏动说综合的艺术才能把人类最宝贵的生灵东西开

① 威廉·凯勒．金经言，译．奥尔夫学校音乐教材入门［M］．上海：上海教育出版社，2002：179.

发、挖掘出来，并使他（她）一生永葆青春活力!”其实，这句话也就是说“综合”是基础教育的一种基本理念，它体现了现代艺术教育的一种发展趋势。

而新课标中提出音乐教学除了与舞蹈、戏剧、影视、美术等姊妹艺术的综合，还强调与其他艺术之外学科相结合，比奥尔夫教学法更加多元化。

4. 弘扬民族文化，理解音乐文化多样性

当代的年轻人在接受本民族音乐时甚至比接受西方音乐还吃力，他们更热衷于流行音乐，排斥民族音乐，要提高民族素质，相当重要的一点就是加强民族音乐教育，优秀的民族民间音乐作品是我们民族几千年的文化瑰宝，他们是不会自动繁衍的，需要我们后人的传播与继承，所以弘扬这些优秀的民族音乐文化也是每代人必须肩负的责任和使命。世界的和平与发展有赖于对不同国家、民族文化的理解和尊重，所以新课标强调在弘扬民族音乐的同时，还应开阔学生视野，学习、理解和尊重世界其他国家和民族的音乐文化，树立平等的多元文化价值观，共享人类文明的一切优秀成果。

奥尔夫的教法不是一种固定的、封闭性的“条条框框”，他的整体内容和方法都鼓励和启发人们自己去创造和发展，他自身也在不断地吸收新的东西，不断地前进、发展。奥尔夫本人强调“走遍全世界的，不是我的教材，而是我的观念。”奥尔夫主张文化平等，承认全世界各民族的音乐都有其自身的文化价值，教学中应使用符合本地区本民族传统和习惯的音乐素材，应有利于本民族文化的传承和发展，有利于学生的学习和成长。例如：奥尔夫音乐教育在推广运用到中国以后，其朗诵、民歌、游戏等内容就必须进行本上化的发展和探索，使其符合中国学生的文化背景和实际。在课程的教学形式、教学方法的采用上同样应遵循本土化的原则。教师们学习借鉴和运用奥尔夫音乐教学时必须充分理解它的精神实质，充分考虑本地区本学校学生的实际水平，在此基础上灵活地、创造性地运用教学形式、采用教学方法来开展一系列教学活动，防止盲目照搬而适得其反。开放性、发展性的教育思想是奥尔夫音乐体系在世界范围内得以广泛传播的重要原因之一。所以我们在借鉴它的过程中不应该生搬硬套，而是根据我们的国情去选择、判断和创造，奥尔夫教学法这一开放性的特征为我们既“弘扬民族音乐文化”又“理解多元音乐文化”提供了可能性。

5. 面向全体学生，注重个性发展

苏霍姆林斯基说过：“每个学生都有一个独一无二的个性，没有两个像两滴水那么相似的儿童。”因此我们要承认学生个体的音乐能力，学习基础的差别，在实际教学中即要面向全体学生，又要考虑到各类学生的实际水平和接受能力，对所有的学生都要给予热情的关怀和鼓励，特别是对音乐学习能力较低的学生更要给予帮助和辅导，对有特长的学生也要给予相应的指导，并引导和鼓励他们关心，帮助他人的音乐学习。

奥尔夫音乐教育关注的不是有特殊才能儿童的音乐教育而是在广泛基础上的儿童教育，哪怕是中等的和才能较差的儿童也能参加。“完全没有音乐感的儿童是罕见的，几乎每一个儿童从某一点上都是可以去打动的，可以去促进的。教育上的无能出于无知，经常在这一方面堵塞源泉、压制才能并造成其他的不良恶果”[①]。因此，他要求不排斥任何一个孩子学习音乐，这就要求教师具备极大的耐心和宽容的态度。教师们应该意识到在众多学生中，最终能成为音乐家的毕竟是为数极少的，即便是那些将来能成为音乐家的孩子，目前在学校中他也是一个普通的学生。基础音乐教育的首要任务应该是为众多将来不是音乐家的孩子着想，帮助他们，使他们能够积极参加音乐活动，能够成为积极的和有一定水平的音乐欣赏者，能够从音乐中享受到乐趣。”奥尔夫这一“普及性”的教育出发点，体现在《音乐课程标准》中便是“面向全体学生”的教育理念。

中国人的性格、观念与思维方式一直受儒家思想的影响，中庸之道和中和之美代表着中国人的处事哲学和行为准则，它概括了中国人特有的稳重、含蓄、忍耐、被动以及喜怒哀乐不流露于表的个性和修养。笔者在参与奥尔夫的音乐即兴实践中，深有感触地意识到东西方文化差异从根本上影响和决定着东西方人的性格、观念、修养和思维。如在开始参加活动时，很多人都很被动，扭扭捏捏，不愿意在人前表现自己，怕丢人现眼。因此，更新旧的观念，在各个学科，各项活动中发展学生的个性变得尤为重要。

奥尔夫认为，“完全从即兴出发的自由教学，是，而且永远是一个卓越的出发点”[②]。即兴是奥尔夫教学法的核心部分，奥尔夫称即兴是他的“音乐教学方式”的独特之处，他倡导不管是少年、成年人，还是老年人都可以在艺术活动的即兴中放纵自己，进入一种自我控制的思维中，不用任何的教学语言和行为的规定。全部依靠参与即兴让人去自然地流露喜怒哀乐。这种即兴的表现方式最根本的目的是为了“解放人性”。奥尔夫的即兴创作课要求参与者要怀着极大的主动性和热情进行全身心的投入，从而达到艺术的豪放，个性的解放和诉诸于感性的境界。

此外，评价方式的改变也是一个重要的方面。新课标的实施重视过程性评

---

① ［德］古尼尔特·凯特曼．廖乃雄，译．奥尔夫音乐教学法初步［M］．合肥：安徽文艺出版社，1987．137．

② 李妲娜，修海林，尹爱青．奥尔夫音乐教育思想与实践［M］．上海：上海教育出版社，2002．44．

价，在动态的教学过程中利用评价起到促进学生发展，提高教师教学水平和完美教学管理的作用。强调评价形式的多样性（自评、互评、他评等），评价指标不仅涵盖音乐的不同教学领域，更应关注学生对音乐的兴趣、爱好、情感反应、参与态度、意志品质等。

奥尔夫音乐教育虽然没有系统全面的课程评价论述，但从它的课程价值观、课程目标及课程实践中，我们还是能够清晰地看出其关注过程的评价原则，即在这种课程中课程评价贯穿着整个音乐教育教学的始终。在具体教育教学情境中，学生自主性、创造性发挥的程度、学生与学生间的交往程度、学生与教师间的互动程度、学生对音乐的体验程度、学科知识应用的灵活性及迁移程度、教师主导作用的发挥程度等等都是它评价中考虑的方面。这种课程评价是一种形成性的、过程性的评价，它的目的不在于评定教师课程实施的优劣以及学生分数的高低，主要是为了调整、修改课程，发掘课程的最大价值。奥尔夫的音乐教育对课堂教学的评估“是高度重视教学过程，而把教学的最后结果置于次之，甚至显得比较冷漠”。在其理念中，真正价值的东西都体现在教学过程中，教学过程也最能体现他的教育思想与原则。在奥尔夫的课堂上，每个学生都有展演的机会，相联系互展示，相互欣赏、相互讲评，这种形式能充分体现评价的民主性，营造和谐、团结的评价气氛。奥尔夫音乐教学活动的评价目标主要关注学生参加活动的态度、节目创编的新意、表演者的心理品质、节目的气氛、情绪以及表演的投入和完整性。由此，我们不难看出，奥尔夫的教学活动不仅关注于音乐的知识与技能的培养，更加关注非智力因素能力的提高。通过奥尔夫教学活动的评价使学生学会了尊重与理解、合作与团结、宽容与自信。

综上所述，笔者以新课改为视角，以音乐新课标的“五大理念”为切入点，重新对奥尔夫音乐教育理念与新音乐课标的契合性进行了分析与解读，目的是使我国的基础音乐教育工作者能够正确认识“奥尔夫”音乐教学法，并将其与我国基础音乐教育有机结合起来，早日创造出具有中国特色和自己民族音乐文化特点的基础音乐教育体系。

二、奥尔夫教学法在基础音乐教育中的实践研究

近些年来，面对奥尔夫教学法在我国音乐教育界的迅速发展和研究的不断深入，笔者深深地领悟到，奥尔夫教学法深深地扎根于不同的国度、不同的民族中，并得到广泛的应用和拓展，其原因我们应该深入地反思。其实，如前文所述，音乐教育理论本土化的过程在一定程度上其实就是一个跨音乐文化的交流和融合过程，“任何一种音乐文化的发展都需要以其自身的母体和适合其生

长的环境为基因。所有的异域及其异质音乐文化之间的交流或借鉴只有在本土音乐文化的母体和土壤中找到生长点才能最终生根、开花、结果，进而被接受，并融合进来，成为本土音乐文化新的营养和有机成分。也就是说，异域异质音乐文化之间的交流和融合，不是照搬和移植，而是选择和融合；不是叠加和焊接，而是重构和熔铸；不是继承和改造，而是创生和出新”[①]。奥尔夫音乐教育理念可以结合其自身的音乐文化特点，在不同国家、民族、地区的音乐教育教学实践中，不断创造出新的教学模式，这就是奥尔夫音乐教育具有的本土化的理念，即只要是合理的引入、借鉴和融合，它有可能在任何的异质文化中获得良好的发展。因此，笔者认为对奥尔夫音乐教学法本土化的研究，从理论方法到实践操作等各方面都要体现本国或民族的音乐文化特征，不加思索、不做改变的“全盘西化”或“照抄照搬”，结果只能是“水土不服”，最终的下场也只能是丧失自我。

我国音乐教育长期以来受“西方音乐体系”的影响，只注重事物和形式上的模仿。因此，笔者希望通过本研究来弥补这种缺陷。可以说，本实践研究是对奥尔夫音乐教育在中国本土化发展的深度认识和深层次思考，通过这种方式，让我们在面临这种问题时跳出西方思维方式和文化模式的束缚，并为广大的研究者提供一个新的解读视角。

（一）实践学校的概况介绍

长春市第一实验小学坐落在吉林省长春市，创办于1935年，多年来学校坚持以学生可持续发展为本，为学生的全面发展创造一切必要条件。学校现有本部、中海、银河三个校区，占地35800平方米，学校现有93个教学班，4845名学生，217名教职工。是国内第一所开放式、全日制实验性学校，学校为全国规模较大的小学，是中国基础教育一颗璀璨的明珠，被誉为吉林省基础教育的一面旗帜，也是一所艺术教育特色传统学校。本次实践学校在中海校区，中海校区坐落在净月区临河街和南环城路交汇处，优美的校园环境，先进的教学设施，为学生的全面发展创造了良好的外部环境。学校有微机室、语音室、阅览室、舞蹈、音乐、美术等专业教室27个，这些都为本研究提供了坚实的基础。

（二）实践的设计与流程

1. 设计思路

本研究拟在长春市第一实验小学抽取四个班的四年级学生为本次奥尔夫音乐教育实验教学的实验对象，以奥尔夫音乐教育理念为基本的指导思想，以我

① 吴晓玲. 新课改：教育理论本土化之契机［J］. 教育理论与实践，2002，22（11）35—38.

国最新颁布的基础教育《音乐课程标准》为设计的依据和前提，对比组实施正常的音乐教学，而实验组的音乐教学内容依据笔者所研究的吉林省长春市第一实验小学的四年级音乐课程教材编写音乐教学计划和教学内容，课程设计根据笔者进行了相应本土化处理的奥尔夫音乐教学法的相关原则，结合地区特点和学校资源，设计了音乐实验教学的主题与各项教学活动，最后按照笔者的实际规划逐步进行各项音乐教学活动，对比组则以选取学校正常的奥尔夫音乐教材和教学计划来实施和组织教学。

本研究具体设计思路是：首先进行文献研究，对奥尔夫音乐教学法的相关研究成果和资料进行了系统地分析、梳理，这部分在前面的文献综述里已经做得相对完善，笔者只要按照需要进行一下相关的归纳就可以了。然后笔者从人本主义教育观、多元智能理论、建构主义教育观和音乐人类学的理论角度出发，借鉴、吸收、融合了国内外相关的研究成果，以吉林省长春市具有代表性的一实验小学四个四年级教学班级的学生为本次实验具体的研究对象，根据吉林省长春市使用的四年级音乐课程教材，设计出本土化奥尔夫音乐教学模式，实施了 12 周共 24 课时的奥尔夫本土化音乐教学实践，抽取的四个班级中两个为实验班级，教学中采取的是本土化的奥尔夫音乐教学内容、教学方法以及教学模式。另两个班级为对比班，教学内容和方式为传统方式教学的音乐教学内容和方法。最后通过观察课堂中研究对象在音乐学习兴趣、学习表现以及班级学习气氛的前后变化和访谈被试在实验前后的不同变化，对学生音乐学习效果和学习兴趣等数据的统计与对比，分析出本土化的奥尔夫音乐教学的优势与价值所在。

在实验的具体准备措施方面，笔者首先在实验前与实验学校吉林省长春市第一实验小学负责人取得联系，并与该学校的领导以及参加实验音乐教师开会协商并确定本次音乐教学实验的具体班级、具体时间和具体的教学内容，通过这些具体的实际工作，全面了解被试班级在音乐教育教学方面的具体情况。在实验前召集相关教师和工作人员，协调好实验应注意的各项问题，以确保实验的各个环境能够顺利进行。实验前准备好用于记录实验过程和原始数据的数码摄像机以及录音笔等用品，以便能准确记录实验中的每一个细节，并在音乐教学实验后进行详细的观察和分析研究。本研究的被试来自吉林省长春市一实验小学中海分校四年级的学生，其中实验班 84 人，对比班 82 人。

2. 设计模式

本次本土化奥尔夫音乐教学实验研究旨在探究通过笔者本土化设计的奥尔夫音乐教学法的实验教学是否能够真正提升学生的音乐学习兴趣、学习效果、学习氛围？如果能够提升，这种作用是如何发生的，我们如何通过控制课程相关内容来提升奥尔夫音乐教学的质量？本研究设计模式具体如下表图 4 - 1：

组别	前测	实验处理	后测
实验班	01	X1	03
对比班	02		04

图 4 - 1　研究设计模式图

① 实验教学前，两组学生均分别接受（01，02）音乐学习兴趣与表现量表（包括音乐学习兴趣、学习效果、学习氛围等三个主要维度）的实验前测试。

② X1：实验组学生接受本土化的奥尔夫音乐教学法的实验教学课程或相关的音乐教学内容。

③ 奥尔夫音乐教学实验后，两组学生均接受后测（03，04）音乐学习情况量表[①]（包括音乐学习兴趣、音乐学习效果、班级音乐学习的氛围三个主要维度）的测试。

④ 本研究中实验班的“本土化奥尔夫音乐教学”由笔者亲自担任，另一组对比班的教学实践由学校的其它音乐教师担任。实践自 2010 年 9 月 6 日至 12 月 6 日止，进行为期 12 周 24 节课的实验教学。

3. 研究设计框架

本研究的具体研究设计框架图如下表图 4 - 2：

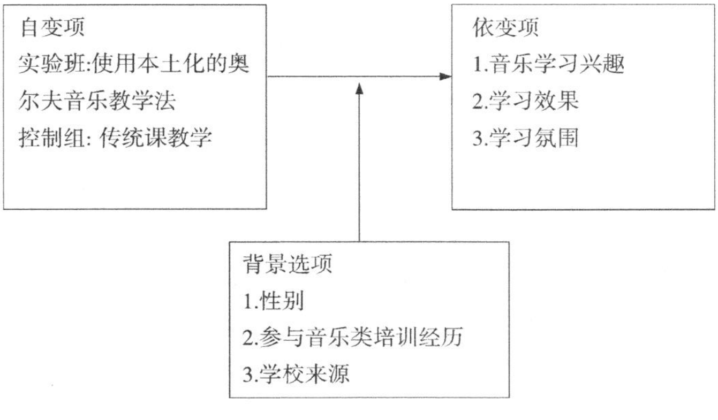

图 4 - 2　研究设计框架图

（1）本研究的自变项　（independent variable）

本次奥尔夫音乐教学实验的自变项为是否使用“本土化的奥尔夫音乐教学法”，实验班使用笔者经过本土化设计的奥尔夫教学法，对比班则使用传统的

① 音乐学习情况量表的具体内容见附录.

音乐教学法。

(2) 本研究的背景变项　(background variable)

加入背景变项的目的是为使本研究的结果更加的客观和准确，因此，笔者经过充分的考量后，将实验对象的性别、实验对象的学校、被试学生是否参与过类似于奥尔夫音乐教学法的教育类培训、学生的具体来源都列为背景变项，笔者经过一定的访谈和走访调查，了解相关的背景信息后，纳入最后研究分析的范围。

(3) 本研究的变项　(dependent variable)

所谓变项就是实验后所产生的变化结果或效果。本实验研究的依变项为学生音乐学习兴趣、学习效果、学习氛围等三项，由笔者亲自编写的音乐学习兴趣与表现量表中前后测量的分数来表示，具体的量表见论文附录5。

(4) 本研究的参考变项　(reference variable)

本次实验研究的参考变项包含学生基本技能、教师的具体教学状态、音乐教学方法音乐教材内容、音乐教学课时，等等。笔者接下来分别对这些可能影响实验结果的参考因素加以说明：第一，关于学生音乐的基本技能。经过笔者充分的调查之后发现，第一实验小学在编班方式上采用的是随机的方式编制的，因此我们可以认为，学生的基本音乐能力大致是相当的，可以忽略这种非人为的差异性，但可能在师资方面存在一定的差异性，但不至于影响实验的最终结果。第二，在教材内容选用方面，实验班和对比班均采用相同版本的人民音乐出版社出版的《音乐》教材，在具体的音乐教学环节中，选用的教学课例可能会不太一样。另外，两个实验组实验速率基本相同，笔者在试讲之后又做了相关的熟悉工作。第三，在教学课时方面，每个班级都是一周两节课每节40分钟，一共进行12周的实验教学。第四，关于本次音乐实验教学任务的具体承担者，实验班由研究者本人担任教师，而对比班则是笔者经过与学校商议，在学校的其他音乐教师中随机选择来担任。最后，在音乐实验教学的方法或策略上，实验班由研究者采用"本土化的奥尔夫教学法"来进行教学，而对比班采用的是正常的音乐教学法来组织教学。

4. 信效度分析

本研究结果分析的方式采用"因素分析"[①] 模式，根据上文中本研究量表设计的三个主要维度，笔者把收集上来的、全部的有效调查问卷分为音乐学习

---

① 所谓因素分析是根据观测变量之间的相互关系或协方差关系，找出潜在的起支配作用的主要因子，并建立因子模型的一种统计分析方法。

兴趣、音乐学习效果、班级音乐学习氛围三个维度进行逐一的因素分析，笔者采取“主成分”因素分析法，首先抽取相关因素，利用 Alpha（α）分解，然后经过 Direct Oblimin 斜交旋转，最终进行 KMO 和 Bartlet 球形检验分析，最终得到的 KMO 实验数据值为 0.884，根据因素分析的一般原则和规定，这一数据值证明本实验比较适合进行因素分析。Bartlett 球形检验的 X2 实验数据值为 650.728，自由度实验数据值为 153，这两者按照相关标准都达到了显著差异，这显示实验的数据中存在某种共同因素的影响。笔者将音乐学习兴趣、音乐学习效果、音乐学习的班级氛围这三个维度分别进行了因素分析，从笔者收集到的实验数据结果中可以看出，三个维度的 KMO 数据值均为 0.5 以上，每个维度都各自形成了共同因素，表示这几个维度都比较适合做因素分析，这其实也意味着各个维度可以进行单独的因素分析。

统计学上的效度即有效性，有效性测量的结果也自然反映出效度的各个方面。在效度检验方面，本研究效度检验采用专家评判法与软件（笔者采取 SPSS11.0）统计分析相结合的方法。首先，请专家（奥尔夫教学法的相关研究者、音乐学院的诸位学者）对调查问卷的内容、结构、全面性等方面逐一进行审核，然后再经过研究者邀请的相关奥尔夫教学法的专家进行试测后，经过统计软件（SPSS11.0）做转轴处理后，查看对比结果。从笔者统计的最终结果来看，假设同一维度之间的相关系数为 1，结果显示其他维度相关系数都没有超过 0.5，根据效度检验的一般规则，可见笔者设计的各维度之间独立性也比较好，各维度显著性差异明显，因此本研究的结构效度较好。

在信度分析方面，笔者也作了稳定性分析。所谓的“信度”通常是指实验所测试的可信程度到底有多高，其主要体现调查和研究的结果在稳定性和一致性表现如何？对此，笔者应用 Alpha（α）信度系数检验方法进行了信度检测。根据统计学的测量原则，任何测试或量表的信度系数值如果保持在 0.9 以上，则证明该调查、测试或最终的量表的信度是良好可信的；信度在 0.8 以上一般情况下是可以接受的，低于 0.8 则认为信度是存在问题的。根据笔者分析出的最终结果，本研究的信度数据为 0.871，比较接近 0.9。因此可以认为，该调查问卷是真实可信的。

5. 本研究的研究程序（具体程序见下图 4 - 3：研究实施程序图）

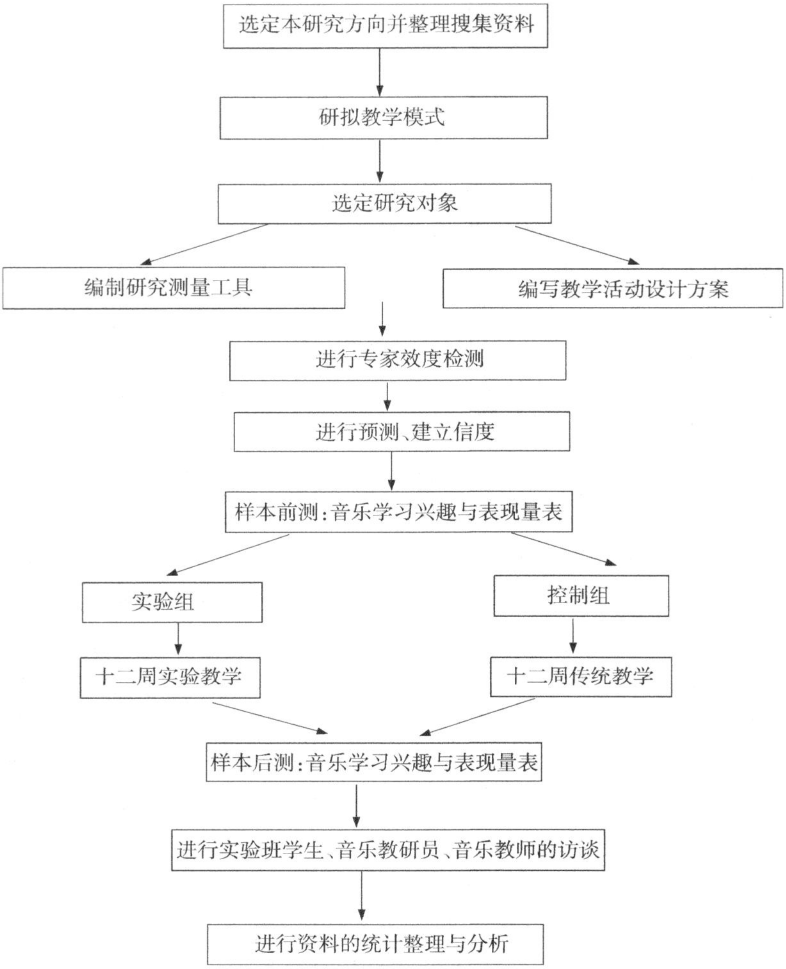

图 4 - 3　研究实施程序图

(三) 实践结果的分析与总结

1. 数据分析的步骤

本章的主要研究目的是检验本土化的奥尔夫音乐教学与传统的音乐教学在音乐学习兴趣、音乐学习效果以及班级学习氛围等方面所表现出来的差异性，因此，笔者根据本次实验和研究的目的采用统计软件（SPSS11.0）进行了数据的分析和处理。量表及资料分析、处理步骤具体如下：第一，调查问卷的回收、整理，这一步骤的作用是确保资料收集方面的准确性。第二，将完成好的有效调查问卷进行归纳，使用软件进行分析，得出数据结果。第三，根据数据，用语言描述学生在各个维度的分布情况。第四，利用相关的统计原则和工具，统计各维度的改变和差异情形。第五，这是本次实验的核心步骤，笔者以实验组和对比组结果为自变项，学生音乐学习的兴趣和效果量表前后测的分数值为依变项，对实验组前后测的分数进行配对样本 t 检验[①]以及对实验组和控制组后测分数进行独立样本 t 检验。笔者根据教育统计学的原理将显著效果的标准定为数据值 $p<.05$，作为检测本次本土化奥尔夫音乐教学实验是否客观和准确的最终依据。最后，笔者将对实验组学生的访谈记录以及对实验学校吉林省长春市第一实验小学的音乐教师的访谈记录和相关教学资料，进行整理归纳并做相应的统计分析，结合笔者在奥尔夫音乐课堂的长期听课和观察记录，作为本次音乐教学实验结果的重要参照，为实验的结果分析和形成的最终的结论提供资料支撑。

在实验中，笔者对两组学生在音乐学习兴趣与表现等方面均进行了前测，并且收集到了相关的前测统计数据。而在这次音乐教学实验之后，再次对其进行音乐学习兴趣与表现量表的后测，并取得了后测的数据和结果。接着，以实验组、控制组为本研究的自变项，两组实验学生在音乐学习兴趣与表现量表的后测结果经过 t 检验，平均值虽有一定差异，但未达到显著性差异。由此可见，在实验之前的两组学生的在笔者设计的维度上差距显著性都不明显。接着，笔者将实验学校的两组学生的音乐学习兴趣与表现量表的前测分数进行 t 检验，发现两组学生差异达到显著水平，意味两组学生在实验前的学习兴趣、学习效果、班级学习氛围方面具有同一性。而对两组学生的后测实验分值进行 t 检验，结果发现：控制组即对比组平均值变动不明显，实验组平均值明显高于控制组的平均值。

2. 实验主要数据及结论

笔者经过对实际教学的总结和对教学数据的测量，最终实验组测量前后各维度的显著度 $0.002<0.05$，显著度明显。如下表图 4 - 5 显示，实验组后测的平均值较前测也相应的有所提高，根据被试学生对于奥尔夫音乐教学法三个维度感知变化的差值进行排列，从高分到低分依次为：维度 3、维度 2、维度 1。

① t 检验般用于检验两组观测值的均值之间差异是否显著的统计分析方法。如果两组观测值来自两个相互独立的样本时，要采用独立样本 t 检验。如果两组观测值来自相关的样本或同样本时，则采用配对样本的 t 检验。

实验班级	学习兴趣数据均值	学习表现及效果数据均值	学习氛围数据均值
前测	2.66	2.49	3.13
后测	2.78	2.84	3.26

表 4-5　实验班前后各维度的测量均值

笔者依据教育统计学的统计原则，在对实验各环节合理监控的基础上，以调查问卷良好的信度和效度为前提，通过比较最终测试量表的数据统计和分析结果、观察实验教学课堂的前后变化以及结合访谈被试学生和相关教师的访谈记录，对笔者设计的本土化奥尔夫音乐教学实验的结论如下：

① 比较被试学生对本土化的奥尔夫音乐教学的影响，音乐教学实验后的测量数据高于音乐教学实验前的测量数据。

② 将实验班和对比班的测量数据进行比较，实验班对本土化的奥尔夫音乐教学实验课的影响比对比班的音乐实验课有显著差异。

③ 从笔者设计量表的三个维度的结果可以看出，实验班的学习兴趣和表现的数值提高的相对比较显著一些，其它两个维度的数值提高则相对不明显。

④ 结合笔者个人访谈记录和相关调查问题及数据，从量表的不同背景项进行深入地分析后，实验班级学生的音乐兴趣、学习表现以及班级学习的氛围等方面的变化与其是否参加音乐类培训关联不大，与性别有一定的关系，不过也不明显。

⑤ 访谈结果显示及实验数据表明，实验学校的音乐教师普遍认为本地区现在正常的音乐课程或教材知识内容过于繁多，导致学生主观能动性和音乐学习的兴趣降低，而这种融入创新元素的本土化奥尔夫音乐教学法能激发学生的音乐学习的兴趣与热情，而且效果明显。

3. 实践结果的分析与总结

由笔者在前面的调研数据、观察和访谈的结果可知，本研究的实验班级被试学生经过奥尔夫音乐教学实验后与教学实验前的各个维度的数据值相比都有一定程度的提高。这样的结果表明，经过本土化处理的奥尔夫音乐教学内容和方法等在一定程度上可以促进或有利于学生学习兴趣、学习表现和班级学习氛围的提高。笔者认为这与奥尔夫倡导的“原本性”(elementarius) 音乐教育理念密切相关。本土化的奥尔夫音乐教学法为学生成功体验音乐开辟了一条道路，使广大的中小学生能从原本性的音乐中体验到音乐的欢愉和强烈的审美体验，进而得到情感上的共鸣。在实际的教学实验中，笔者正是在这样的理念下践行本土化奥尔夫音乐教学法，使学生能够主动的探索、积极的参与和表演，进而改变了其对音乐学习的兴趣和学习的实际效果。

从笔者设计的三个维度的实验数据结果来看，实验班级的三项数值提高显著，而对比班级提高幅度不明显。因此，可以看出，在笔者采用本土化的奥尔夫音乐教学法进行的教学实验中，实验组学生的学习表现等方面的提升相对比较明显。

另外，从量表的不同背景项结合研究数据做相关分析，音乐学习兴趣、学习效果以及学习氛围的变化与是否参加音乐类培训基本无关，与性别有一定的关系，但不明显。据笔者调研的学校和相关的访谈结果来看，很多家长让孩子学习音乐的目的非常功利，很多家长把自己的意愿强加到学生身上，音乐学习不是为了体验音乐，享受音乐，提升个人素养，变成了实实在在的物质欲求，这种功利的行为的确应该引起音乐教育工作者、理论研究者和广大家长的关注。我们都知道，小学生在生理和心理上发育都不成熟，理性思维和表达能力的更是尚未完善，因此这一时期的小学音乐教育的形式必须鼓励学生积极、主动的参与，活泼、乐观的体验，真真正正的提高。因此，音乐教育也必须以个人音乐素质提升为基础，遵循教育规律。家长也不应该以“成人化”、“功利化”的思想去强制儿童学习音乐，这样很容易损害和压抑学生的自信心与学习兴趣，甚至可能会摧残了学生的音乐天赋。

从笔者对教师、学生家长以及一些学生的访谈可以看到这种倾向：在实际的音乐教学中，不一定哪种音乐教学理念或音乐教学方法就是有效的或良好的，任何音乐教学方法或音乐教育的理念都不是孤立的，它必须与实际联系在一起。否则，音乐教育就缺乏终极关怀与认同理解，音乐教育其实也就名存实亡了。当下的音乐教育工作者都面临着这样的问题，如何理解音乐、理解世界、理解自己的文化教育思想，并通过良好的音乐教育使学生借助于音乐了解世界音乐文化，学会如何面对自我和他人，理解自我、理解生活、理解世界、明确责任。这是理想的音乐教育的最终目标。因此，通过研究对我们的最大启示就是，奥尔夫音乐教学法作为国外优秀的音乐教育理念或教育体系，对此，我们不应质疑，面对新时代民族音乐文化的传承与发展，借鉴和引入新的思想就成为必然，但这种移植和借鉴必然以改造、融合、创新为目的，我们必须以多元、开放的心态来理解世界音乐文化的多样性，我们必须以本土化的方式完成对外来音乐教育理论的继承和发展。

三、基础教育中实施奥尔夫音乐教学法的操作策略

对于奥尔夫音乐教学法与我国基础教育中音乐教学相结合的设想虽然已有很多研究，但在基础教育中的音乐课堂教学环节中，具体的操作方法模式上渗透不够。一些学校应用奥尔夫音乐教学法的理念也存在问题。而奥尔夫教学法

具有很强的灵活性和实践性，它以儿童的发展为本，让孩子在生活中、游戏中学习，在对音乐的体验掌握正确的学习方法。目前，我国正提倡素质教育和基础教育课程改革，在内容和方法上比以前更突出音乐学科的特殊性和以人为本的原则，这与奥尔夫音乐教学法所强调的“创造精神”的培养具有一致性和契合性。因此，在基础教育音乐教学的各个环节，实施奥尔夫音乐教学法需要更深层次的理论探讨，笔者认为，至少在以下几个方面需要改进。

（一）通过有效的引导，培养学生的参与性和主体性

引导学生主动的参与需要教师根据学生的心理年龄特征及时转变教学方法。教育学理论已经证明，教学过程在本质上是教师的教与学生的学紧密相结合的统一过程。这个过程是师生互动的结果，是共同发展、教学相长的产物。要做到教学过程中以人为本，以学生为本，就必须了解学生的心理和年龄特征以及身心发展的规律，这样才能用正确的教育方法达到最终的教学目标。基础教育阶段的学生由于年龄较小，处于少年儿童阶段，他们对于新鲜事物充满好奇心，比较好动，善于模仿，思维直观、具体、形象，也倾向于喜欢灵活、简单、直观的音乐教学方式。如果教师能够及时把握他们的心理和年龄特征，采用合适的教学方法，学生会对音乐学习充满兴趣，也便于在教学过程中营造出轻松愉快的学习氛围，从而有利于促进学生的发展。在这个过程中，笔者认为，要恰当地运用节奏引导，注意从情境创编引导学生的学习，充分发挥游戏在这个阶段音乐学习中的重要作用。

首先，在运用节奏引导方面，要让学生容易感受和领会，设计要合理。节奏是音乐、舞蹈、语言的重要基石和灵魂。在基础教育阶段的奥尔夫音乐教育教学中进行音乐节奏的设计，一定要符合这个年龄阶段学生的心理和年龄特征，应该简单易懂，让学生很轻松地感受到学习音乐的魅力。例如在奥尔夫音乐教学中可以设计一些简单的节奏游戏，按一定的节奏说学生的名字，或者运用学生感兴趣的动画片或里面人物的名字按照一定的节奏型进行音乐朗诵，这种方式会引发学生的好奇心和学习兴趣，学生会被吸引，并亲自参与到音乐学习中。在奥尔夫音乐教学的过程中，还可以将语言的节奏、肢体的节奏、乐器击打出的节奏，整合并综合的运用到奥尔夫音乐教学中，用灵活的形式，例如舞蹈、肢体律动、齐唱、乐器演奏、轮唱、合唱等形式，既可以活跃课堂气氛，也能够提高的学生们的综合能力。总之，以节奏为导入手段，引导孩子参与到活动中，是音乐教学的重要的前期目标。因此，以节奏为先导，精心设计教学环节，激发学生的积极性和兴趣，可以有效地培养学生的创造性、综合能力和合作的意识，为学生营造出良好的音乐学习的平台，使学生能够感受到音乐的独特魅力。

在情境创编引导方面，基础教育中的奥尔夫音乐教育教学要尽力改变以前传统单一的、不符合这个阶段学生的心理年龄特征的教学模式，情境创编就是一种有效的教学模式。对于音乐教师和学生而言，这是一种互利的、教学相长的教学模式。因此，音乐教师要根据特定的教学内容和要求，结合学生的实际，创造出特定的教学氛围，感染学生的情绪，激发学生的学习兴趣，使学生产生学习音乐的动力和能动性，积极的参与到音乐活动中来。

最后，在运用游戏方面，要将教学内容与游戏结合，充分发挥游戏的作用。

基础教育阶段的学生好动、乐玩，游戏教学可以有效地激发学生的兴趣，能够让学生积极的参与到音乐活动中。奥尔夫音乐教学法一直主张，“育人”是音乐教育的首要任务，培养学生的音乐素养是音乐教育的最重要的目标。为了能够让学生参与到音乐教育教学活动中，教学方式和内容一定要具备游戏性。这就要求教师要将教材内容融入到游戏中，降低教学内容的难度，让学生愉快而没有压力地接受音乐知识和技能的学习。教师要根据学生的特点来设计教学方法，将游戏与教学内容有效结合，吸引学生的兴趣，使学生参与音乐活动的各个环节，从而积极融入到音乐教学中。在引导学生融入音乐教育教学的过程中，要注意游戏一定要与将要教授的教学内容紧密、巧妙的结合。要考虑到学生的心理特点和接受能力，设计出学生喜欢和乐于接受的方法，激发其学习音乐的兴趣。

（二）坚持以人为本，培养学生个性

我国新课程改革一直倡导的理念就是“以人为本”，这就要求奥尔夫音乐教学也要转变教育观念，尊重学生差异，发掘学生潜能，提供发展机会和空间，使学生的个性得到充分的体现和发展。笔者认为，要做到这一点，必须以人本主义理念为指导，坚持奥尔夫音乐的原本性和人本性，实施个性化的音乐教学，注重学生个性化的发展。

首先，奥尔夫音乐教育教学要做到以人为本，就必须激发学生的音乐学习兴趣，因材施教。学生是教育的关键和核心，教师要关注学生的细节（如心理和年龄特点、个性特点、生活的背景等），把握学生的学习状态，充分调动学生对学习的积极性和对音乐的兴趣，鼓励学生个性化的学习活动，尊重学生个性化的表现，这是奥尔夫音乐教学法一直所强调的教育理念。那么，如何做到以学生为主导进行音乐教学，从而发展学生的个性呢？第一，笔者认为，要在音乐教学中恰当评价学生的参与和表现。对于基础教育阶段的学生而言，学习过程中出现不稳定和反复等是正常的，教师要及时鼓励和表扬，用赏识的心态让学生充满自信。在音乐教学活动中，尽量不要轻易的否定学生的不稳定的表现和行为，鼓励学生的个性化的音乐表现行为，不要用“成人化”的方式和眼光来衡量学生的学习。音乐教师在教育教学中要摆脱“标准答案”对学生的束缚，让学生们表达自己的真实感受，积极参与到音乐活动中并自主的思考，获得个性和能力的发展。要尽量鼓励孩子个性化的表演，要学生充分地展现自己，培养其自信心，从而使学生认识到自己的优点和价值，从而增加学习兴趣。要给学生多提供展示的平台，使学生能够更好地融入到音乐教学中去。

其次，奥尔夫音乐教学要真正做到以生为本，就必须为学生的学习和发展提供自由的空间和机会。自由的音乐空间能使学生在音乐学习的过程中自由地体验、感受、想象和表现。否则，就会束缚学生的个性，限制学生想象的空间，学生也体会不到音乐学习的乐趣和魅力。这就要求奥尔夫音乐教师在音乐教学中必须给予学生们充分的活动机会和空间，使学生可以在活动中自由展现，获得个性化的发展。奥尔夫音乐教学法一直倡导以学生的需求为出发点，让学生参与到音乐实践活动中，并在活动中锻炼发展自己，这样才能拓展学生个性化的思维，促进学生的创新能力的发展。

再次，“以生为本”的奥尔夫音乐教学强调音乐教师一定要尊重学生的差异性，为每个学生的发展都提供机会，不人为的制造“差生”。对于教学过程中不能够主动参与活动的学生或表现消极的学生，教师要做到不忽视，不漠视，也要关注后进学生的发展，培养其主动表演的能力。在音乐教学过程中，可以让表现好的与表现差的、性格内向的与性格外向的分在一组，让他们相互影响，共同进步，最后融入到整个音乐活动中来，这个时候，教师要及时地鼓励表扬表现稍差的学生，肯定其进步，使“差生”也能感受到成功的喜悦，从而增强其自信心，提高其积极性，达到克服缺陷的目的。教师一定要做到尊重所有学生，在音乐教学活动中，平等地看待每一个学生，给每个人展现自我的机会，营造出和谐的师生关系和良好的音乐课堂教学氛围。

（三）充分发挥即兴参与的特点，培养学生的创造力

人类的进步和文明史就是人类的“创造”史。创造性是人的主体性发展的最高表现。人类的“创造”史贯穿着过去、现在和未来。“现代社会普遍认同的一个观念就是，人的创造性解决问题的能力是其今后能否占据竞争有利地位的关键。随着社会的变化，人们也在迫切追求着自由充分和创造性地发展。众所周知，音乐教育在激发人的发散性思维、培养人的创造能力方面具有特殊作用。简言之，音乐能够将人的创造力唤醒并表现出来。在奥尔夫音乐教育体系中，最突出和重要的一项原则是即兴性原则”[①]。这种即兴性原则“对于调动学生参与的积极性和学习音乐的兴趣非常重要，通过即兴的参与，学生的体验能力加强，探索精神被唤醒，学生的想象力也得到很好的锻炼。也就是说，音乐教育通过展现、体验音乐之美，刺激人的感官，使人加强对音乐作品的理解，同时借助音乐艺术手段，寓情于景，培养人的发散思维、个性及创造力。特别是对于基础教育阶段的学生，音乐教育能够引导学生形成积极向上的生活态度，激发其想象力和发散性思维，从而有利于学生的创新能力的提升”[②]。因此，在基础教育的奥尔夫音乐教学中，教师要做到用音乐打开学生的想象力，用音乐启发学生的创新思维，从而提高学生的创新能力。这个过程需要奥尔夫音乐教师做到以下几点。

首先，这就要求“教师在设计音乐活动中尽量选择学生认知的范围领域内能够被理解和接受的元素来作为音乐教学的内容。唯其如此，学生才能理解音乐所蕴含的力量，感受音乐艺术之美，也才能顺利地融入到音乐教学中，引起其学习兴趣，并积极参与到音乐教学中来。例如，针对学生的好奇心，可以运用节奏作为音乐课上律动的元素之一，这种节奏的律动可以是语言上的，如朗诵等；也可以是动作上的，如声势等。教师可以用身体动作加上节奏来感受并体验音乐的情绪，如高、低、强、弱以及喜、怒、哀、乐，身体动作可以说是一种自然的情感流露”[③]。这些简单的节奏训练能够让孩子充满兴趣的参与到音乐实践的活动中，通过培养创造性来激发学生的创造能力、创造意识，使学生的综合能力得到提高。

其次，我们都知道，“音乐表演可以锻炼创造力，基础教育阶段的学生好动，有较强的好奇心，音乐教师可以根据其心理和年龄特征来设计奥尔夫音乐

---

① 对于什么是即兴原则，奥尔夫认为，即兴是最古老、最自然的音乐表现形式，是情感表露的最直接的形式。奥尔夫音乐教育理念强调通过调动学生的积极参与和即兴表演来发展音乐体验，进而培养学生创造能力。奥尔夫曾明确提出，学生接受音乐教育最重要的是学习的过程，而不仅是结果。学生在学习过程中最可贵的是其探索精神，是学生在实践中的体验和经验，是学生的情感、想象力和个性的完善和发展。奥尔夫说过，原本性的音乐是让学生很早就开始，以即兴活动形式，创造性地探索节奏、音响和旋律等音乐基本素材的各种变化和重新组合。奥尔夫的教育理念表明，即兴创造原则的精髓在于，不是仅仅把即兴演奏作为一种教学形式，而是把它作为整个音乐教育的起点和基础。在即兴的活动中，培养了学生的敏锐听觉、精确的节奏感、对于音乐形式、结构的感知、对于音乐形象、表现的理解和高度的集中注意、默契的相互配合。实际这是对学生音乐能力的全面发展。

② 吉钰梅. 音乐教育与儿童创造性能力培养［J］. 山东理工大学学报（社会科学版），2005(02).

③ http：//new. 060s. com/article/2008/10/16/85979. 3. htm

教学活动”[①]。此外，“还可以适当的加入奥尔夫乐器来满足学生的好奇心，吸引学生的眼球，运用这些奥尔夫乐器吸引学生的注意力，提高学习兴趣，这样能够使学生很快融入到音乐教学活动中来。奥尔夫音乐教育思想认为，音乐要与舞蹈、语言串联起来，让每一个孩子能够融入到音乐活动中，并注重他们创造性的培养”。[②] 因此，教师在奥尔夫音乐教学的过程中要充分调动学生的兴趣，兴趣是最好的老师，只有这样，才能使他们乐于参与到音乐学习中来。在音乐教学中，适当的运用这样的方式不仅能够调动学生的积极性，还能够活跃学习氛围，培养创造性思维，最终使学生以轻松、自然的状态融入到音乐学习中。

（四）采取灵活多样的手段，提升学生的审美能力

如前所述，音乐教育能够陶冶情操，锻炼创造性，开发想象力，使学生的综合素质得到全面的提高。对于基础教育阶段的学生而言，其注意力还不持久，而且比较好动，充满好奇心。因此，简单、枯燥的音乐理论知识的传授可能效果不明显，那么运用多种灵活的教学手段（如多媒体教学手段等），就能够引起学生的注意力和兴趣，先进的教学手段能够将声、光、电、图等有机的结合，通过对五彩斑斓的画面造成的视觉冲击将学生的审美体验推向高潮，营造良好的音乐教学课堂气氛，使教师的教学情境更加形象化，教学内容更加具体化，便于学生更好地理解，让学生产生兴趣，进而主动地参与到教学中来。如教师在设计小学音乐（第八册）《百鸟朝凤》时，教师可以先将很多鸟的叫声融合在一起，并通过展示乐器唢呐的图片以及音色，为欣赏乐曲作准备。学生通过倾听获得主观的音乐体验与感受，让学生脑海中的想象画面更加鲜明、更加具体和形象化，使学生能够切身体会到作品中的热闹欢腾的场景，通过自身的感受锻炼想象力。这种多种手段结合的教学方式，能够将声、画、意等要素融合在一起，丰富音乐形象，激发学生兴趣，让学生获得真实的艺术体验和感受。另外，多种灵活的教育手段的应用，有利于解决音乐理论知识上的重点和难点，使课堂教学更生动。如在《春天的音乐会》的音乐课教学中，音乐教师可以利用多媒体手段播放春天的美好景象（春雨后树木发芽、花团锦簇的景象等），让学生通过画面来感受春天的意境。通过画面与理论知识的结合，再通过视频发出的声音（打雷的声音、小鸟的叫声、小雨淅沥的声音），在这样

---

① 例如将教学内容里抽象的音乐理论知识和枯燥的技能练习转化成生动、活泼的游戏或活动，这样就能够将音乐中的抽象感具体化和形象化，从而便于学生的接受和理解，使学生在游戏中学，丰富想象力，锻炼发散思维，提升创造力。

② http：//edu. pcbaby. com. cn/brain/aefyy/1002/898254. html

的多元素互动中，让学生自然而然地融入音乐理论知识的学习中，使学生能够轻松、愉快的学习一些看似非常难学的重点和难点知识。另外，多种灵活手段的使用，还可以改变学生以往被动接受的学生状态和地位，使学生产生音乐学习的兴趣，从而主动、积极地融入到音乐学习中。如欣赏《彼得与狼》这部作品时，教师可以请同学表演作品的精彩部分，让学生在倾听之后，自由的发挥想象力，进行即兴的创编表演，学生在获得情感体验的同时对音乐的理解更加深刻。需要注意的问题是，虽然多媒体等技术和手段在奥尔夫音乐教学中，有重要的作用和价值，但它仍然有一定的局限性，不能够盲目的使用。因为，音乐教育教学在本质上是一种情感的沟通和交流，而教师的情感投入是多媒体等手段和技术做不到的。它至多只是教师的一个辅助性手段和方法，不能代替教师的角色和地位，这些都需要奥尔夫音乐教师在具体的基础音乐教育教学中，不断总结，努力探索。

第六章　奥尔夫音乐教学法在学前教育中的本土化探索

伴随上个世纪80年代的第三次教育改革，世界各国学前音乐教育都以此为契机进行了系统和整体的改革。基于新型教育观、教师观和儿童观的确立，学前音乐教育逐渐摒弃了知识本位的音乐教学观，进而更强调儿童审美能力的形成和音乐本身带给儿童的乐趣，音乐教学目标的关注点由“音乐知识或技能”转向了“人”。在这一价值取向的转换背景下，奥尔夫音乐教学法以“原本性音乐”为基点和核心理念，提出了追求朴实性，注重实践性，主张整体性，坚持开放性，强调创造性，提倡普及性等新的教育理念，十分契合当前国内外学前教育界所倡导的“艺术教育应该回归儿童生活世界”的理念，而且，凭借其独特性和先进性在80年代引入中国，获得了广泛的传播和好评，并显现出了旺盛的生命力。

本章内容在挖掘奥尔夫音乐教学法儿童教育理念的基础上，进一步分析和讨论“原本的音乐”与“音乐的本原”之间的相互关系，从而探讨奥尔夫音乐教育核心理念“原本的音乐”是学前音乐教育所具有的深刻内涵以及必须遵循的普遍规律。通过笔者自编的幼儿园教师教学现状调查问卷和访谈提纲，对上海市、长春市、鞍山市等地的10余所私立和公立幼儿园的奥尔夫音乐教学的教育理念、乐器制作、教材建设、教学实践等现状都进行了调查，并通过笔者对幼儿园相关教学活动情况的进行观察，采用深度访谈的方式对各地抽取的20余名幼儿教师进行了调查，通过对奥尔夫音乐教学法与学前教育的契合性分析，总结我国学前教育中奥尔夫音乐教学的现状，发现当前学前教育中存在的问题，进而分析这些问题存在的原因，最后提出解决这些问题的建议和策略一如提高幼儿园师资的音乐教学水平、准确解读奥尔夫音乐教学理念、高度重视和加大奥尔夫音乐教学的投入，等等。

一、奥尔夫音乐教学法与学前教育的契合性分析

（一）基于自然性，追求原本性，倡导综合性，符合儿童学习的天性

正如前文所述，作为人本主义音乐教育代表人物的奥尔夫一直认为，“儿

童音乐教育一定要从儿童的自然本性出发，从人性发展的开端，从人之初的教育做起”。[1] 奥尔夫提出了原本性音乐教育观念。在他看来，“原本的意思是属于基本元素的、原始素材的、原始起点的、适合于开端的。我们都知道，原本的音乐决不是单纯的音乐，它是和动作、舞蹈、语言紧密结合在一起的；原本的音乐是一种人们必须自己参与的音乐，即人们不是作为听众，而是作为演奏者或表演者参与其中。它是接近自然的、土壤的、机体的能为每个儿童学会和体验到的，适合于每一个儿童的。[2]”奥尔夫认为，“音乐出于动作，动作源于音乐”二者相互影响，相互作用，是一种密不可分的关系。因此，学前音乐教育活动不能仅仅局限于音乐范围内。奥尔夫强调，在学前音乐教育中，幼儿不仅要演奏乐器、唱歌识谱，而且还要即兴舞蹈、自由朗诵，这种“歌、舞、乐三位一体”与“创作、表演、欣赏三位一体”的综合性的音乐教学形式符合人之生活的原始性或曰原本性，也符合儿童音乐学习的天性，并为儿童创造了获得全面、丰富、综合的审美体验的机会。可见，奥尔夫儿童音乐教学法的“原本性”强调的是一种以音乐的行为方式和音乐教育的参与方式共同构成的音乐教学综合体。而且，我国音乐文化在某种程度上和奥尔夫倡导的“原本性”的音乐具有一定的共通性。西方音乐美学思想中“音本体”思想是把只把音乐简单理解为一种音乐存在，而奥尔夫“原本性音乐”思想以综合性、参与性、即兴性为基本点，作为一种“乐本体”的价值观念，它突破了传统西方的“音本体”观，而且这种“乐本体”观与中国传统音乐思想观具有一致性。我国古代音乐无论是表演还是教育，都是一种歌、舞、乐三位一体的音乐形式，这同奥尔夫“原本性音乐”将语言、舞蹈、戏剧等多种形式融为一体的音乐表现方式非常相似。正是如此，幼儿教师对“原本性音乐”的教学方式并不陌生，在教学实践中运用也很熟练。正如德国的音乐学教授蒂特曾提出的疑问那样：“中国为什么对奥尔夫音乐思想有这么大的兴趣呢?”在其考察中国音乐教育一段时间后他说到，“我现在明白中国教育界为什么对奥尔夫音乐教育思想如此感兴趣了，从一定程度上讲，奥尔夫音乐教学思想可能和中国的音乐文化很相似或贴近”[3]。

（二）倡导“即兴参与”，能够有效激发儿童的创造力

在音乐教育方法方面，奥尔夫主张要让儿童主动地学习，非常注重儿童创

---

① 卡尔·奥尔夫，古尼尔特凯特曼．廖乃雄，编译．为儿童的音乐［M］．上海：上海教育出版社，2004：22.

② 卡尔·奥尔夫，古尼尔特凯特曼．廖乃雄，编译．为儿童的音乐［M］．上海：上海教育出版社，2004：49.

③ 洛秦．音乐中的文化与文化中的音乐［M］．上海：上海音乐学院出版社，2010：156.

造力的培养。基于其原本性音乐教育观，奥尔夫推崇“即兴”的重要价值。为此，他曾经说过，“即兴，最重要的是让儿童从自己内心出发来表演和感受，而这种音乐的体验要远离一切妨碍的因素”。同时，他还指出，“音乐教学从即兴出发，而即兴应以节奏形式作为音乐表演的支柱，接着才是音的固定和记谱作为结果”。[①] 但奥尔夫对儿童进行节奏训练却不以简单、机械的操练为主，而是运用有效和独具特色的“引导创作法”[②]。不仅如此，他还曾指出，“让儿童自己去寻找和创造音乐，对于儿童的学习来说是最重要的”。在奥尔夫音乐教学实施的过程中，音乐教师通过站在儿童的角度向儿童提供一些原始性的音乐材料，包括最基本的音调、节奏、动作方法等，儿童通过教师的启发引导，自己能够进行独立的音乐创作，如即兴编创歌词和诵吟韵文、创造“乐谱”等。这样我们不难看出，儿童的即兴表演与设计音乐的学习过程，就成为其创造力训练和培养的重要过程。而且奥尔夫认为，从创造的本质上而言，儿童的音乐的创造和音乐大师的音乐创造同样具有重要的价值和意义。

（三）内容或素材贴近儿童生活，符合儿童音乐学习特点

前面几章已经谈到，奥尔夫音乐教育体系的教学对象是面对所有儿童的，奥尔夫本人一直强调要根据儿童的身心发展特点和规律来确定其具体的教学内容或者教材。以奥尔夫五卷本“学校音乐教材”为例，其教学内容主要是来自德国儿童熟悉并喜爱的童谣、民歌、谚语和儿童游戏等。奥尔夫认为，“只有为儿童所熟悉并贴近儿童生活的素材才是最自然、最富有生命力，也最符合儿童天性的内容”[③]。可以说，这种“元素音乐”是奥尔夫音乐教学中构成音乐的最基本的材料。我们在借鉴和学习奥尔夫教学法时，也可以融合自己当地有特色的方言和乡土音乐，使奥尔夫音乐教学法能够顺利的实现“本土化”。[④] 奥尔夫音乐教学的内容主要包括声音造型、动作造型、嗓音造型三大方面。其中声音造型就是指乐器演奏活动，动作造型包括律动、舞蹈、戏剧表演、指挥

---

① 尔·奥尔夫，古尼尔特凯特曼．廖乃雄，编译．为儿童的音乐［M］．上海：上海教育出版社，2004：63.

② 所谓引导创作法，就是通过向儿童提供一些最基本的节奏、动作和语词等原本性素材，引导儿童将节奏与语言和动作融为一体，在蹦跳、拍掌、跺脚和自由朗诵的即兴表演中增强节奏的敏感性。

③ 例如，奥尔夫将布谷鸟叫的下行三度作为旋律学习的起点，孩子的名字、儿歌、童谣以及花草树木等作为词的起点，这些素材容易让儿童接近也符合儿童学习音乐的自然天性。

④ 例如，奥尔夫音乐教学重视节奏感的培养，朗诵、使用节奏型乐器等多种手段都是其培养方式，而在中国，节奏因素可以说是无处不在。我们的母语—汉语，比别的国家的语言更具有节奏感，用汉语进行节奏朗诵是最很好的训练节奏的方式。而且，中国几千年的文化长河中有数不尽的诗歌、词曲，在民间，劳动人民还创造了大量的民歌、谚语、小调、童谣等，它们都具有地方特色，大都节奏鲜明、结构工整，这些都是节奏教学取之不尽、用之不竭的好素材。

和“声势活动”[①]，而嗓音造型包括歌唱活动和节奏律动。奥尔夫说过：“我追求的是通过要学生自己奏乐，即：通过即兴演奏并设计自己的音乐，以达到学习的主动性。所以，我不想用高度发展了的艺术性乐器来训练，而用一种以节奏性为主、并比较容易学会的乐器，和肌体相近的乐器”。[②] 为此，奥尔夫亲自设计了一整套以打击乐器为主的包括有固定音高和无固定音高的各类乐器，即我们常说的“奥尔夫乐器”。[③]这些简易的乐器可以不经过专门的训练就可以由学生或教师直接进行演奏，对于广大的儿童来说是很容易掌握和学会的。

（四）奥尔夫音乐教育思想与学前音乐教育改革潮流相适应

奥尔夫音乐教育理念与当前我国学前音乐教育改革潮流相适应，并能够很好融合是其在我国短期内广泛传播和飞速发展的重要因素。两者在教育思想和理念上表现出高度契合和一致。例如，奥尔夫音乐教育思想鼓励儿童亲自参与音乐，通过儿童的即兴参与来培养其创造力，奥尔夫音乐教育思想将获得音乐体验和提升音乐素养放在音乐教育的关键位置，主张一切以儿童为根本出发点，这些都是当下我国学前音乐教育改革提出的重要理念。所以，对奥尔夫教学法的移植与引进、整合与创新是与我国学前音乐教育改革的现实要求相适应的。这也是我国学前音乐教育改革的方向和动力所在。我们都知道，前文也已经论述过，我国音乐教育存在“以教师中心”、“重技轻艺”等严重的不良倾向。而引入、移植奥尔夫音乐教学法，通过其所营造的活泼、自由、欢快的教学氛围以及倡导的即兴参与音乐、表演创新的学习方式，给儿童的音乐课堂学习带来了勃勃生机，让儿童成为了音乐学习的真正主人，儿童长期被束缚的手脚和心灵得到了真正意义上解放，儿童恢复了其灵动的本性，领悟到了音乐的美妙和魅力。这种“即兴”和“探索”式的学习活动不仅能培养和开发儿童的创造力，还能使音乐教师的教学思维得到拓展，从而引导儿童进行更有效率的学习。在奥尔夫音乐教学中，音乐教师和儿童一样，都是音乐的组织者和参与者，这种教学方式有利于教师的教学热情的保持，也有利于引导学生走向积极主动的学习。另外，因为我国东西部发展不均衡，学前音乐教育环境和教学条件差异很大，而奥尔夫音乐教育对引要求不高，也适合我国现阶段贫困地区的

① 所谓声势活动是一种用儿童的身体作为乐器以此进行节奏训练的极其简单又有趣的活动。如捻指、拍掌、拍腿、跺脚等。

② 卡尔·奥尔夫，古尼尔特凯特曼. 廖乃雄，编译. 为儿童的音乐［M］. 上海：上海教育出版社，2004：135.

③ 常见的奥尔夫乐器主要分为以下几种类型：人体乐器（双手和双脚——四种演奏方法：拍手、拍腿、跺脚和捻指）、小型打击乐器（铁三角、碰钟、木鱼、沙柱、小军鼓、定音鼓等）、音条乐器（钟琴、钢片、木琴等）、其他乐器（竖笛、玻璃杯等）。

学前音乐教育教学现状。例如，奥尔夫音乐教学中的节奏朗诵、律动、声势等教学内容都可以就地取材，因地制宜，广泛使用各地的方言、民间音乐等作为素材。如果一些地区和幼儿园没有条件购置较为贵重的奥尔夫乐器，也可以采用简单的方式自制“本土化的”的奥尔夫乐器。①

二、学前教育领域奥尔夫音乐教学法实施的现状

（一）幼儿教师的基本资料和音乐素养概况

笔者认为，幼儿教师的个人基本情况（学历、年龄、专业等）和音乐素养可能直接影响教师的奥尔夫音乐教学的水平，因此笔者通过编制问卷对长春、上海等地的10余所幼儿园的幼儿教师进行了详细的调查，包括学前教师的年龄概况、学历情况、音乐素养、基本教育观念等，下面笔者就简单分析一下这些数据，以提炼出相应的问题。经过统计，幼儿园中教师年龄在25岁以下占55.3%，在26—35岁之间的占25.7%，在36岁以上占大约19%左右。学历一项中本科以上占了75.3%（包括职后教育等），专科及以下占了24.9%。关于幼儿教师的音乐素养方面，75.3%的幼儿教师基本都接受过一定年限的相对较为系统的音乐培训或音乐教育，更有77.6%的教师接受的音乐教育的时间在3年以上。但也有24.7%左右的教师未受过系统的音乐培训或音乐教育。关于教师的所会的乐器，44.2%的教师都至少有一种较为擅长的乐器，而55.8%的教师则没有擅长的乐器。10%左右的教师表示认同自身的音乐素养，70.2%的教师较认同自己的音乐素养，但19.8%的幼儿教师认为自身的音乐素养还相对较差。

（二）幼儿教师的音乐教育理念

关于当前幼儿教师对音乐活动及其目的的理解方面，有75.4%的人重视音乐对于儿童智力、道德、审美的重大影响作用，因此主张音乐活动应该以教师为引领，师生双方要共同参与。但同时也有24.6%的人认为音乐应该符合孩子的自然天性，要以能够促进儿童身心健康发展为目的。有大约40%的人

---

① 例如可以用大纸箱、饼干筒作鼓；用高低不同的酒瓶排在一起制成高低不同的音条乐器；高粱杆排一排，制成蛙鸣乐器；易拉罐装上沙土、豆子可做成沙锤乐器等。孩子们演奏着自己制作的乐器，更会其乐无穷，无比骄傲。同时，这样做也可以培养孩子善于亲自动手的能力，与奥尔夫重探索、重实践的“原本性教育”是相符合的。如今，世界上许多国家已将“自制乐器课”作为奥尔夫音乐教学中的一门必修课程，在每年一届的奥尔夫音乐教育国际会议上，各国儿童发明的、能发出特别声响的新乐器层出不穷。因此，我国学前教育领域的教师与学生从现实条件出发自制奥尔夫乐器不仅是学习音乐的权宜之计，也与奥尔夫音乐教育体系不断创新和发展的需要相符，并为它的充实和完善做出了自己的贡献。笔者在音乐教学过程也探索制作了一些独具特色的奥尔夫乐器，具体图片见本书附录。

认识到音乐欣赏的目的是培养良好性格，陶冶艺术情操。有 20%左右的人则认为音乐教育的目的主要是培养音乐兴趣；另有大约 38%左右的幼儿教师认同音乐教育主要是增加音乐知识，提高音乐素养的观点和理念；只有大约 2%的人对音乐的认识停留在增加特长、促进智力发展上。关于幼儿教师对音乐重要性的认识，59.8%的人认为十分重要，有 35.8%的有认为比较重要。只有 4.4%的有认为不太重要。有 26.7%的教师音乐教学非常有计划性，另外，有 53.3%的人进行音乐教育活动缺乏计划性，只有 20%左右的教师音乐教育教学活动很少开展，缺乏主动性。

（三）幼儿教师对奥尔夫音乐教学法的认识和理解

幼儿园教师对奥尔夫音乐教学法的理解或者说认识程度是奥尔夫音乐教学法本土化的关键因素，为了深入了解奥尔夫音乐教学在我国当前学前教育领域的实际情况，笔者通过调查也发现一些问题，并总结如下。访谈的数据表明，仅仅 25.3%的教师明确了解奥尔夫音乐教学法的基本观点和基本原理，而大约 74.7%的人不太清楚这些内容。对于奥尔夫音乐教学法的了解，广大幼儿教师对其民族性、原本性、即兴性等核心要素关注较少，反而对模式性、系统性、音乐性等问题了解较多；数据还显示，63%的教师认为奥尔夫音乐教学法是符合儿童身心发展规律的世界上优秀教学法之一，大约 35%的人则认为奥尔夫音乐教学法是有特色的教育体系。另外，幼儿教师学习、体验或接受奥尔夫音乐教学法培训的途径单一、有限，超过半数的人达到 55.5%的教师通过观摩的方式进行学习，12.5%的人通过单位的相关培训获得提高，另有 29%的幼儿教师没有什么正规的途径进行有效地学习。笔者对多位幼儿教师进行了深度的访谈，根据访谈资料的收集和整理，笔者现将一些有代表性的观点或问题呈现如下。跟基础教育中教师对奥尔夫教学法的理解一样，目前大多数的幼儿园教师对于奥尔夫音乐教学法的理解较为浅显、单薄，对其准确内涵的把握不准确。很多教师对于奥尔夫音乐教学法基本原理和核心思想的解读还停留在强调“整体性”和“音乐性”上，缺乏对奥尔夫音乐教育体系“原本性”、“即兴性”“民族性”等理念较为深刻地解读。访谈中，教师往往强调教学安排的规划性，对儿童自身需求、兴趣和身心特点关注不足。实施奥尔夫音乐教学的过程往往是按图索骥，依葫芦画瓢，这些行为都有违奥尔夫音乐教学法的真谛。很多教师对于儿童是否能在音乐学习中感知音乐、创造音乐没有反映。

（四）幼儿教师的奥尔夫音乐教学实践

为了解当前我国幼儿园奥尔夫音乐教学活动的一般现状，笔者也作了实际调查，现分析总结如下。目前笔者所调查的幼儿园教师几乎开展奥尔夫音乐教学活动频率很低。大约只有 10%的教师经常进行奥尔夫音乐教学实践活动，

78.6%的幼儿教师则很少开展奥尔夫音乐教学活动。关于开展活动的形式，奥尔夫音乐教学活动的开展形式基本上以节奏训练方面为主要形式，传统的歌唱活动则占 25%，而欣赏活动和舞蹈活动各占到 4.2%和 15.3%。几乎所有教师都否认自己的教学方式是传统的传授式，62.5%的幼儿教师认为自己的奥尔夫音乐教学方式是开放式与传统式相结合的，37.5%的幼儿教师则认为自己的奥尔夫音乐教学方式是属于开放式的。大约 35.8%的幼儿教师认为自身组织的奥尔夫音乐教学活动的结果很好，认为好和结果一般的各占 25.2%和 28.9%，认为教学实践效果差的占到 10.1%。关于奥尔夫音乐教学的实际效果，55%的人认为幼儿经过学习，音乐能力显著提高，而只有 10%的人认为经过学习后并无明显变化。

三、学前教育中实施奥尔夫音乐教学法的问题呈现

（一）学前奥尔夫音乐教学的整体师资水平低下

我们都知道，师资水平是影响教学质量的关键因素。正如笔者前文所述，教师在学前奥尔夫音乐教学过程中既是课程的开发者，要为儿童的创造提供宽松的环境和良好的素材，另一方面，教师也是教学环境的创造者、儿童进步的引领者，儿童通过与教师的对话交流，产生学习体验和创造性的表现。这一学习与交流的过程对幼儿教师的综要求很高。通过笔者的调查发现，目前我国幼儿园的幼儿教师整体上虽具备一定的音乐素养，却与上述的标准差距很大。调查结果显示教师中本科学历点大约 74%。75%的幼儿教师接受过较为系统和专业的奥尔夫音乐教育和培训，占 75.6%的教师接受过三年以上的教育。43.2%的教师至少擅长一种乐器，79.8%的幼儿教师认同自己的音乐素养，她们普遍认为这些音乐素质为幼儿园开展奥尔夫音乐教学活动奠定了扎实的基础。但通过笔者的调查，目前很多大学并未在音乐课程设置中纳入奥尔夫音乐教育相关的内容，很多人也没有接受过相关的理论和实践培训，致使教师在职后学习的途径单一、有限。由此看来，幼儿教师在音乐素质方面的不足已经成为当前我国学前教育领域实施奥尔夫音乐教学改革的瓶颈。这是因为奥尔夫音乐教学强调教师的课程开发者、环境创造者、儿童发展指导者的角色，因此儿童在感受音乐，即兴创造遇到困难时，合理、及时的指导是必要的。这对幼儿教师的音乐教学能力提出了很大的挑战。也就是说，奥尔夫音乐教学强调即兴与融合，而非重视知识传授以及学科系统性延续，这就意味着幼儿教师对儿童适时、适当的指导非常重要。而实际上幼儿教师本身的奥尔夫音乐教学能力却非常有限音乐素养只是停留在较为基础的层面（乐理、和声、音乐教育学、音乐心理学、音乐史、音乐美学知识涉猎很少），对于学前教育实施奥尔夫音乐

教学法所需要的音乐教师标准相去甚远。简言之，目前我国一线幼儿教师奥尔夫音乐教学能力的不足，已成为奥尔夫音乐教学发展的最大阻力之一。而当前幼儿教师的社会地位较低、福利较差又造成其教师队伍不够稳定，扩招导致低质量的教师大师存在，而奥尔夫音乐教学的相关培训又跟不上，这一问题已经严重影响了当前幼儿园奥尔夫音乐教学的开展。

（二）对奥尔夫音乐教学法的认识不足

前文笔者已经分析了当前学前教育领域内幼儿教师对奥尔夫音乐教学法的分析和认识等问题。25.3%的教师明确了解奥尔夫音乐教学法的基本观点和基本原理，而大约74.7%的人不太清楚这些内容。对于奥尔夫音乐教学法的了解，广大幼儿教师对其民族性、原本性、即兴性等核心要素关注较少，反而对模式性、系统性、音乐性等问题了解较多。数据还显示，63%的教师认为奥尔夫音乐教学法是符合儿童身心发展规律的世界上优秀教学法之一，大约35%的人则认为奥尔夫音乐教学法是有特色的教育体系。另外，幼儿教师学习、体验或接受奥尔夫音乐教学法培训的途径单一、有限，超过半数的人达到55.5%的教师通过观摩的方式进行学习，12.5%的人通过单位的相关培训获得提高，另有29%的幼儿教师没有什么正规的途径进行有效地学习。关于奥尔夫音乐教学法的基本理念和核心思想，教师普遍对民族性、原本性、即兴性等问题关注较少，反而对模式性、系统性、音乐性等问题较为重视。可见学前教师对奥尔夫音乐教学法的认识存在很大程度上的不足。这与当前我国奥尔夫音乐教学法的传播有关。当前，奥尔夫音乐教学法一是主要在高等院校或专业音乐教育机构开设专门课程，二是民间合作，通过聘请专家举办讲座和提供示范课例等。第一种情况普通教师很难有机会接受到奥尔夫音乐教育的培训。第二种情况具有较强的操作性但教师能够接触的时间较短，幼儿教师也并不能对奥尔夫音乐教学法有深刻、细致和全面的理解，造成一些教师只会现学现卖，甚至照抄照搬。因此实践中幼儿教师也会因为对奥尔夫音乐教育体系认识不足，进而不能忠实地执行、贯彻奥尔夫音乐教学体系“原本性”、“音乐性”，也不会正确地处理音乐技能技巧与获得音乐感受、提升音乐素养的关系，造成忽视儿童情感体验和态度的倾向。

（三）学前教育中实施奥尔夫音乐教学的内容匮乏

通过调查笔者发现，广大幼儿教师实施奥尔夫音乐教学活动的素材大都来自于于奥尔夫音乐教材，（比率高达87%），能够根据儿童的兴趣来确定教学内容的教师只占13%。笔者在对某教师访谈，请其谈谈奥尔夫音乐活动资源的来源时，该教师回答一般都是按照教材的内容组织活动。“有固定的教材不用，自己难道还要去东想西想，单独设计吗？哪里有这么多的时间啊，再说如果领导得知所上内容与教材不一致，我们是要被批评的。”可见，幼儿教师对奥尔夫音乐教学法了解不多，不够深入，教师的音乐素养也十分有限，对教材的开发与挖掘也变得很难，其结果只能是为省去麻烦而照搬教材。另外，学前教师对奥尔夫音乐教学活动的兴趣以及活动开展动机也成为影响其教学内容来源的因素之一。很多幼儿教师开展奥尔夫音乐教学是基于单位的行政任务，与教师本身的兴趣、爱好以及知识无关，导致他们也不可能花费时间再去开发新的课程内容。

（四）学前教育的奥尔夫音乐教学方法缺乏整合

上文的调查现状中已经提到，奥尔夫音乐教学活动的开展形式基本上以节奏训练方面为主要形式，传统的歌唱活动则占 25%，而欣赏活动和舞蹈活动各占到 4.2%和 15.3%。几乎所有教师都否认自己的教学方式是传统的传授式，62.5%的幼儿教师认为自己的奥尔夫音乐教学方式是开放式与传统式相结合的，37.5%的幼儿教师则认为自己的奥尔夫音乐教学方式是属于开放式的。大约 35.8%的幼儿教师认为自身组织的奥尔夫音乐教学活动的结果很好，认为好和结果一般的各占 25.2%和 28.9%。经过笔者观察，发现大多数的幼儿教师的教学方法还是以提问法、讨论法、演示法、表演法、描述法等为主。这也奥尔夫音乐教育思想所提倡的“即兴教学法”、“手势教学法”、“多通道教学法”差异明显。出现这种情况的原因可能是教师一是缺乏对奥尔夫音乐教学法深层次的理解和准确的解读，二是可能由于我国传统教育观念及教学模式陈旧落后影响，过于注重儿童对技能的掌握和知识的习得。三是由于幼儿教师教学以及学术研究能力的不足，导致有的教师跟不上改革的步伐，欠缺的科研能力和科研意识已成为制约学前教育领域奥尔夫音乐教学法本土化发展的原因之一。四是由于教学条件有限，一些地区和幼儿园的教育投入不足，学前教育能够支配的资源则更少，而奥尔夫打击乐器又比较昂贵，这些因素也是影响学前教育领域奥尔夫音乐教学实施的重要因素。

四、奥尔夫音乐教学法在学前教育中的本土化策略

（一）提升学前教育的师资质量和办学水平

关于学前教育的重要作用和地位，《国务院关于当前发展学前教育的若干意见》指出：“学前教育是终身学习的开端，是国民教育体系的重要组成部分，是重要的社会公益事业，因此，要把发展学前教育摆在更加重要的位置。各级政府和教育机构以及管理部门要充分认识发展学前教育的重要性和紧迫性，将大力发展学前教育作为贯彻落实教育规划纲要的突破口，作为推动教育事业科学发展的重要任务，作为建设社会主义和谐社会的重大民生工程，纳入政府工

作重要议事日程，切实抓紧抓好。”而在笔者看来，发展学前教育，关键在于建设一支师德高尚、业务精良、素养全面、结构合理、相对稳定的学前教师队伍。因此，解决当前我国学前教育师资的问题，急需我们改革幼儿教师职前教育，通过多种形式培养合格的学前教师队伍。学前教师作为学前教育的中坚力量，其自身素质制约着学前教育发展的质量和水平，因此，如何培养出适应时代和社会发展需要的高水平的学前师资成了首要解决的问题。

然而，我国当前学前教师的音乐素养问题却很不乐观，存在着非常严重的现实问题，如研究者韩丽娟曾在学前儿童的音乐教育现状调查中得出如下数据和结论："被调查教师虽然都毕业于学前教育相关院校，但音乐素养参差不齐，83.7%的教师认为自身的音乐能力不足；认为自己即兴伴奏和即兴创编能力很好的占 22.7%，一般的占 36.7%，欠佳的占 40.6%；熟悉和了解国外三大音乐教学法的教师只占 19.1%，80.9%的教师不很清楚或从没听说过；在教学中经常使用和制作多媒体音乐课件的为 10%，28.4%的教师偶尔使用，61.6%的教师从未使用过；可见幼儿园教师的整体素质不高，远远不能适应当前音乐教育发展和音乐新课程改革的需要①。"

究其原因，"最重要的就是我们在学前专业教师的培养上出现了问题，尤其是目前学前教育专业音乐课程的设置、教育理念、培养目标、方式方法等还没有及时调整，仍延续原有的体系，在一定程度上已经难以适应当前飞速发展的社会需求。传统的音乐课程对培养未来高素质的幼教人才还存在着很多不利因素：如课程设置不合理，仍沿袭高师音乐专业以'学科为中心的模式'；学前教育专业音乐课程的教学目标还不够明确；学科内容陈旧，反映学前教育专业的特点少；教学方式、评价方式的单一化等导致了音乐课程教学实践中存在诸多问题，学生实际运用能力不足，不能满足学前教育实际的需要等。面对基础教育的改革浪潮，如何提高学生的音乐素质和实践能力，发挥音乐课程在学前教育人才培养方面应有的作用，对现行学前教育专业的音乐课程进行改革已成为迫切需要解决的问题"②。笔者曾经撰文指出，奥尔夫音乐教学法与我国《幼儿园指导纲要（试行）》倡导的理念都强调儿童的音乐体验和感受，对学前教师的音乐素质提出了更高的要求。这就要求学前教育师资必须具备较高的学科专业素养即弹奏、演唱和欣赏表演的能力，而且还需要一定的文学、美学基础。能够将所学内容本土化、自然化、区域化和生活化。总体而言，笔者认

---

① 韩莉娟．石家庄市学前儿童音乐教育现状的调查［D］．河北师范大学，2009（10），6．

② 王丽新．基于幼儿教师音乐素养提升的学前教育专业音乐课程整合的探索［J］．东北师范大学，2012（11），20．

为，学前专业音乐教育改革应该做到以下几点。如树立学前教育科学的儿童观与教育观，教育要面向每个儿童、关注每个儿童。要关注儿童受教育的权利，用正确的儿童观、教育观指导学前教育实践。也要优化学前教育专业的音乐课程结构。除了继续开设音乐欣赏、乐理课、视唱练耳等课程外，还要适当地接受关于音乐美学、文学等方面的知识，并在有基础或条件的学校进行适当的奥尔夫音乐教学法的相关培训。运用恰当的激励机制，提高幼儿教师的音乐素质。鼓励幼儿教师参加继续教育，提高教师的教学质量和专业水平。

（二）加强学术交流和研究，正确理解奥尔夫音乐教学法精髓

我国在漫长的历史发展中，存在各种思想，无论是儒家思想中的“中庸之道”和还是传统“中和之美”的艺术思想都深深影响着当代人们的思维方式和审美标准。正如笔者在《奥尔夫音乐教学法本土化的制约因素》一文中所阐述的那样：“我们传统教育中倡导被动接受式的传教和喜怒不形于色的所谓修养，成了奥尔夫音乐教学法在我国学前教育领域进一步传播和普及的主要障碍。奥尔夫音乐教学法所主导的即兴教学，正是突破我们传统的规矩、稳重的处事原则，而即兴教学过程中的互动状态，是人对喜怒哀乐的直接而真实的表达，是人性在音乐教学中最完美的解放。即兴是奥尔夫教学法的核心部分。‘完全从即兴出发的自由教学，是，而且永远是一个卓越的出发点。’在这一过程中，每个人是一个个独立的主体，没有世俗中的阶级、等级、年龄和表达水平的限制，奥尔夫认为真正的音乐教育是从即兴开始的，只有在这样的状态下才最大可能地激发出每个人的音乐潜能，奥尔夫的即兴教学要求每个主体都能够满怀激情地全身心地投入，在自由的释放中感受音乐，增加人的音乐感受力和音乐创造力。而我们中国人在思维方式、性格特点、文化观念上的不同显然与奥尔夫所倡导的这种即兴理念有很大的出入，这也是造成奥尔夫音乐教育法本土融合出现问题的重要因素。”①

因此，我们要重新审视奥尔夫音乐教学法的基本理念和精神实质，重新思考这种开放的音乐文化与我国传统的音乐文化的契合性。这就要求学前教育领域的广大幼儿教师必须重新审视自身，顺应时代发展，吸取先进教育文化和理念，自觉改进传统落后的教育理念的束缚。由传统的“教师教、学生学”的模式向奥尔夫提倡的开放式等教学模式转变。这就要求“幼儿教师要以儿童为中心，从知识的灌输者变为儿童学习的组织者和生活指导者。教师与儿童在教学和生活中共同发展。由偏重音乐知识技能的传授，转向关注儿童艺术整合能力和多种文化素养的培养，建立完整的艺术心理结构，强调儿童整体人格的可持

---

① 王丽新．奥尔夫音乐教学法本土化的制约因素［J］．东北师范大学，2012（3）．

续性健康发展。奥尔夫音乐教学法是一套完整的教育体系，它蕴含着独特而科学的教育理念，在学习过程中，要以实事求是的态度，认真分析、研究，要对奥尔夫音乐教学法的核心理念和精髓进行然正确而合理地解读”[①]。“原本性”是其核心观念和精髓所在。这种“原本的音乐”精髓体现在其追求朴实性，主张整体性，注重实践性，强调创造性，坚持开放性等六大方面。奥尔夫本人也认为其音乐教育体系的核心要素就是原本性，因此，这种教学法的实施或传播一定要与受一定的地域和文化背景等相结合，而不能生搬硬套。那么，通过什么途径来正确认知这些理念呢，笔者认为，第一，可以支持幼儿教师参加各类奥尔夫音乐系统培训班。第二，组织经验交流与观摩活动、提高教师自身素质。[②]

（三）改革学前音乐教育课程体系

从世界教育发展和改革的趋势和我国学前教育事业的发展现状来看，当前学前教育专业音乐课程必须进行整合，才能适应社会人才标准的需要和奥尔夫音乐教学法的实施标准。要提高幼儿教师音乐的基本素养，必须依托一整套目标明确、结构合理的音乐课程体系，符合学前教育的自身特点，加强对学生的综合素质和综合音乐能力的培养，拓宽学生的知识面，使学生具有较强的适应性。这种音乐内容的整合，可以从以下几个方面来进行。

1. 明确学前音乐课程的目标定位

“学前教育是人生发展的奠基性教育，学前教师素质的高低对儿童发展将产生重大影响。因此，学前教育专业培养的目标是致力于培养德、智、体全面发展的，能够适应学前教育发展需要的，有一定专长的幼儿教师。所以音乐课程设置要将知识的增长、能力的发展、素养的提高有效地协调起来，以促进学生全面发展。同时，学前教育专业培养的是有一定理论基础的操作型的职业人才。所有课程都要为学生的综合素质和幼儿教育专业素质的提高服务。因此，学前教育专业音乐课程的培养目标要始终围绕‘以职业需要为导向，培养幼儿教育实践能力’来进行。保证学生在具备一般幼儿园教师应该具备的素质的基础上，形成自己的学前教育专长。具体来说，在情感方面，教师能够通过音乐

① 王丽新. 基于幼儿教师音乐素养提升的学前教育专业音乐课程整合的探索［J］. 东北师范大学，2012（11）.

② 经常组织教师之间进行关于奥尔夫音乐教学法的业务素质交流，可以有效使教师相互学习、成长，共同提高。另外经常组织教师到其它幼儿园参观学习也是提高教师开展奥尔夫音乐教学活动质量的有效办法。如以区为单位，组织音乐领域小组教研活动；定期开展各园奥尔夫音乐活动公开课交流活动；以此引起教师们对其的重视，增强氛围。通过参加这些活动，教师们不仅可以提高科研素质，而且可以增强对奥尔夫音乐活动课程、理念的把握、理解及实际运用能力，从而加快其发展的进程。

教育，培养学生兴趣，具备良好的生活态度，形成一定的音乐分析能力和音乐表现能力，养成良好地审美情趣和情感。在音乐知识与技能方面，掌握学前教育专业必备的音乐知识和基本技能（即一定地弹、唱、跳的表演能力和为儿童歌曲伴奏、幼儿舞蹈创编等能力），从而为学生发展音乐特长打下基础。学前教育的音乐教育必须与专业特点和社会需求紧密结合，体现职业特色。音乐课程整合可以从两个方面入手：一是更新课程内容。使课程更多地反映音乐教育的前沿动态，并将本学科的科研成果及时转化为课程的内容，避免课程内容陈旧落后。二是改造课程内容。对音乐课程内容进行整合和分化，力图实现音乐课程内容幼教化，音乐课程综合化。”① 笔者之所以倡导学前音乐课程内容幼教化，原因就在于学前教育专业鲜明的幼教特色。“学前教育音乐课程是为学前教师开展音乐教学活动所需的音乐知识、技能打基础的，反映这种理念的课程教学内容的教学将有助于学生综合能力的提高。如在音乐理论知识方面，使学生掌握必备的知识，并能够分析问题、解决问题。在音乐技能方面，有一定的演奏（唱）能力和即兴伴奏能力，能开展各种音乐活动等。为实现这一目标，必须强调音乐学科教学与教育教学紧密结合。当代社会发展越来越呈现高度综合化趋势。课程要适应社会的发展，就必须重新整合学科知识，加强课程内容的综合性，学前音乐教育也不例外。开设音乐综合课本着学科教育与专业教育相结合的原则，结合教育部颁布的《幼儿园教育指导纲要（试行）》和新课程改革倡导的‘整合’、‘渗透’的理念，将相关课程知识有机整合成综合课程，这是实现学前音乐课程改革的重要举措。所谓学前音乐课程整合是指在具体的教学中以声乐、钢琴、舞蹈中的某一门课程作为学科主题的主要教学内容，同时适当兼容其他艺术学科的内容进行综合教学”②。这有利于学科之间的相互联系，也有利于教学“由点及面”地展开，保持教学内容的整体性和连贯性。综上所述，我们可以围绕培养目标尝试将原来单独分课教学的乐理、声乐、钢琴、视唱练耳、音乐欣赏、歌曲伴奏、幼儿舞蹈、音乐游戏创编等课程内容进行优化和整合，开设音乐综合课，具体包括声乐综合课、舞蹈律动综合课、增设艺术综合活动课程、广设音乐选修课程等。

2. 要加强实践教学、改进音乐教学方法

在幼儿教师职前学习时期加强实践锻炼，对于其教育教学能力的提高会有很大帮助。由于学前教育专业培养的是操作型的教师。因此，提高学生的音乐

---

① 王丽新. 基于幼儿教师音乐素养提升的学前教育专业音乐课程整合的探索［J］. 东北师范大学，2012（11）.

② 方涛. 大专学前教育专业音乐课程改革的思考［D］. 长沙：湖南师范大学出版社. 2008：3.

方面的实践能力，就成为音乐课程教学的重要任务。“为了提高学生的音乐实践能力和对幼教工作的适应能力，笔者认为可以从以下几个方面加强实践锻炼。一是增加课程见习环节，在专业课程教学中拿出一定的课时安排专业见习活动，就某一类技能在幼儿园的运用进行观摩、体验与总结。二是加强社团、比赛等实践活动，可定期举行一些如乐器演奏、舞蹈、创编、方案设计、歌曲弹唱等比赛，并成立一些诸如幼儿园艺术教育研究协会、幼儿剧团等社团，调动学生学习的积极性。培养学生对学前教育的兴趣，锻炼学生的具体工作能力。三是加强教育实习和见习工作，做好实习和见习的管理工作，落实见习记录、教案、教学后记的检查，组织好教学听、评课等。通过加强实践教学，可以使学生尽早熟悉幼教工作的环境，了解工作需要的各种技能与教学方法，从而在职前就能够有意识地将各种技能与方法进行整合，成为真正能与实际工作相适应的专业技能人才”①。

“教学方法是影响教育教学质量的重要因素。在学前音乐学习中，要充分体现‘教师为主导、学生为主体、训练为主线’的理念，营造良好的艺术氛围，创造平等、自由的艺术环境，尊重学生的兴趣和需要，调动其主动性，鼓励合作学习，引导学生大胆地进行艺术表现和探索。改变以往偏重知识传授的教学方式，将启发式、探究式、体验式、案例教学、现场教学、小组合作等多种教学模式灵活运用于音乐课堂教学中。充分利用现代化的教学手段，使课程讲授的方式形象化、多样化并富于感染力。还可以借助丰富多彩的艺术活动（如演奏会、演唱会、创编赛等），为学生学习创造条件”②。要与时俱进，及时引进新的音乐教学理念与方法，加强学科之间的联系、强化学科内部的综合，组织多种形式的综合艺术教学活动。鼓励学生独立思考，培养学生的科学精神、创新意识和独立人格。重视对学生情感和价值观的引导，注重学生对音乐的体验和感受，加强学生的音乐表现力，让学生音乐课程的学习更具有主动性和实效性。

五、学前教育中实施奥尔夫音乐教学法的内容整合探索

（一）音乐欣赏与律动的整合

音乐欣赏是学前音乐教育内容的重要组成部分，它通常是指儿童“通过倾

---

① 王丽新．基于幼儿教师音乐素养提升的学前教育专业音乐课程整合的探索［J］．东北师范大学，2012（11）．

② 王丽新．基于幼儿教师音乐素养提升的学前教育专业音乐课程整合的探索［J］．东北师范大学，2012（11）．

听音乐作品进而对所欣赏的作品进行感受、理解和初步鉴赏的一种审美活动”①。“通过音乐欣赏可以使儿童能有更多机会感受音乐作品，提高音乐欣赏能力。音乐欣赏是进行美育的重要途径，可以开阔幼儿的音乐视野，提高幼儿的音乐听辨能力。在学前音乐教育中，音乐欣赏是最重要的学习活动之一，也是培养儿童感受力并且使之音乐能力进一步发展的基础与载体”②。

律动是指有节奏的跳动，有规律的运动，多指人听到音乐后，按照节奏而通过身体的运动方式表达出来的感觉或行为。“律动又叫听音动作。‘律’是音律，‘动’是活动，律动是在‘音乐语言’的指挥下所作的有规律的活动，即以音乐代表语言，指令幼儿活动。如起立，坐下，集中，散开，开始，结束，走各种步伐等，都可以用音乐来‘发号施令’。还可以用音乐让学龄前儿童‘模仿’一些简单的动作，如打鼓、敲锣、吹喇叭、开汽车、驾飞机以及学马跑、鸟飞、鱼游、兔跳等等。这种在优美音乐伴奏下的活动，儿童是十分喜爱的。律动可以培养和提高婴幼儿音乐欣赏和舞蹈活动的能力，是向学龄前儿童进行美育的有效手段”③。

律动最早是由著名的瑞士音乐教育家达尔克罗兹提出的，达尔克罗兹强调从音乐入手，通过让儿童聆听音乐的方式，引导学前儿童通过身体及动作去接触、理解音乐的各个要素，并且他还主张，“音乐教育应从身心两个方面同时加以训练、培养儿童，不仅能够学习用听觉去感受音乐，同时还要学习用整个心灵去感受、表现音乐的节奏疏密、旋律起伏及情绪变化的节律，这种音乐伴奏下的身体大肌肉动作不同于舞蹈动作和表演动作，而是一种自然、放松状态下的身体律动，他认为这种身体的律动充满了生命的节律与动感之美，故称为律动”④。幼儿教师把体态律动等元素加入到音乐欣赏活动中，以此来调动儿童音乐学习的积极性、注意力，可以增加儿童对音乐的兴趣。“在这种方式的音乐教学活动中，幼儿把注意力集中指向所集中的目标，如听音乐，跟随音乐

---

① 一般而言，学前音乐欣赏内容主要涉及以下几方面：第一，倾听周围环境中的音响。包括倾听活动室内的声音，倾听庭院、活动场所中的声音，倾听厨房中的声音，倾听卧室中的声音，倾听在家庭、社区生活中所听到的声音等等。第二，音乐作品欣赏。包括欣赏优秀的中外少年儿童歌曲、由歌曲改编的器乐曲、专门为儿童创作的简单器乐曲、中外著名音乐作品或其中的片段等。第三，音乐欣赏的简单知识技能。包括了解音乐作品的名称、主要内容和常见表演形式；了解常见乐器的名称；能听出并理解作品的主要情绪、内容、形象及作品的主要结构；能分辨常见人声和乐器的音色；能根据音乐作品的音响展开想像、联想；能运用一定的媒介表达对音乐的感受；等等。

② http://i.mtime.com/htliwei/blog/3312829/

③ 李静．浅谈奥尔夫音乐教学法在节奏教学中的应用［J］．艺术教育，2006（3）.

④ 蔡觉民，杨立梅．达尔克罗兹音乐教育理论与实践—学校艺术教育研究丛书［J］．上海教育出版社．1999，5.

做动作、打击乐器等。音乐欣赏中幼儿注意力集中可以让幼儿仔细聆听音乐，对音乐有更深刻的理解，从而能跟随音乐动作，更好地感受音乐、表现音乐，产生对音乐的兴趣”[①]。相关的研究也证明，音乐欣赏中，“体态律动”教学法有利于幼儿的参与及师幼互动；律动教学比倾听式教学更有利于幼儿在音乐欣赏中集中注意，并且能较长时间地集中注意。

音乐欣赏与律动的整合课例

活动名称：《土耳其进行曲》

设计意图：

《土耳其进行曲》是贝多芬的一首广为流传的古典进行曲。这首作品是1812年在布达佩斯首演的歌唱剧《雅典的废墟》（Op. 113）中的一首曲子（No. 4），降B大调。由于它具有十分通俗而流畅的旋律，乐曲的主题简洁而极其节奏化，八分音符均整一贯的节奏，加上十六分音符来提高活泼感，全曲表现出一种带有童贞般的单纯，像这种快活的节奏，在贝多芬的作品中屡见不鲜，各个变奏并不着力渲染技巧，但朴实有力，而又不陷于单调，是一种巧妙的关联，故与莫扎特的同名作品齐名，成为不朽的古典小品。全曲结构为A+B+A+B+A+尾声，两个主题交替出现，力度由弱到强再到弱，表现了土耳其军队从远方渐渐走来，又渐渐远去的形象。

由于幼儿对音乐的感知与理解需要借助具体的形象，所以在本节教学设计中根据音乐内容，制作相应的音乐图谱，使幼儿在欣赏中既有听觉感官的参与，又有视觉器官的参与，从而更好地理解音乐，让孩子在边看边听中感受音乐的美。乐曲图谱作为一种使音乐形象化的重要手段，可以在幼儿完整地欣赏或回顾乐曲时使用。此时，使用图谱的好处是能使幼儿获得较完整的印象，从而使幼儿的感知更具体、生动。图谱有多种形式，如图形谱、动作谱、节奏谱等，我们可以根据需要交替运用。幼儿活泼好动，对新鲜事物具有强烈的求知欲，善于直观的形象思维，因此在欣赏活动中借助图形谱的直观画面，与律动和器乐教学相结合，帮助幼儿掌握乐曲的曲式、旋律、节奏，将音乐作品形象化、可视化。通过这一手段，帮助解决教学难点，充分挖掘音乐作品中的审美元素，提升了幼儿的欣赏能力。

活动班级：幼儿园中班

活动目标：

1. 通过多感官的参与使幼儿理解音乐作品的艺术形象。

---

① 蔡觉民，杨立梅．达尔克罗兹音乐教育理论与实践—学校艺术教育研究丛书［J］．上海教育出版社．1999，5.

2. 引导幼儿看图谱并以肢体语言展现音乐节奏。

3. 在律动和器乐演奏中使幼儿体验到音乐集体活动中的快乐。

活动准备：图形谱、音乐 CD、相关小乐器

活动过程：

一、通过图片简介贝多芬的生平。

二、结合律动，完整欣赏音乐。

1. 教师出示挂图，引导幼儿分析图形谱中的内容。

引导幼儿发现乐谱中小人动作的不同，服饰的不同，讲解段落反复记号的作用，帮助幼儿理解乐曲的结构特点。

2. 教师指图，律动模仿。

请幼儿模仿图谱中的小人，做出相应的固定动作，要注意提示幼儿扭动小人的动作大小，进而更加深入地体会乐曲的变化。

（黄衣服——左右扭、红衣服——举手、蓝衣服——拍手）

3. 律动表演，完整欣赏音乐。

教师指挥图谱，请幼儿随音乐进行完整的表演，也可请一名幼儿当小指挥，再次欣赏音乐。

三、分组律动表演。

教师按照图谱中小人的服饰颜色，把幼儿分成三组，每组幼儿只做自己的固定动作，在音乐的伴随下由教师指图共同完成律动表演，培养幼儿的合作意识。

四、器乐合奏。

在分组表演的基础上，给每组幼儿分发不同特色的乐器，集体进行合奏练习，使幼儿体验到音乐集体活动中的快乐。

（黄衣服——皮膜类、红衣服——散响类、蓝衣服——木质类）

附录一：图形谱

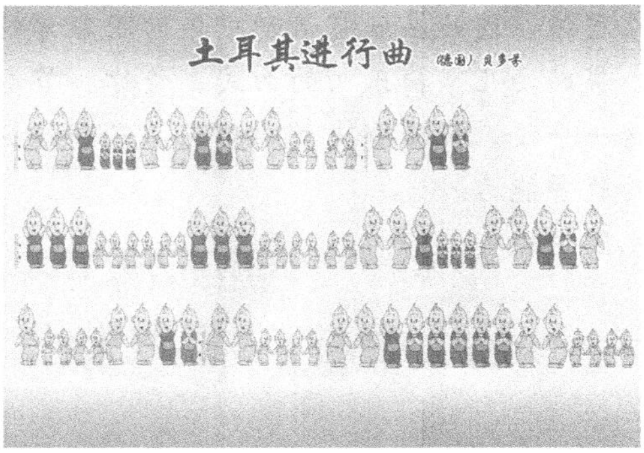

此教案改编自《幼儿英语 & 奥尔夫音乐艺术整合课程》

（二）打击乐与节奏朗读整合

打击乐教学作为学前音乐教学的重要内容，由于其声响的特性和新颖的方式，对儿童具有极强的吸引力。儿童都喜欢敲敲打打，对声音具有天生的敏感性，打击乐就很适合儿童这种与生俱来的天性和本能。“在打击乐教学活动中，儿童手、眼、脑、心并用，使大脑建立起复杂的神经联系，让头脑变得灵敏、聪慧。活动中对音乐灵感的寻求、对演奏状况的把握、对音乐作品的处理、分析也都要进行丰富、活跃的形象思维，使儿童的观察力、想象力、记忆力、创造力得到锻炼和提高”①。学前教育中进行打击乐表演的乐器形式多样、种类繁多、音色独特，演奏方法简单易学，这些特点也非常符合学龄前儿童好奇、好动、好参与的年龄特点和认知发展规律。教师在幼儿园里有系统、有目的、有计划、科学规范地运用打击乐器，创设自由、愉快、轻松的教育环境，设计丰富多彩的打击乐活动，可在“玩中学，学中玩”的轻松气氛里，培养幼儿节奏感。

“如果说节奏是音乐的生命，那么节奏感则是呼吸，打击乐是气管。因为如果没有节奏感，音乐再美也只是形式而已，而节奏再强的音乐，没有节奏感同样不能欣赏。”② 我们都知道，打击乐的种类非常丰富、不同的打击乐音色各异，演奏方法也比较简单易学，演奏起来非常方便，儿童经过简单的动作就能掌握。所以，用打击乐活动来培养学龄前儿童的节奏感符合幼儿的心理特点和发展规律，是一种很好的音乐教学方法。节奏教学是奥尔夫音乐教学的基础，也是进行其它音乐教学内容的基石，它可以运用节奏朗诵、声势、动作来进行教学，也可以运用打击乐器演奏教学。因此，在学前儿童的教学中，用打击乐与节奏朗诵相结合的方式，有效整合奥尔夫教学的理念及内容，可以起到非常好的教育效果。

如前所述，“作为学前音乐教学的重要内容之一，打击乐教学不仅能帮助幼儿初步掌握乐器演奏的一般知识和技能、发展节奏感，而且能发展幼儿对音乐、曲式结构、多声部表现力的敏感性，培养幼儿合作意识和能力、创造意识”③。与此相同的是，奥尔夫也非常强调从节奏入手进行音乐教育，锻炼儿童的基本音乐素养，这种打击乐方法起到的价值和作用就是通过朗诵语言的节奏培养学生的音乐感。“语言是知识和人类产生联系和交往的基础，奥尔夫音

---

① http://www.babytree.com/user/showuser.php?uid=u53068126727&tab=journal&journalid=10901120&view=single

② 王丽娟．浅谈打击乐活动中幼儿节奏感的培养［J］．丝绸之路，2009（20）．

③ 王丽娟．浅谈打击乐活动中幼儿节奏感的培养［J］．丝绸之路，2009（20）．

乐教育法中节奏教学，就是建立在学生可以像学习语言一样的接受音乐这个前提上。语言在节奏教学中的应用极为丰富，它为节奏教学打开了一个个新的思路及领域。语言节奏教学在奥尔夫音乐教育中，是非常重要的内容，通过打击与节奏朗诵相结合的教学能使学生一脑多用，通过学习与别人合作，培养和锻炼自己的控制和把握能力，它是一种有较高教学效率的教学方式”[①]。因此，在学前音乐教育中，我们要结合奥尔夫音乐思想的基本精神，有效地利用打击乐与节奏朗读的整合，为儿童的音乐学习打下良好的基础。

打击乐与节奏朗读整合的课例

活动名称：《邮递马车》

设计意图：

《邮递马车》（Csikos Post）是德国作曲家赫尔曼．奈克（Hermann Necke）的音乐作品。乐曲生动刻画了邮递员驾驶马车快乐送信的艺术形象。乐曲短小精炼，极富感染力，是一首非常适宜儿童欣赏的器乐作品。

在这节课的教学设计中针对幼儿的年龄特点，利用小儿歌将幼儿的生活经验与音乐作品进行一个嫁接，将生活艺术化，感知生活中的美。借助儿歌这种教学手段，比较适合小年龄的孩子，他们对音乐的敏锐度尚浅。老师用儿歌的形式为他们铺设一个台阶。当他们走进音乐时，语言退居二线，自己倾听音乐，熟悉节奏，更好地理解地音乐作品。把节奏朗读、律动、表演、乐器等内容融入乐曲的音乐欣赏中，这种创造性的教学形式生动有趣，富有成效。教学中以故事为主线，在教师的带领下把各个教学环节有意义地相互联系为一个整体的。奥尔夫乐器是其最具代表性的教学方法，在本节课的器乐教学中使用了音条乐器和节奏打击乐器，配器的编排上音条乐器以固定音型为主，节奏乐器以演奏基本节拍为主，通过图形谱的提示使幼儿轻松完成集体的合奏表演。器乐的演奏使孩子们成为乐队的成员，在与他人合作中培养了幼儿的合作能力，使幼儿的专注力更加集中，在增强兴趣的同时，也加深了幼儿对节奏的感知体验，而且有利于培养幼儿的音乐表现技能技巧，有利于幼儿整体素质的提高。

活动班级：幼儿园大班

活动目标：

1. 通过多种教学形式的参与，加深幼儿对音乐作品的理解，培养幼儿的语言表达能力。

2. 在器乐合奏中，培养幼儿的合作能力和专注力，体会到集体表演的乐趣。

---

① 王丽娟．浅谈打击乐活动中幼儿节奏感的培养［J］．丝绸之路，2009（20）．

活动准备：响棒、手摇铃、手指钹、木琴和音乐 CD

活动过程：

一、故事导入。

小朋友，你们知道邮局是做什么的吗？在欧洲 19 世纪的时候就有了邮局，那是人们最早传递信件的方法，信件先送到一个驿站然后由邮递员再送到离收件人最近的下一个驿站，信件越来越多，就出现了邮递马车，现在许多交通不发达的地方还在沿用着这种形式，每到邮递马车铃声或者喇叭声响起的时候，人们都是特别的高兴，因为说不定就会有你的信件呢！快听，邮递马车来了。

二、节奏朗读，完整欣赏音乐。

1. 教师随着音乐，完整地朗读歌词。

2. 师生配合边欣赏音乐边朗读歌词，并做律动表演。

三、器乐合奏。

1. 教师带领幼儿以肢体练习乐器演奏的乐段，帮助幼儿熟悉乐曲结构和乐器的演奏方法。

2. 教师带领幼儿分段练习。

3. 集体合奏乐曲。

邮递马车配器

- 前奏/间奏/过门：聆听音乐旋律
- A 段：响棒、手摇铃敲奏节拍
  木琴在 A 段的第一排快速地滑奏
  手指钹敲奏固定节奏型
- B 段：铃鼓拍奏节奏和摇奏
- C 段：
  - 前半段：响板、手摇铃敲奏拍子
  - 后半段：铃鼓拍奏节奏与摇奏
    木琴敲奏下行音阶乐段（C′BAGFED）
- 尾奏：全体齐奏

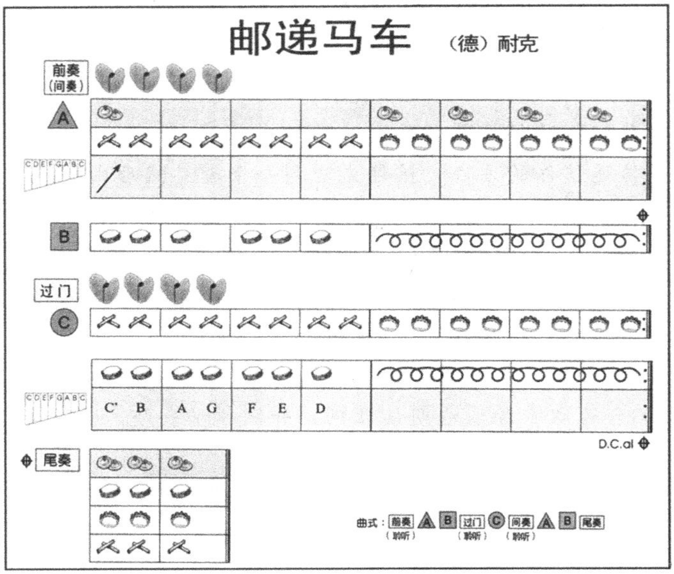

此教案改编自《音乐童年艺术花园》

（三）音乐与戏剧表演的整合

我国基础教育新颁布的《音乐课程标准》中指出："戏剧是一门综合性艺术，与音乐有着密切的关系。"戏剧表演是学前艺术教育的重要内容之一，"戏剧作为一种艺术文化，具有非常强的综合性，它综合着文学、音乐、美术、历史、科技、社会等各种知识结构内容。而戏剧表演不仅仅是一种表演技能的训练活动，更多的是一种体验活动，包括对角色的体验、对优秀文学作品的体验，对生活的体验。同时，戏剧表演也是一种想象活动，它能使儿童在表演中用动作、语言、表情来充分展现自己对表演内容的理解。"① 因此，幼儿教师应创造尽可能多的机会给学前儿童表演戏剧和展示他们才华的舞台，有目的地引导儿童通过音乐与戏剧表演的方式学会交往和交流，从而促进个体更好地完成自身社会化的进程。宋庆龄曾经说过："青少年儿童是国家未来的主人，通过戏剧去培育下一代，提高他们的基本素质，给予他们娱乐的机会，点燃他们的想象力，是非常有意义的事情。"② 可见"戏剧表演在幼儿园中是一种寓教于乐、深受儿童喜爱的音乐活动方式，虽然儿童的音乐和戏剧表演可能是非常稚嫩的，但在儿童的眼中，戏剧表演就是一种他们最喜欢的娱乐游戏，他们可

---

① http：//res. hersp. com/content/1120351.

② 张月娥. 音乐与戏剧表演［M］. 北京：人民音乐出版社，2009：7.

以在游戏中张开想象的翅膀，自由尽情地宣泄情感、模拟装扮，在表演艺术的天空中自由自主地飞翔，从而在情感、社会性、能力等多方面获得和谐的发展。学龄前儿童戏剧性表演活动具有自主性、自娱性和游戏性，儿童发挥想像与创造，通过虚构不同的情景和活动，扮演不同的角色，表达他们对世界的理解。在表演活动中，儿童获得充分的愉悦感，并且在社会性、认知和语言等方面得到充分发展”①。

音乐与戏剧表演的整合课例

活动名称：《波斯市场》

设计意图：

《波斯市场》是英国作曲家科特比的一首具代表性的、描绘性极强的管弦小品，通过鲜明的音乐形象表现出波斯集市繁华喧闹、五彩缤纷的景象。作品创作于1920年，全曲风格变幻多姿，悠扬轻快。乐曲的第一段以合唱的形式，生动明朗，很有气势；第二段稍微缓慢，显现出一幅活泼繁盛的情景；最后乐曲随之加快，且加入合唱，更显气势，并在轻盈的琴音中收尾。全曲浑然一体，时而快，时而慢，百听不厌。SHE的《波斯猫》开头片段正是用的这首曲子，幼儿比较熟悉，在此音乐作品中呈现出各种生动形象的人物，适宜幼儿感知和表演。

奥尔夫音乐教学法的最大特点是关注对孩子内心世界的开发，在这样的学习中，孩子不会把学音乐当成一种负担或功利，而会全身心地投入到音乐世界中来，用他们的肢体、语言、乐器自由地演绎，以独特的方式抒发内心世界。当音乐成为孩子自身的需求，孩子对乐理、乐感、表演、演奏以及语言文化的掌握自然轻松快速，而且根深蒂固。音乐欣赏中恰如其分地运用儿童化、形象化的语言，能激发起幼儿欣赏乐曲的欲望，并建立起与乐曲情感产生共鸣的感情基础。本节教学设计将乐曲的题材内容编成形象的，具有感染力的故事。通过故事与音乐相结合的形式导入，揭示音乐的形象和思想内容，既创设了情景，又大大增强了幼儿欣赏的兴趣。奥尔夫音乐给孩子们提供了无限发展个性的空间，也在集体表演中给了孩子集体意识与合作精神，在这节课例中孩子自己打扮成音乐中的各种角色，通过创意和即兴的戏剧表演，用亲身的参与方式去体会音乐的内涵。

活动班级：幼儿园大班

活动目标：

① 张月娥．音乐与戏剧表演［M］．北京：人民音乐出版社，2009：7.

1. 通过聆听乐曲加深幼儿对音乐作品的理解。

2. 使幼儿能够按照角色进行音乐剧的表演。

3. 培养幼儿相互分工、团结合作的能力。

活动准备：

1. 不同人物的图片、飘带、彩色手套、绳子等。

2. 打击乐器：手摇铃、、刮胡、手指钹、琴椎等小乐器。

3. 音乐 CD

活动过程：

一、谈话引出主题。

教师通过适当的引导，结合图片带领幼儿讨论波斯的民俗风情、生活习性、地理环境和穿衣特色等。

二、结合图片完整地欣赏乐曲。

教师随着音乐各段落的主题，分别指出 A 骆驼商队、B 市集小贩、C 波斯公主、D 魔术师、E 吹蛇人和 F 国王队伍的图片。

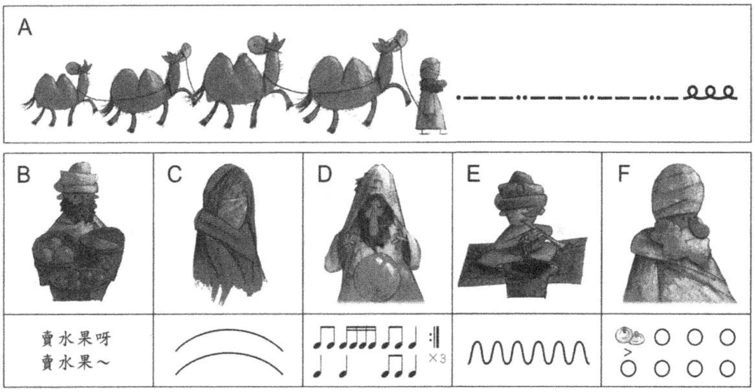

三、分段落欣赏音乐《波斯市场》，组织幼儿自行分配角色和选择表演所用的道具。

活动预设：

A 段——骆驼商队（0：00—0：43）

a 故事：教师结合骆驼商队的图片，请幼儿聆听商队是从很远的地方来，还是要到很远的地方去？为什么？

b 节奏朗读：

来！大家来，快来骑骆驼，快来骑骆驼，大家来！（甩鞭动作三次）x4

c 律动：用飘带当皮鞭，念词学骑骆驼律动。

B 段——市集小贩（0：43—1：21）

a 故事：教师介绍骆驼商队来到了市场，市场小贩会大声叫卖。

b 旋律配唱：买水果呀买水果——

c 聆听此段曲式（a b a c）

d 节奏乐器：敲击基本节奏型，扮演商贩叫买水果。也可用乐器做食物，如手摇铃做葡萄，小刮胡做玉米，响棒做热狗等。

C 段——波斯公主（1：21—2：19）

a 故事：公主来到了集市游玩，大家看到公主都称赞她的美丽。

b 旋律配唱：啦啦啦啦啦啦啦，波斯公主真神秘；啦啦啦啦啦啦啦，波斯公主真美丽；

c 律动：扮演公主或王子随乐句律动。

D 段——魔术师（2：20—2：35）

a 故事：魔术师的精彩表演吸引了公主的注意。

b 节奏配词：大家快来看我变魔术 x3　变！变！变变变！

c 律动：敲击节奏乐器或带彩色手套，念词语做手的变化动作。

E 段——吹蛇人（2：36—2：50）

a 故事：吹蛇人好厉害哦，他可以让蛇跟着他的笛声上下舞动。

b 先聆听音乐，让幼儿以手假装蛇做出上下舞动的样子。

c 律动：一人拿琴槌扮演吹蛇人，一人拿飘带还有彩色手套扮演蛇，两者随音乐做出上下行律动。

F 段——国王队伍（2：50—3：13）

a 故事：听听看，这回是谁来了？音乐听起来有没有很雄壮的感觉，原来是国王来波斯市场找他的爱女来了。

b 聆听钹声：国王前面有士兵开路，演奏手指钹。●○○○　●○○○

C 节奏配词：国王队伍已来到，你们通通要离开。

CODA——BCACA（3：13—5：56）

带领幼儿听辨尾奏是否有刚刚出现的乐段，请幼儿唱出该段节奏配词。最后重音，表演士兵关上了城门。

四、音乐剧完整表演。

请幼儿按照自行分配的角色，准备道具进行表演，教师引导幼儿注意聆听每个段落的变换。

五、教学小结。

今天小朋友表演得太精彩了！我仿佛真的来到了波斯市场，时间不早了，咱们该结束这次旅行了！

此教案改编自《音乐童年艺术花园》

(四) 主题活动中奥尔夫音乐教学法的整合

所谓“主题活动是指在一段时间内围绕一个中心内容(即主题)来组织的教育教学活动。其特点是打破学科之间的界限，将各种学习内容围绕一个中心有机连接起来，让儿童通过该单元的教学活动，获得与‘中心’有关的较为完整的经验”①。学前音乐主题活动具有如下四个基本特点：“第一，它是一种以某一主题为核心，师生共同建构、共同完成的活动。第二，它强调教师、幼儿、环境、幼儿园、家庭、社区之间的互动。第三，强调儿童在主题活动中以多种多样的形式对主题认知的表达。第四，它是一种既强调过程与结果，同时又强调经验与分享的活动。”②

在笔者看来，开展主题音乐非常符合建构主义的学习观，因为“开展主题活动既是一个儿童运用自己的方式自主学习，自我表现的过程，又是通过与他人(同伴、教师、家长、社会成员)的交往、互动的方式合作学习，共同建构的过程。主题活动研究中，注重让儿童在背景中运用自己的表征语言，自主地表现表达，共同建构认知、人格和文化等方面。使孩子的个体建构和共同建构得到有机的结合。”③ 应该注意的是，“奥尔夫音乐主题活动的开展应该注重从儿童生活经验出发，在主题情境下让儿童充分体验、感受、交流。因此，在设计主题过程中，根据主题的核心内容与要求，来确定主题开展的基本线索与内容。在主题背景下的音乐活动中，儿童体验的不但是在游戏活动中的学习、探索和练习技能技巧，而且更多的是体验自主参与的氛围，感受情绪的愉悦，增强了幼儿的探索、实践的兴趣和自己寻求解决各种问题的综合能力，为儿童持久、长远的发展提供契机和展示的平台，使儿童真正成为活动的主人”④。

在教学实践中，有些教师常常觉得主题音乐活动很难开展，主要表现为音乐活动很难整合到主题课程中去。“例如，在有关熊的主题中，我们找不到合适的音乐，只好选择《洋娃娃和小熊跳舞》这首歌曲；在‘我们的食物’主题中，我们万不得已只好自编歌曲，但总觉得旋律和歌词不够优美。很多教师认为，现在的音乐活动歌曲偏多，律动、游戏、打击乐舞蹈等很少，教学内容的难度安排也缺乏梯度。”⑤ 对此，笔者设计了三个比较典型的主题音乐活动，并把奥尔夫音乐教学思想整合其中，期望能对学前幼儿教师的实际教学提供借

---

① http://data.06abc.com/20080315/14179.html.

② 刘云松. 浅谈对奥尔夫音乐教育理论的认识 [J]. 遵义师范学院学报，2004 (4).

③ http://data.06abc.com/20080315/14179.html.

④ http://data.06abc.com/20080315/14179.html.

⑤ http://data.06abc.com/20080315/14179.html.

鉴和启示。

1. 主题活动:《多彩的民间活动》

活动名称:《老鼠娶亲》

活动背景和设计意图:

在《幼儿园教育指导纲要》中明确指出幼儿的学习是综合的、整体的,在教育过程中应依据幼儿已有经验和学习兴趣与特点,灵活、综合地组织和安排各学科的教育活动。因此在我国的学前教育中,单一形式的音乐课很少,通常都是以主题的形式与其它的学科整合在一起。

在大班主题活动《多彩的民间活动》单元,要求使幼儿了解我国丰富多彩的民间节日及习俗,感受参加民俗活动的快乐,因此教学要求设计了这节课。《老鼠娶亲》是一节主要以音乐与语言相整合的课例。《老鼠娶亲》原本是一个带有浓浓民俗气息的绘本故事,通过对教材的深入挖掘,抓住绘本的中心思想及其精髓,将这节课设计为音乐与语言的整合课例,教学中运用了奥尔夫音乐教学法的声势活动、肢体律动、即兴表演等方法,将传统色彩的民俗故事与具有浓郁风格的戏曲音乐相结合,使幼儿在欣赏音乐,参与音乐活动中,更好地理解故事的内容,清楚地表达自己的观点,促进了幼儿语言的发展。

活动班级:幼儿园大班

活动目标:

① 结合具有传统戏曲风格的音乐,使幼儿能够理解绘本故事中讲述的故事内容,体验浓浓的民俗情。

② 使幼儿能够自信地说出自己的长处,发展语言能力的同时,提高幼儿的音乐感受力、表现力和合作能力。

③ 在音乐游戏中使幼儿体验到与教师、同伴一起游戏的乐趣,促进幼儿身心快乐地成长。

活动准备:多媒体课件、钢琴、表演教具等

活动过程:

(1) 组织教学。

① 自我介绍,师生问好。

② 加入动作问好。

设计意图:以拍手、拍腿、跺脚等形式进行师生问好,激发幼儿学习的兴趣,感知音乐的节奏与强弱,集中了幼儿的无意注意。

(2) 暖身活动。

在教师带领下随不同情境的音乐,用走、跑、跳、飞来表现。

设计意图：在不同音乐情境中，幼儿用适宜的动作去表现音乐，培养了幼儿音乐表现力，熟悉了教室的空间位置，为接下来的音乐表演做准备。

（3）儿歌朗诵。

谁的本领好

谁的本领好，谁的本领妙，北风呼呼吹，太阳头上罩。

我的本领好，我的本领妙，我会唱歌跳舞，还会敲锣鼓。

① 出示图片，讲解儿歌内容。

② 用鼠爸爸、鼠妈妈及鼠小伙声音练习。

③ 加入拍手、跺脚动作练习。

④ 引导幼儿创编武术动作

⑤ 随音乐进行整体表演。

设计意图：通过图片直观的展示，有助于幼儿快速记忆歌词，运用鼠爸爸、鼠妈妈及鼠小伙声音的变化，使枯燥的训练趣味化。孩子们活泼好动，功夫更是男孩子的最爱，所以根据剧情的发展，将儿歌与功夫相结合，让孩子充分地活动起来，成为课堂的主人。

（4）故事讲解。

① 教师结合绘本进行讲解。

② 教师提出问题，引导幼儿讨论。

③ 教师总结提升。

设计意图：结合绘本通过教师惟妙惟肖的讲解，使幼儿理解故事内容。教师真正将孩子放在了平等地位，以自身的优缺点为例，使孩子感觉老师真正是自己的的伙伴，容易和你敞开心扉。通过几个有效提问，让幼儿理解了“每个人都有自己的强项和弱项”的人性特点，让幼儿自豪的找出自己的强项，学会正确地评价自己的能力和克服困难。

（5）音乐表演

① 教师结合图片介绍歌曲内容并演唱。

② 通过选轿夫、抛绣球的游戏使幼儿进一步熟悉歌曲。

③ 教师和幼儿集体表演。

设计意图：通过抛绣球、选轿夫等环节，循序渐进地引导幼儿感知音乐的特点和曲式结构，为接下来的表演奠定基础，游戏中让幼儿尝试与同伴积极合作，共同组队、讨论游戏的形式，提供了让幼儿理解人与人之间和谐共处的教育平台。

课例设计参考《音乐童年》

附录一：故事介绍：

在一个村庄的墙角下，有一个老鼠村，里面住着一群勤劳、快乐的老鼠。可是有一只野猫经常骚扰他们，所以老鼠村的村长就决定把他的漂亮女儿小美美嫁给一个有本事的人，这样就不怕野猫的欺负了。鼠小伙们个个摩拳擦掌展示武功，希望老村长把女儿嫁给他。（儿歌：谁的本领好）

鼠爸爸看了小伙子们的表现正在犹豫不决，这时太阳升上天空，照绕着大地，鼠爸爸认为太阳最亮、最热，一定是最有本事的，所以想把女儿嫁给太阳，老鼠爸爸找到太阳，没想到一朵大乌云却遮住了太阳，接着乌云被大风吹走了，大风又被高墙挡住了，而高墙又被老鼠钻的破破烂烂，鼠爸爸最后想既然没有最厉害的人，那就把女儿嫁给她最喜欢的人吧。于是一场隆重的婚礼就要开始了。（音乐表演：老鼠娶亲）

附录二：故事图片

2. 主题活动：《身体真有用》

活动名称：节奏游戏《小蜘蛛》

活动背景和设计意图：

在《身体真有用》这个主题单元要求幼儿了解身体各个部位都会活动，会欣赏和保护自己的身体，懂得活动能使我们的身体更灵活，在这个音乐活动中，通过肢体游戏，引导幼儿关注身边的同伴，逐步减少彼此的陌生感，产生与教师、同伴交往的快乐，形成初步的交往意识和能力，为幼儿适应集体生活创造条件。

儿歌《小蜘蛛》是一种节奏游戏，律动创编中所使用的动作对应儿歌每一个关键词，用幼儿自己的小手把儿歌内容生动地演绎出来，便于幼儿记忆和模仿。在游戏中幼儿彼此之间相互接触，相互合作，在游戏中学会领导与被领导，正是奥尔夫音乐教学法“原本性音乐教育”中注重人本个性、合作意识等理念的体现。

活动班级：幼儿园大班

活动目标：

① 继续巩固二分音符、四分音符及八分音符的学习。

② 培养孩子们合作以及相互关注的意识。

③ 在音乐游戏中使幼儿体验到与教师、同伴一起游戏的乐趣。

活动准备：音乐 CD

活动过程：

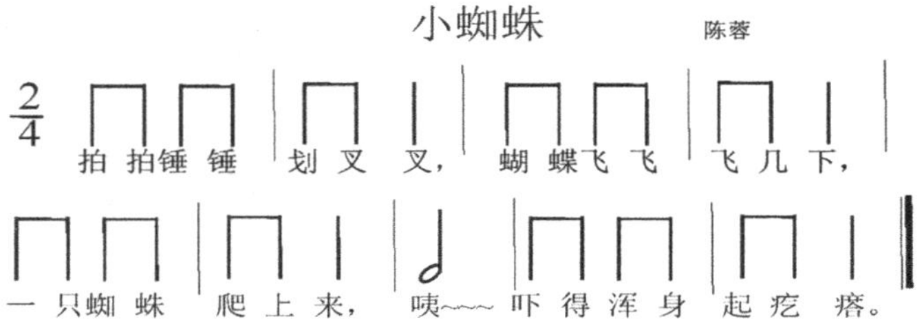

(1) 请幼儿围坐成一个圆圈，模仿教师熟悉儿歌中的节奏型。

音乐教学中可以先将教学材料中的重点和难点提取出来，并进行适量的练习，尤其是节奏活动，这样能够帮助幼儿在第一时间抓住材料中的要点并及时解决音乐知识点或技能上的问题。

(2) 教师示范动作，幼儿模仿。

①“拍、拍”——双手拍地面两次，节奏同念词。

②“锤、锤”——握拳轻捶地面两次，节奏同念词。

③“划叉叉”——一只手在地面上划一个×。

④“蝴蝶飞飞飞几下”——两手大拇指叠在一起，手心向外，手掌如“翅

膀”般飞舞，模仿蝴蝶。

⑤“一只蜘蛛爬上来”——用双手的食指和中指在地面上从下至上快速“爬动”，模仿小蜘蛛。

⑥“咦～～～”——双手抱住自己的身体做出紧张状。

⑦“吓得浑身起疙瘩”——双手快速摸自己的双臂，做出起鸡皮疙瘩的动作。

（3）重复练习，请幼儿朗诵完整儿歌，并自己表演。

（4）请所有的幼儿全体向右转，在自己前面小朋友的背上做这个游戏。

在这个游戏中幼儿最喜欢的部分是在前面的小朋友背上做“一只蜘蛛爬上来”，幼儿会感觉到别人的手指，也会让别人感觉到。这个游戏中，节奏的部分非常简单，而在别人背上玩这个游戏必须掌握手指的力度。奥尔夫教学法中合作游戏的第一要义就是感觉他人的存在。

（5）请所有的幼儿向左转，即换一个方向，原来在自己背上爬的“小蜘蛛”将成为自己爬的对象。

奥尔夫教学法提示教师，所有的合作游戏、传递游戏等都要求教师改变两次方向，然后让幼儿体验。不能总是从一个方向开始，使另一个方向的孩子们永远成为最后一个。同时教师也要避免交流上的方向倾向，变换左右两个方向的游戏能够使幼儿感受到左右肢同等的体验。

此教案改编自陈蓉的《从头到脚玩音乐》

3. 主题活动：《有趣的水》

活动名称：即兴律动《快乐洗衣》

活动背景和设计意图：

水是生命之源，世上万物都离不开水。水与生命紧密联系在一起，是人类必不可少的宝贵财富。然而人类要发展、要生存就必须清楚地认识到：淡水资源是有限的；水源被污染危害是严重的。“水”也是孩子们最喜欢的，水对幼儿来说具有一种天然的吸引力和亲和力，《有趣的水》是大班针对水的主题所展开的一系列活动，可以激发幼儿对事物的探究兴趣，使他们学会观察、学会发现、学会提问，从而使各方面能力都得到提高。而本节教学活动的设计以生活用水为切入点，运用了奥尔夫音乐教学法中即兴的表现方式，通过艺术活动将无意观察引向有意体会，在此次活动中摆脱具体形象的艺术表现方法，给幼儿提供一个更为广阔自由的感受与表达的空间，引导幼儿尝试运用即兴的动作，大胆表现自己的音乐体验和生活感受。

活动班级：幼儿园大班

活动目标：

① 使幼儿跟着音乐即兴地用身体动作表现出“衣服”的形态。

② 懂得水资源是有限的，增强保护水资源、节约用水的意识。

活动准备：音乐 CD　纱巾

活动过程：

(1) 组织讨论水的用途，增强节约用水的意识。

教师请幼儿围坐成一个圆圈，思考水在生活中的用途，讨论爸爸妈妈是如何用洗衣机来洗衣服的？利用 PPT 或者图片让幼儿了解洗衣机及洗衣机的工作情况，让幼儿懂得保护水资源的重要性，为接下来的律动表演做准备。

这个环节被称之为“经验分享”，在讨论中幼儿之间学习交流和聆听，同时与自己的经历和积累相比较说出异同。

(2) 聆听音乐，律动表现。

① 请幼儿观察当水流进洗衣机里时，衣服慢慢浮起来的情景，并用自己的身体表现一下。

② 请幼儿思考当洗衣机转起来的时候，衣服的速度是怎么样的？(从慢到快)

③ 教师播放《快乐洗衣》前面的音效，请幼儿仔细聆听，想象音效中的情景。(音效中包括：打开洗衣机、将衣服放入洗衣机、打开开关、水流进洗衣机、洗衣机开始转动。)

④ 请幼儿跟着音效发挥想象力进行动作创编，用自己的身体动作表现这些情景。

⑤ 教师可以结合音乐给幼儿一些提示，引导幼儿更好地听辩音乐的变化。

第一个动作：张开手臂跳跃，表现衣服被洗衣机甩起来。

第二个动作：小跳并原地转圈，表现衣服在洗衣机里舞蹈。

第三个动作：抖抖手脚，表现衣服被洗衣机甩干的样子。

⑥ 在教师的带领下，全体幼儿即兴舞蹈。

《快乐洗衣》的音乐结构
引子——洗衣机的音效
A 段——共四个乐句 abab
B 段——洗衣机滚筒音效
A 段——共四个乐句 abab
C 段——洗衣机漂洗的音效
A 段——共四个乐句 abab
D 段——共两个乐句 aa＋尾声

活动预设：(请幼儿穿上衬衫，罩住自己的头)

引子：幼儿在教室里散点站立，原地蹲下收缩全身。教师则扮演洗衣服的人，跟着音效做出打开洗衣机盖子等动作。当老师随音效的声音开始“放水”时，幼儿慢慢张开双臂站起来，表现出衣服漂浮起来的样子。

A段：请幼儿模仿老师的动作，这些动作表现旋律中的重拍以及乐句的长短，是一种律动体验。在重拍处教师可以张开双臂跳跃起来，表现洗衣机里的水甩得很高；在顿音处教师可以用短促的小跳加上原地旋转来表示第4、5小节。谱例中包含两个乐句，由“,”分割，因此两个乐句都可以用以上提到的动作表示。在第二乐句教师可以朝相反方向旋转。根据音乐abab的乐句顺序再重复一次律动。

快速波尔卡

John Strauss

B段：幼儿创编一个自己的造型并停止，教师挥舞蓝色纱巾在幼儿中间穿梭，代表水流。

A段：同前。

C段：同B段，教师可以加入更多的旋转等，表示水流的速度比B段更快。

A段：同前。

D段：跳音处可以根据节奏抖动手脚，在第二小节可以抖动全身，代表“衣服”被甩干，乐句后两小节可以旋转等。根据乐句aa，重复一次整个乐句的动作。

尾声：幼儿可以手拉手围成大圆圈逆时针旋转，当听到音乐中第一声“啪”的音效时，幼儿放开手自己旋转，第二次“啪”时张开手臂停止，做出“贴”在洗衣机上的动作，也可以“贴”在地上。

此教案改编自陈蓉的《从头到脚玩音乐》

第七章 本土化奥尔夫音乐教学法的生成

奥尔夫音乐教育理念一直坚持认为，儿童音乐教育最根本目的不是为了培养音乐家或艺术方面的熟练技师，其实质性目的是为了培养和提高全体国民的音乐艺术素养和对音乐的兴趣和感知力，而其中最重要的目的是培育人的创造性、健全个性和艺术审美能力，这既是社会发展的需要，也是个人发展的需要，更是音乐教育的本真所在。在这方面美国著名作曲家、教育家赫伯特·齐佩尔曾经说过："学习音乐不仅是为了艺术、为了娱乐，而是为了训练头脑，发展身体，在这方面，音乐是非常重要的。"① 因此，在移植、引入的基础上兼容、消化外来音乐教育思想和教育模式，并以此为基础探索建构、生成适合我国实际情况的新的音乐教学理念、方法、模式等是当前音乐教育理论与实践研究的当务之急。近年来，奥尔夫音乐教学法在我国实践层面上收效不大的最根本的原因，就是缘于中国人在某些方面的"本土"文化观念过于强烈，充满狭隘的民族主义意识，缺乏正确对待外来音乐文化的开放态度和胸怀。② 其实，外来的音乐教育思想和教育模式并不会对我国当下的音乐教育内容与风格造成颠覆性影响，尤其是信息化、全球化的背景下，中外音乐的交流与相互学习、引进和融合在世界范围内已经成为一种常态。当然，应该注意的问题是我们在学习外来音乐教育模式进行本土化的改进时，不要生搬硬套，简单的"拿来"或盲目模仿，而是要结合本国的文化实际，对外来音乐教育模式能兼容、消化，生成、内化为自己的东西。在此方面，我们应该进行深入地思考。③

我们都知道，21世纪是一个"知识化社会"和"学习化时代"，我国的音乐教育需要能培养人的创造性思维的现代音乐教育理念和模式。因此，我们完全可以借鉴奥尔夫音乐教学法的成功经验，吸收和引进一切优秀音乐文化遗

---

① 于润洋．现代西方音乐哲学导论［M］．长沙：湖南教育出版社，2002：174.

② 李妲娜，杨立梅．面向未来的音乐教育［M］．海口：海南出版社，2000：176.

③ 我国也有多种音乐文化和音乐教育的模式，因为我国是一个多民族的国家，而且民族与民族、地区与地区之间经济与文化差异甚大，因此，如果想更有效地实施全民音乐素质教育，我们则更有必要采用多种音乐教育理念和模式来发展我国的普通音乐教育，让不同的地区、不同的学校、不同的教师都能找到适应本地或个人实际的音乐教育模式，这才是符合我国国情的正确做法。也就是说，即使在我国内部，我们也面临着文化之间冲突与融合的问题。

产，并与本土音乐文化进行积极地融合和建构，从而生成和创造出独具特色、个性突出的本土化音乐教育理念和模式。

一、本土化教学模式的生成

传统音乐教学模式是受我国的教育体制影响，其特点是长期以来普遍采用一种“传递——接受”教学模式。[①] 这种模式导致我国绝大多数学习音乐的学生逐渐养成不会也不善于思考，没有创造意识的习惯，形成一种对书本和教师权威的盲目崇拜，这种倾向不断强化，就会使学生的发散性思维、逆向性思维以及批判性思维等被束缚和禁锢，敢于冲破传统的新思想观念被扼杀，创新的翅膀被折断。由此可以看出，作为认知主体的学生在整个音乐教学过程中如果始终处于相对比较被动的地位，肯定难以达到理想的教学效果，更不可培养创造型的音乐艺术人才，这就是传统音乐教学模式的最大弊端。

基于这一思考，在奥尔夫音乐教学中，笔者认为应该尽可能给每个学生参与、感悟和体验的机会。对此，笔者依据著名心理学家维果茨基的“最近发展区”[②] 等相关理论，设计了开放化、生活化、体验式、文化化等模式，提出适合的教育要求，尽可能使音乐教育个别化，使每个学生都能按各自的步调循序渐进地发展。让儿童轻松自然地走进音乐活动，在难度不高的艺术表现中体验成功。让每个孩子都能积极、主动、自信地参与到音乐活动中来，满足其个性表现的需要。接下来，笔者就详细的展开论述这几种奥尔夫音乐教学模式。

（一）开放式的教学模式

1. 开放式教学模式的内涵

本研究所谓的“开放式是指以音乐知识的教学为载体，把关注学生的发展作为首要目标，通过创造有利于学生生动活泼、自主发展的音乐教学环境，提供给学生充分的发展空间，从而促使学生在积极主动的艺术探索过程中，各方面素质尤其是音乐素养得到全面提升。开放式音乐教学模式的核心是以学生的发展为最终和根本目的。在音乐教与学互动的过程中，达到‘教学相长’的最

---

① 这种模式源于赫尔巴特及其弟子提出的“五段教学”，后经凯洛夫等人重新加以改造传入我国。这种模式的基本程序是：激发学习动机——复习旧课——讲授新知识——巩固运用——检查评价。这种模式的优点有利于教师主导作用的发挥，有利于教师对课堂教学的组织、管理与控制；但它存在一个很大的缺陷，就是忽略学生的主动性、创造性，不能把学生的认知主体作用很好地体现出来。

② 维果斯基的“最近发展区理论”，认为学生的发展有两种水平：一种是学生的现有水平，指独立活动时所能达到的解决问题的水平；另一种是学生可能的发展水平，也就是通过教学所获得的潜力。两者之间的差异就是最近发展区。教学应着眼于学生的最近发展区，为学生提供带有难度的内容，调动学生的积极性，发挥其潜能，超越其最近发展区而达到其困难发展到的水平，然后在此基础上进行下一个发展区的发展。参见 http：//baike. baidu. com/view/429338. htm

高境界，提倡‘主体间性’的师生关系。在具体的音乐教育教学的过程中，尊重所有学生，重视其兴趣爱好，最大限度地把学习的主动权交给学生，鼓励学生自主地操作、交流、尝试、讨论、质疑、究因、解疑。因为开放式奥尔夫音乐教学模式在课堂上没有固定不变的教学内容和教学过程，除了音乐教材内容以外，还会因解决问题的需要而加以调整，因此，加强学生创新能力的培养也是奥尔夫音乐教学的重要目标之一”①。而且，当下的社会提倡人们“终身学习”，那么，“终身教育”终将成为势在必行的趋势。“学会学习”作为现代人的一个基本素质，是实现“终身教育”的基本条件，开放式的奥尔夫音乐教学模式能在培养学生自主学习能力方面起到非常重要的作用。它可以改变传统“封闭式音乐教学”效率低下的状态，有利于全面发展学生的音乐素养，提高音乐教学的效率。

2. 开放式教学模式的操作程序

创造解决——探究——创造解决——运用迁移

准备阶段，教师设问或学生自问，提出需要解决的问题，共同把握问题的特点。引导学生从旧知走向新知，诱发思维，集中注意，提供研究的条件（开放式的场地与开放式的问题）。

探究阶段，逐层深入地引导学生从多角度分析问题的重点、关键，帮助学生主动地形成概念，理解原理概括法则，寻求答案。

创造解决阶段，充分运用创造性想象，在广阔的思维空间中进行发散性思维活动，尽可能提出流畅性、变通性、独特性的观点并用聚合性思维加以综合集中，选择解决问题的最佳方案或更多的音乐表现方式，

运用迁移阶段，通过观摩、交流与练习，反馈强化，使学生知识迁移或巩固。

3. 开放式教学模式的实施条件

笔者经过实验教学和大量的观察分析后认为，开放式奥尔夫音乐教学模式在构成上主要包括空间的开放和教学思维开放两个维度。在奥尔夫音乐教学中倡导教师和学生们平等互动，这可以促使师生关系不再明显对立，趋向和谐，不断拉近师生间的距离。甚至师生的角色还可以发生互换，音乐教学活动的这种“互动”，特别是在即兴创作或是模仿和表演活动的时候，师生都在互动中彰显着自己。从这个形式上的改变来看，奥尔夫教学法从音乐教学的形式上就产生了变化并使得音乐教学的氛围产生了重大改变，此时，学生真正成为课堂

① 王丽新. 奥尔夫音乐教学法本土化教学模式构建 [J]. 外国教育研究，2012 (4).

的主人，师生用非常“开放式”的思维方式和表达方式进行艺术交流和音乐知识的学习。这就意味，奥尔夫音乐教学活动是开放式的，它允许任何表现方式和学生展示答案的出现，只要学生参与了就达到目的了。在开放式的奥尔夫音乐教学活动中，教师要做到话语尽量很少，只是点出问题的关键所在，给学生充分发挥的空间。① 开放式的奥尔夫音乐教学实践正是通过这种即兴性的创造活动开启了学生想象的空间，并任由学生的想象力自由翱翔。

在开放式的奥尔夫音乐教学活动中，教师要做到言说和表达尽量很少，只是点出问题的关键所在即可，给学生充分发挥的空间。比如在《彩带舞》的音乐教学中，先让孩子们闭上眼睛，教师发给每人一个绸带当礼物，让学生通过触摸来猜测是什么东西，然后学生逐个用动作表现绸带的用途，要求所有学生都要有所不同。接下来配合非常舒缓轻柔的慢节奏音乐，请孩子们用绸带来表现所播放的音乐，接下来可以两个人合作用绸带来表现，最后发展到集体的创作，成为一个很丰满、很完善的音乐作品。从整个过程可以看出，这一音乐教学活动中所有的环节都是即兴的创作，通过这种看似简单的道具一“绸带”，可以达到让学生们自由组合自由创作的目的。

当然，开放式的奥尔夫音乐教学模式是“对音乐教师个人教学能力的极大挑战，会考验到教师的控制能力以及课程安排设计能力等。提倡‘开放式’教学模式并不等于忽视正常的课堂秩序，而是对奥尔夫音乐课程来说需要的是更多能够吸引学生的素材，更丰富的艺术表达能力和足够的个人魅力。开放式的音乐思维模式也不是指音乐教师可以随意安排和组织音乐教学的内容和方式。实际的情况是开放的奥尔夫音乐课堂教学将会在学生的欢乐氛围中显得十分紧凑，教学内容之间的衔接、与之前教学内容的对照呼应都必须是开放式教学计划中非常重要的步骤”②

4. 开放式教学模式的教学课例

报纸创编课《茉莉花》教学设计

设计意图：

本课选自人民音乐出版社出版的义务教育音乐课程标准实验教科书，六年级第十一册第四课江苏民歌《茉莉花》，这首民歌为五声徵调式，起、承、转、合结构，具有小调体裁的典型特征。整首歌曲的旋律以级进为主，间以小跳，婉转流畅，给人以抒情秀美之感；歌词细腻含蓄的表达方式，使歌曲更具江南色彩。本节课为第二课时，在已经学会演唱的基础上，引导学生根据歌曲的特

① 王丽新. 奥尔夫音乐教学法本土化教学模式构建［J］. 外国教育研究，2012 (4).

② 王丽新. 奥尔夫音乐教学法本土化教学模式构建［J］. 外国教育研究，2012 (4).

点，在开放式的教学情境中运用报纸进行创编。

奥尔夫和新课标都强调培养学生创造性的教育理念，而即兴创作是奥尔夫原本性音乐教育的核心，对解放人性、促进人的身心平衡，以及培养创造性具有显著的作用，本课教学中即兴贯穿在教学的始终。在奥尔夫的教学中，教师会经常选用生活中司空见惯的东西作为教具，如筷子、餐盒、椅子、呼啦圈等，这节课选用报纸做教具，学生不仅会觉得有趣，演奏起来方便，而且可以使废物得到有效的利用。环境保护是人类追求美好生活、创建和谐家园的基础，采用报纸做乐器，不但使课堂教学走进了学生的生活世界，还培养了学生的环保意识，体现了教育回归生活的教育理念。奥尔夫说过“走向世界的不应该是我的教材，而应该是我的理念”奥尔夫强调本土化的音乐教育理念，因此这节课选择了在我国家喻户晓的江苏民歌《茉莉花》作为创作音乐，这首乐曲具有标题性，意蕴深远，情绪优美舒缓，适宜学生创编与表现。在教学环节的设计中，由较快较为紧凑的无旋律多声部节奏练习，自然过渡到为《茉莉花》伴奏，使学生感受到同样的节奏音型在不同风格音乐作品中的运用效果。

整节课的教学以即兴创作为主线，在开放式的教学模式中，引导学生从简单的声音──→节奏──→和声──→创编──→表演。教学环节设计由浅入深、循序渐进，体现了奥尔夫从模仿到创作、从个别到整体、从简单到复杂、从部分到整体的教学法则。

教学年级：

小学六年级

教学目标：

1. 运用报纸探索声音的变化，表现歌曲的音乐要素，如节奏、速度、力度和曲式等。

2. 通过引导创作与即兴表演，激发学生的创造力，培养合作意识。

3. 探讨报纸的用途，培养学生的环保意识。

教学重点：学生对歌曲音乐要素的表现

教学难点：学生即兴与创新能力的培养

教学课时：第二课时

教学用具：多媒体课件、报纸、开放式的教学场地

教学过程：

一、复习歌曲：江苏民歌《茉莉花》

上节课我们学习了江苏民歌《茉莉花》，感受到江南水乡的秀美、茉莉花的芬芳和中国民歌的持久魅力。让我们再一次完整地演唱歌曲，用心去体会这首《茉莉花》淡淡的幽香吧。下面我们将用另外一种不同的形式来演绎这首音

乐作品。

二、报纸的探索

1. 出示报纸，引导学生探讨报纸的用处。

（如：阅读、擦玻璃、做铅笔、挡阳光、扇风等）

2. 请学生按照教师的要求，在不用手帮忙的前提下，把报纸放在身体不同的位置上行进。

（1）放置的位置可以是：胸前、背上、膝盖上、脚上、头上等。

（2）顺序依次是一个人、两个人到多个人共同来完成。

3. 引导学生运用报纸发出一种声音，按照位置依次展示。

（要求不能与其他人创造的声音重复，一轮之后可以继续进行，对创造有新意的同学给予鼓励。）

4. 选取四个有特点的声音引导学生创编四小节的节奏型，分成四组依次展示。

预设活动

A组动作：抻拉报纸	节奏型	| X XX X XX |
B组动作：扇动抖动报纸	节奏型	| X — X — |
C组动作：报纸拧成棒打腿	节奏型	| XXXXXXXXXX |
D组动作：手指弹报纸	节奏型	| X X X X X X |

5. 报纸的和声练习

（1）教师指挥四组学生进行合奏练习，各声部可依次进入，教师可进行强弱、快慢的变化，训练学生的合奏能力和即兴反应能力。

（2）请一至两名学生指挥并予以评价和鼓励。

三、报纸与音乐的结合

1. 在江苏民歌《茉莉花》的音乐声中，教师带领学生进行合奏，指挥中注意引导学生感受音乐要素如节奏、速度、力度和曲式结构的变化。

2. 带领学生讨论如何运用报纸更好地表现这首歌曲的情绪与特点，请几名学生做指挥演示自己的设计。

四、报纸的创编与展示

把学生分成四组，每组学生运用报纸与《茉莉花》的音乐，进行创编与展示，之后进行互评和师评，通过这样的评价方式，使学生学会尊重与理解，合作与团结，宽容与自信。

预设活动：

舞蹈组：把报纸裁成碎长条绑在手腕上跳水袖舞。

服装组：利用报纸裁成各种服装，在音乐声中走秀。

美术组：利用报纸撕成花状的美术作品，粘贴展示。

结语：中国的民歌和我们中华民族的历史一样历史悠久，源远流长，浩如烟海的民歌给人们的生活增添了无穷的乐趣，今天我们运用报纸通过舞蹈、美术等艺术形式又重新演绎了这首我们熟悉和喜爱的歌曲，艺术使我们的生活多姿多彩，创造使我们的生活更加美好。

设计教师：王丽新

附录一：谱例

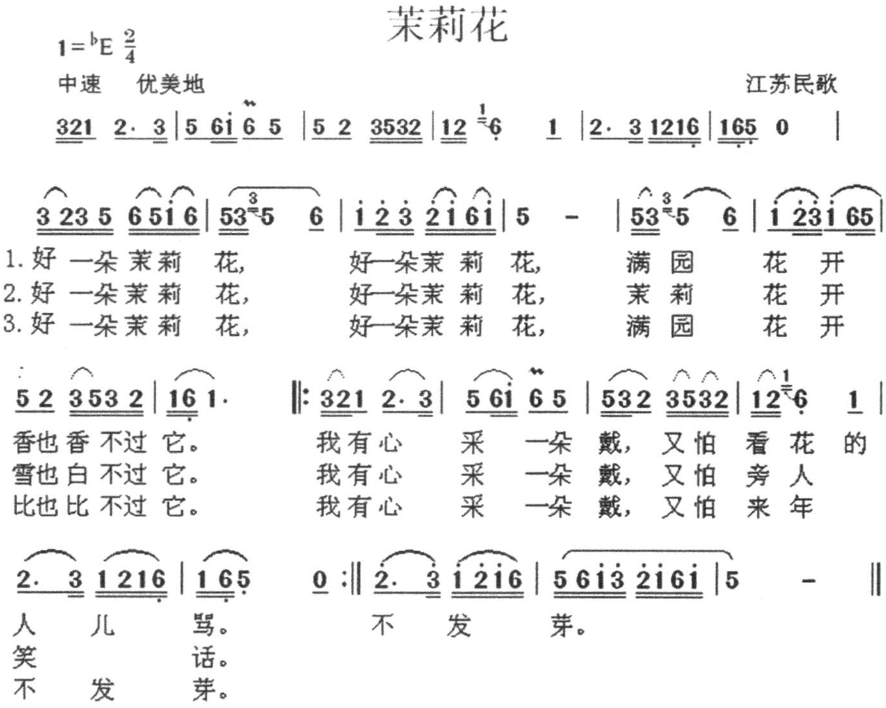

附录二：报纸课例图片

（二）体验式的教学模式

1. 体验式教学模式的内涵

体验，我们通常称之为体会，是指用个体的生命来验证事实，感悟生命，留下印象。体验到的东西使得我们感到真实和现实，并在记忆中留下深刻印象，使我们可以随时回想起曾经亲身经历过的生活历程，也因此对未来有所预感。在本研究中体验式的涵义是指在奥尔夫音乐教学活动中学生要身心参与，多种感官活动投入其中，从而在心理和生理上产生复杂和丰富的个体感悟或体验。体验教学模式重视学生体验的独特价值，强调体验对学习的作用。对学生发展而言，真正有效的学习是一种心智活动，而不是单纯的记忆或理解。而体验正是一种心智活动，或者说，是一切心智活动的前提与基础体验。正是用全部的心智去感受、关注、欣赏、体会事物、人物、事实和思想。体验式教学模式更多的强调音乐学习过程中学生的直接感受和学习过后的自我反思行为。

大量的相关研究表明，学生最终在音乐专业学习上的发展和取得的成果取决于学生在音乐教育教学活动中的主动性和积极参与的程度。只有个体在教学过程中主动地参与和亲自去经历，学生才能真正体验到音乐艺术的独特魅力和进行音乐活动的快乐。

关于体验的重要功用和价值，历史上很多专家和学者都有过相关的论述，如著名古希腊哲学家亚里士多德就认为，“一个人后来形成的任何观念，都是以感觉为起点的，一切概念性的、抽象的知识都是建立在对现实的作品的感受、体验的基础上去进行理解的，一个人真正的发展，总是来自于体验和经历”①。另外，体验的作用在其它学科也有相关佐证。如现象学视域下的“存在体验课程”理论流派也认为，教育教学中应该集中关注学生个体的情感体

① 刘放桐．现代西方哲学［M］．北京：人民出版社，1990：11.

验，寻求描述学生如何理解自己所产生的行为，强调主体和客体在互相体验中建构知识与价值，强调个体的体验与反思。美国研究者科尔曼经过“儿童创造性音乐教学实验”后认为，儿童学习音乐应充分重视其亲身感受和体验。对此她让学生从制作简单乐器开始来体验音乐的魅力并表达自己的音乐感悟，这是音乐学习中非常重要的步骤。“我们应该安排一个适合学生身心发展的计划，使之能给学生一个关于音乐发展的完整的、切实的体验，并唤醒和优化学生的音乐潜力和音乐兴趣。这只有一个基点，即满足学生自然、本能的对创造音乐的渴望，在发展其音乐感受力和理解力的同时，给予他最大的快乐。[①]”可见，“科尔曼的音乐教学法十分强调儿童的主观体验。她认为每个学生有自己独特的思维方式和学习方式，其艺术能力同儿童身心发展规律一样，有不同的发展阶段和特点，如果超越儿童的某一发展阶段，以成人的眼光对其提出音乐教学的各种要求，结果往往是适得其反的，教学的结果只能是让学生们学会一些机械性的模仿，因此，应该强调学生在学习过程中的本能反应，因为在音乐教学活动中儿童得到的体验本身就是其得到的最好的奖励。这对于建构体验式的奥尔夫教学模式有着重要的借鉴价值”[②]。

2. 体验式教学模式的操作程序

情感唤起 （定向激趣）	—	情感深入 （感知体验理解）	—	情感外化 （创造）

“情感唤起阶段，以爱美为特征，激发、培养学生对音乐的学习兴趣。情感深入阶段，以鉴赏美为特征，培养学生高尚健美的审美理想和趣味。情感外化阶段，以创造美为特征，将内在审美情感体验客观化、对象化、形式化。”[③]

3. 体验式教学模式的实现条件

奥尔夫音乐教学法重视即兴，强调体验，抛却功利，这些特点让我们深刻认识到，音乐教育是让所有学习者都有机会来感受音乐，表现音乐的丰富性；能够让学生们摆脱教师的束缚，摆脱被动地聆听，摆脱枯燥乏味的技巧训练，让学生进入自由表现音乐的空间；使学习音乐的过程不再那么单调，不再那么被动，从而有广泛的即兴创作的空间，把学生从单纯的个体化音乐行为带入了广泛合作的氛围；让学生学会如何协作，在置身于“玩”的过程中感知音乐的

① ［美］戴维·埃里奥特著．齐雪等译．关注音乐实践—新音乐教育哲学［M］．上海：上海音乐出版社，2009：179．

② 王丽新．奥尔夫音乐教学法本土化教学模式构建［J］．外国教育研究，2012（4）．

③ 王丽新．奥尔夫音乐教学法本土化教学模式构建［J］．外国教育研究，2012（4）．

内涵和魅力，最终产生主体间的情感沟通与联系，在体验中增强合作意识和协调能力，最终达到发展人的音乐素养和创造能力的目的。在奥尔夫音乐体验模式中，真正突出了学生的主体地位，师生的平等地位。在这样的教学模式中，更要注重教师主导作用的发挥，教师根据具体情况精心设计诸如何时让学生参与教学、以何种方式参与、如何调控进程提高活动效率等问题。

“具体而言，体验式奥尔夫音乐教学的主要内容可以包括动作体验与情感体验相结合、创造体验与模仿体验相结合、教育情境体验与教育行为体验相结合、直接体验与间接体验相结合、综合性体验与个别性体验相结合以及个人体验与共同体验相结合等。需要注意的是在开展体验性奥尔夫音乐教学模式时，教师应该创设适合学生体验的教育情境，选择灵活的体验内容，要考虑学生的年龄特征和音乐体验内容的丰富性、多样性以及差异性，体验内容不仅要包括提高学生音乐素质的教育，还要贴近学生的实际生活；音乐体验的方法和形式应该灵活多变，有利于所有学生的参与，有利于儿童多种智能的全面发展，使学生的音乐学习变成轻松、快乐的音乐体验。”①

4. 体验式教学模式的教学课例

《柳树姑娘》教学设计

设计意图：

本课选自人民音乐出版社出版的义务教育音乐课程标准实验教科书，四年级第七册第一课“表演”部分中的歌曲《柳树姑娘》，在这一课例中，“《柳树姑娘》歌曲为 3/4 拍，羽调式，一段体结构。第 1—8 小节，上下句对称，旋律采用了模进手法，三度、四度、五度的跳进使得曲调舒展而又优美，形象地表现了“柳树姑娘”在春风里飘柔的姿态。第 9—12 小节，节奏突然紧缩，向上三度的模进，使曲调更为欢快，与之前形成了较强的对比。最后曲调又趋于平稳舒展。结束句在富有民歌特色的衬词“啊哩啰”中欢快地结束，抒发了人们对美丽春天的赞美和向往之情。”②

本节课的教学设计运用了奥尔夫“模仿—体验—探索—创造”的教学模式，模仿阶段首先用歌曲律动引入新课，集中学生的注意力，培养学生的创编与模仿能力。然后通过对比感受两首歌曲不同的情绪即是欢快活泼和优美抒情，从而加深对新歌《柳树姑娘》歌曲风格的整体把握和情感体验。并在集体舞活动中初步感受歌曲的旋律，为歌曲的学习打下基础。体验阶段由古诗导入，体现了学科综合。多媒体教学运用，形成多感官刺激。通过观察理解歌

---

① 王丽新．奥尔夫音乐教学法本土化教学模式构建［J］．外国教育研究，2012（4）．

② 参见义务教育音乐课程标准实验教科书，四年级第七册第一课．

词，自主发表观点，促进个性发展。尤其是难点节奏的解决生动直观、清晰明了。在探索阶段循序渐进地训练构唱、合唱能力，为视唱全曲做准备。体态律动更好地感受力度记号及节奏变化。利用音色的差异，感受二声部的效果，教师指挥自然带入，完成二声部教学。创造阶段分组进行歌词的创编表演，发挥了学生的音乐创造力和音乐表现力。

教学年级：

小学四年级

教学目标：

1. 知识目标：学习歌曲《柳树姑娘》，掌握附点四分音符的时值。

2. 能力目标：在参与歌曲创编活动中，培养学生的创新能力及合作意识。

3. 情感目标：感受歌曲的情绪、内容与风格，同时抒发对柳树、春天、家乡的赞美和热爱之情。

教学重点：

用愉快地情绪演唱歌曲《柳树姑娘》，初步感受二声部的和声效果。

教学难点：

初步认识附点四分音符，并感受其作用。在演唱歌曲时能够唱出标有力度记号的地方。

教学课时：一课时

教学用具：

多媒体课件、钢琴、旋按钟、字母谱挂图

教学过程：

一、律动表演、整体感受（奥尔夫教学——模仿阶段）

1. 播放$\frac{2}{4}$音乐《钻山洞》学生进入教室进行律动模仿表演。

教师对动作创编表演中具有创意和音乐的节拍相吻合的同学予以鼓励。

2. 播放$\frac{3}{4}$歌曲《柳树姑娘》的音乐，与学生齐跳集体舞。教师用“啦”演唱

学生模仿教师动作，初步感受歌曲风格、旋律特点及段落结构，为新歌的学习奠定基础。

舞蹈设计：学生分为两组站成同心圆，内外圈学生相对拉手（间奏原地自由律动）

1—4 小节　随音乐拉手左右摆动

5—6 小节　两人右手相对，顺时针交换内外圈位置

7—8 小节　伸出左手找到左前方的人，逆时针交换位置。

（正对同学成为新舞伴）

9—12 小节　强拍自己拍手，弱拍与新舞伴单手相拍，左右轮换。

13—15 小节 强拍自己拍手，弱拍与舞伴双手相拍。

16 小节　强拍自己拍手，弱拍与舞伴双手强拍，结束。

二、自主学习，理解歌词（奥尔夫教学——体验阶段）

1. 古诗导出歌曲。

欣赏古诗《咏柳》“碧玉妆成一树高，万条垂下绿丝绦。不知细叶谁裁出，二月春风似剪刀。”引导学生猜出歌曲名称《柳树姑娘》，介绍诗人通过赞美柳树，进而赞美春天，讴歌春的无限创造力。引导学生聆听这首歌曲是怎样表现柳树的。

2. 观看录像，欣赏全曲。

在听歌曲的时候，教师要求学生用手指一边听一边手指着歌词，注意力集中。之后讨论歌词内容及意境。

3. 分句学习歌词

教师请学生根据喜好选择朗读歌词段落。

预设一：我喜欢“柳树姑娘，辫子长长，风儿一吹……”这句描写了柳树有长长的枝叶，我觉得描写得很像你，你也有长长的辫子。

预设二：我愿意读“洗洗干净，多么漂亮”。这首歌曲的拟人化的手法把柳树比作姑娘，枝条就是她长长的辫子，风儿一吹，甩进池塘，洗洗干净，多么漂亮。

4. 学习教学难点附点四分音符。

（1）通过指拍法明确四分音符的时值，介绍附点的作用，利用图谱从理性上掌握附点四分音符的时值特点。

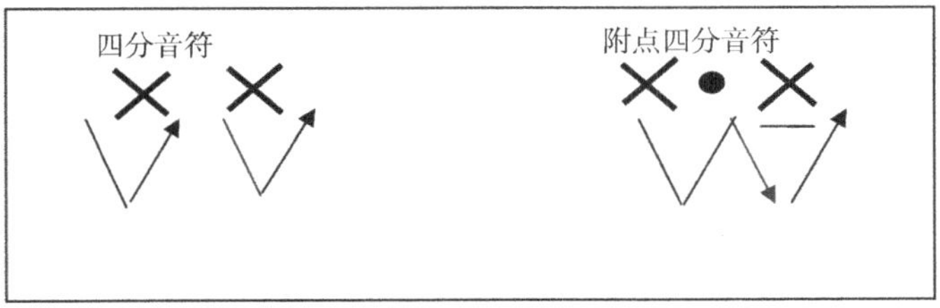

（2）利用　知．了｜知．了‖ 的叫声，从感性上继续巩固附点四分音符的读法。

（3）按节奏完整朗读歌词，完成歌曲难点节奏的学习。

三、学习旋律，完成重点（奥尔夫教学——探索阶段）

1. 柯尔文手势训练。(每次都要利用旋按钟给出统一音高)

a 单音 b 双音到短句 c 两、三部和声

2. 看柯达伊字母谱，演唱旋律。

a 教师带唱 b 由 2 小节到 4 小节

3. 教师伴奏，演唱全曲。(运用体态律动感受力度记号及节奏变化，强调倚音、强弱记号、结束句节奏)

4. 伴奏音乐演唱全曲。(教师手势提示节奏及力度的变化)

5. 学习二声部。(学生与教师配合演唱，利用音色的差异，感受二声部的效果，教师指挥自然带入，完成二声部教学)

介绍这是四年级学习的第一首二声部歌曲。在静静的池塘边，突然吹起了一阵阵的微风，吹得柳树发出“啦啦啦”的响声。引导同学们分析音符上面带的小帽子是什么记号？强调顿音记号应该演唱得短促跳跃。

6. 集体分组完成二声部演唱。(男女或师生)

四、深入学习，创编歌曲（奥尔夫教学——创造阶段）

1. 分两组创编歌词

预设一：一领众和（表演小星星的律动）

预设二：男女对唱（改编成小白兔的歌词并律动）

2. 分组展示

五、律动表演加演唱，结束课程。

教师结语：还记得我们刚才跳的集体舞吗？这回我们可以一起边唱边跳记住这位美丽的柳树姑娘。演唱表演结束课程。

设计教师：王丽新

附录一： 谱例　柳树姑娘

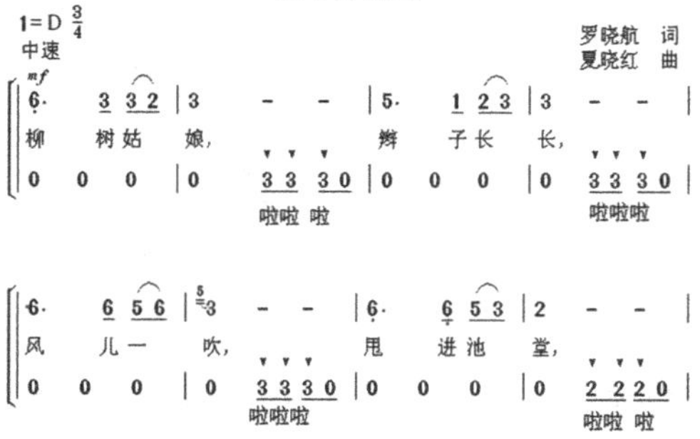

附录二： 字母谱挂图

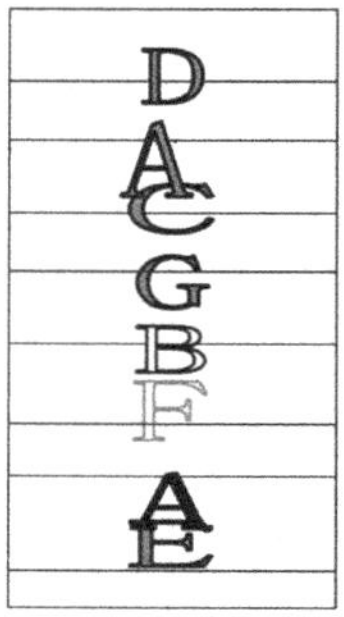

（三）生活化的教学模式

1. 生活化教学模式的内涵

美国著名教育学者布朗曾经说过：“学习的环境应该放在真实问题的场域中，使它对学生有意义。”[①] 美国教育家华特也曾指出：“生活的世界就是教育的世界，生活的范围就是课程的范围”。教育回归生活世界，密切与生活的联系，这也是当前教育领域内受到广泛关注的热点问题。回顾一下教育发展史，我们不难发现，关于生活教育方面的思潮或理论，有着很长的历史，很多的教育学家对此都有过相当精辟的论述。归纳其主要涵义，笔者认为主要包括教育生活化和生活教育化两方面的要义。最有代表性的人物及观点是美国著名教育学家、心理学家杜威提出的“教育即生活”和我国著名乡村教育家陶行知提出的“生活即教育”。“教育即生活”教育的目的就是生活，除此之外没有其它的目的，它强调的是教育活动对于人的生活的价值和意义，要求教育和教学活动必须关注社会生活的需要，注重学生个体的现实生活。“生活即教育”则认为生活本身就是一种教育，我们可以用教育来表现人的生活并密切二者之间的联系，它彰显的是人的生活对教育活动的重要意义和价值，要求教育活动必须以学生的现实生活为基础，成为一种真正的教育力量。

“在我国基础教育新课程改革中，新音乐课程标准也强调要通过‘活用教材’来与学生的生活紧密联系起来，教材是为学生提供的沟通现实生活和可能生活的‘案例’而应该活用。因此，所谓生活化的奥尔夫音乐教学，就是把远离儿童生活世界和现实情境的音乐教学，转变为贴近儿童真实生活的生活化教学，从而提升学生在音乐学习过程中的主体地位。构建生活化的奥尔夫音乐教学，就是要在具体的音乐教学中，着眼于每个学生的未来，让学生如何学会更好地欣赏音乐，如何更好地面对生活。”[②]

2. 生活化教学模式的操作程序

创设情境 ⟶ 总结转化 ⟶ 参与活动

创设情境阶段，根据音乐教学的目的，教师可通过音乐渲染、语言描绘、实物演示、现代化信息技术等手段为学生创设一个生动形象的音乐教学场景，以激起学生音乐学习的兴趣，提升学生学习的积极性和主动性。

参与活动阶段，都是可以通过参与各种游戏、唱歌、舞蹈、听音乐、表演等具体活动，使学生在特定的音乐学习气氛中进行学习。

① 刘沛．美国音乐教育概况［M］．上海：上海教育出版社，2002：157.

② 王丽新．奥尔夫音乐教学法本土化教学模式构建［J］．外国教育研究，2012（4）．

在总结转化阶段中，音乐教师要做启发总结，使学生能够充分领悟所学的音乐知识和内容，做到情理的统一，并使这些情感体验和艺术感受转化为理性的认知。

3. 生活化教学模式的实现条件

笔者认为，生活化的奥尔夫音乐教学的核心是音乐要贴近生活，回归生活，反映生活，融入生活。即实际的音乐教学内容要贴近生活，音乐教学的形式“要尽量地生活化，音乐教学的方式、方法也要尽量地生活化，通过一些学生喜闻乐见的、典型的生活中的实例，丰富多彩的音乐活动形式和手段，激发学生的主动性和兴趣，把音乐知识与音乐技能培养联系起来；把学生的生活经历与培养学生健全人格和审美能力紧密联系起来，建立合理的音乐教学评价策略，采取实践、探究、合作等现代化的音乐教育及音乐学习方式”①。具体而言，笔者认为，要实现生活化的奥尔夫音乐教学，深刻理解音乐与生活的密切联系和音乐与作为主体的人的密切关系，笔者认为教师和学生要在理念和措施等方面做到以下几点。

首先，本土化的奥尔夫音乐教学活动应该回归音乐的生活世界。“音乐的本质在某种程度其实就是音乐的生活形式而已，而各种音乐文化理论或者说对音乐知识的认知是以生活形式的本体论为基础的。音乐的具体生活形式是不同音乐文化共同体在特定时代、特定文化的人们所共有的一种行为方式，其不是个体能够选择的。”② 因此，要想在教学和活动中回归音乐的生活世界，实质就是让音乐教学回归到其原本的生活形式和状态。生活化的奥尔夫音乐教学则主要是通过学生的亲自参与来实现，教育中要采用各种各样的参与方式让学生个体体验到音乐与生活的联系，通过学生个体生活化的音乐体验，让学生真正融入音乐的生活世界，从而真正的理解音乐作为人类生活中的一种特殊认知活动的价值和意义所在。

其次，本土化的奥尔夫音乐教学探索还要回归学生的生活世界，也就是说，在音乐教育教学中要加强与学生具体生活的联系，而不是充满功利化的把音乐学习变成一种空疏无用的技能训练。音乐教学不但要成为学生的一种具体的生活方式，还必须要高于实际的社会生活，帮助学生健康成长，因为只有做到超越现实的生活，音乐教学才会显示出其真正的意义和价值。生活化的奥尔夫音乐教学要让学生进入生活场景，通过学生的音乐活动，将自己对生活的美好追求和对生命的理想寄予其中。从而通过音乐教育中的人文行为，提高了学

---

① 王丽新. 奥尔夫音乐教学法本土化教学模式构建 [J]. 外国教育研究，2012 (4).

② 洛秦. 音乐中的文化与文化中的音乐 [M]. 上海：上海音乐学院出版社，2010：231.

习者的人文素养和人文精神，唤起其对各种音乐文化的认同。

再次，本土化的奥尔夫音乐教学要实现生活化的回归，就要在教育教学中积极地寻求音乐与生活的高度统一与和谐发展。关于这一点，我们可以从很多奥尔夫本土化教学的案例中看到这方面的探索和努力。在本土化奥尔夫音乐教学探索中“一方面我们要给尽力学生创设一定的生活氛围和文化氛围，采用生活化的器物等作为奥尔夫音乐教学的基本教具，使音乐教学尽量贴近学生的日常生活状态；同时，又要重视通过一种艺术化和戏剧化的创造性音乐表演让学生个体获得精神世界的觉醒。除此之外，还要让儿童走出教室和校园规约，远离教师的技能规训，加强与社会实际生活的密切联系，从而将音乐教育和社会生活教育紧密结合起来。这种生活化的奥尔夫音乐教学既体现了日常生活和抽象生活的统一，还体现了音乐教育与生活世界的和谐统一。如前文所述，音乐教育的根本目的是通过音乐来培养人，促进人的各方面和谐、全面地发展，完善人的音乐素养，因此奥尔夫音乐教学必须回到音乐的原本世界，回到儿童的生活世界，并积极寻求音乐教育与实际生活的和谐与统一，这样才能实现音乐教育原有的意义和价值”①。

4. 生活化教学模式的教学课例

《跳绳》教学设计

设计意图：

本课选自人民音乐出版社出版的义务教育音乐课程标准实验教科书，一年级第一册第二课“表演”部分中的歌曲《跳绳》，这首歌曲是一首活泼短小的创作歌曲，2/4 拍，宫调式，旋律以跳进为主，活泼、跳跃，结合生动的歌谣体歌词，形象地刻画了小朋友喜爱跳绳的心情，表达了小朋友每天跳绳为建设祖国而锻炼身体的决心。歌曲创作于 20 世纪 50—60 年代，因为是从儿童愉快的生活中提炼出来的，所以多年来深受学生们的喜爱。奥尔夫也认为只有来自儿童生活的教材，才可能是最符合儿童天性的、最自然的、最富有生命力的东西。这些取材于学生生活的音乐素材，同学生生活密切相关，更能被学生理解，并产生共鸣。

因此在本课的设计中，在教学一开始就运用实物导入，富有情趣，使学生情绪受到感染，不知不觉进入音乐角色。在整节音乐课中无论是教学情境的创设、歌曲的学习、乐器的应用，都紧密地与学生的生活相联系，引导学生通过对生活中的事物进行有目的的观察，加强学生的感性经验，从而产生丰富的音乐联想，促进智力发展，培养他们的观察力与探索精神，通过对音乐作品的感

① 王丽新. 奥尔夫音乐教学法本土化教学模式构建 [J]. 外国教育研究，2012 (4).

知，加强学生乐观对待生活的态度，感受生活的美好，促进其全面人格的发展。本课的音乐教学材料也是直接从生活中获取的。学生的想象力是十分丰富的，他们往往会借助简单的道具，插上想象的翅膀，在音乐的王国里尽情的翱翔，他们可以在易拉罐空瓶里装上豆子制成沙锤，用饼干盒当手鼓，用两个铝盘当钹、用筷子做打棒、用洗衣板当刮胡、用纸箱当大鼓、把酒瓶盖串起来当串铃……因此在教学中我经常启发学生从生活中收集及制作各种简单的道具，利用身边的物品及废旧材料制作乐器，在音乐活动中让学生们尽情想象，即兴表演。在各种丰富的游戏中一遍又一遍的感受音乐，享受音乐活动的快乐过程，这一点也是奥尔夫音乐教育的创造性、参与性、重视情感体验等的很好体现与升华。

教学年级：

小学一年级

教学目标：

1. 能够整齐地演唱《跳绳》，理解“小绳小，真轻巧”的含义。

2. 学习用歌声及跳绳动作表达活泼、欢快的情趣。

3. 利用自制乐器为歌曲设计伴奏，培养学生的创造能力。

教学重点：有表情地演唱、表现歌曲。

教学难点：自制乐器的使用

教学课时：一课时

教学用具：多媒体课件、钢琴、跳绳、若干自制乐器

教学过程：

一、情景导入

1. 运用实物（跳绳）导入，激发学生学习的兴趣。

2. 在歌曲的音乐声中全体学生玩跳绳游戏。学生模拟跳绳动作，感受2/4拍歌曲的节拍特点。

强拍：双手在体侧摇绳　　　　弱拍：身体下蹲

二、学习歌曲

1. 师弹旋律，学生打节奏，八分音符拍手，口唱“ti ti”，四分音符双手平摊，口唱“ta”。

2. 跟着老师弹奏，学生手拍动作，口唱歌词。

3. 师生两小节接读。

4. 教师范读全曲歌词，学生体会歌曲情趣。

5. 教师逐句教唱第一段。

6. 提问学生对“小绳小，真轻巧”是怎样理解的？引导学生用轻快而富

有弹性的方式演唱。

7. 学生随教师伴奏齐唱第一段歌曲。

8. 请一名学生按节奏朗读第二段歌词。

9. 全体学生随音乐演唱第二段歌曲。

10. 学生在教师的伴奏下完整演唱整首歌曲。

三、巩固歌曲

1. 红绿灯游戏

(1) 教师带红绿两种颜色的手套，红色表示停止演唱，绿色表示继续接唱。

(2) 方式同前，教师起唱，之后教师摸谁的头谁唱，没有人演唱时，在心中默唱，默唱结束，下一人要准确地接唱。

（训练学生的注意力和音乐记忆能力，培养学生稳定的节拍感。）

2. 跳绳表演唱

(1) 让学生自由组合边唱边跳表演，启发学生组合的方式 。

如：一人表演、多人表演、面对面唱跳、背向背跳、单腿唱跳、双腿齐跳唱等

(2) 交流跳唱方法，分组进行表演，师生共同评选出最优秀的表演组合，进行表演鼓励。

四、歌曲伴奏

引导学生认识不同材质乐器的特性，为歌曲《跳绳》编配伴奏并集体表演。

预设：

附录一：谱例

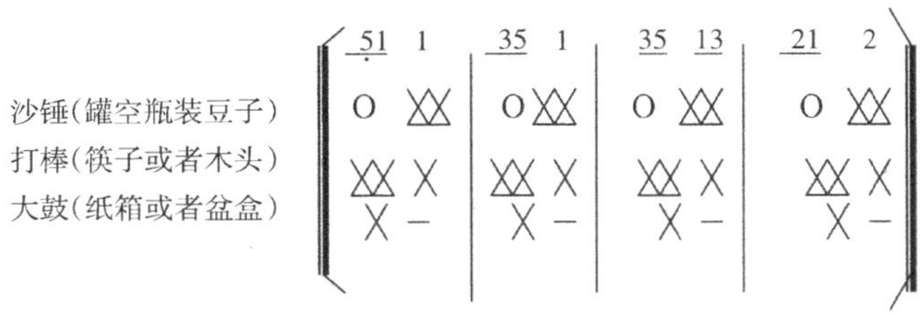

设计教师：王丽新

(四) 文化化的教学模式

1. 文化化教学模式的内涵

笔者认为，所谓文化化的教育模式是指用伦理文化或人文精神等来启发和教育学生，使受教育者能够成为具有较高的文化素养的人。因此，文化化奥尔

夫音乐教学模式既把“音乐作为一种文化来看待”，把“音乐作为一种文化来传承”当做一种最重要的音乐教育理念，并且抓住音乐“本土化”的精神实质，努力探索和建构一种从我国本土音乐文化出发的世界多元文化音乐教育的教学模式。通过对奥尔夫音乐所体现出的音乐文化的深入解读，让我们深刻理解 21 世纪东方与西方的音乐文化之间的互动以及这种互动所产生的价值和力量。

2. 文化化教学模式的操作程序

评价与生成 ⟶ 体验文化特征 ⟶ 引导审美期待

引导审美期待，联系学习内容中的音乐文化特征，以演示、示范、设问、听辨等方式，引起学生的兴趣、引导审美注意和期待。

体验文化特征，针对音乐学习内容，分析和体验其音乐文化特征。

评价与生成，通过评论、概括、表演、欣赏等，对音乐或学习结果作出评价。

提高学生的音乐审美欣赏兴趣，增强学生对音乐形态及其音乐风格的体验和认识，对音乐观念与价值的理解，对音乐操作行为和社会行为的认识。

该模式适用于某种文化圈中特有的音乐品种或形式，民族风格、时代风格、作曲家风格突出的音乐。

3. 文化化教学模式的实现条件

奥尔夫本土化音乐教学中尊重学生的个性，关注学生的现实生活环境、人文精神氛围等，关心学生身心健康，注重在音乐教学中培养学生的主体意识和创造性思维，试图通过本土化的奥尔夫音乐课堂教学的生活化改革来唤起学生对生命的自觉意识和对文化的深刻理解，促进学生个体的全面和可持续发展，达到音乐与教育高度和谐统一。这种文化化的教学无疑具有很强的人文关怀意蕴，体现了一种以人文科学为基础的文化化奥尔夫音乐教学模式。

4. 文化化教学模式的教学课例

《美丽的草原我的家》教学设计

设计意图：

本课选自人民音乐出版社出版的义务教育音乐课程标准实验教科书，六年级第十一册第二课《草原牧歌》主题版块，在这个版块中介绍了几首具有浓郁蒙古族风格的音乐作品，希望通过这些音乐作品的学习使学生了解内蒙古的音乐风格及其相关的音乐文化，感受草原的美及蒙古人民对草原的热爱，进而更加了解和热爱祖国的音乐文化，增强民族意识和爱国主义情操。本节课选择其中的两首歌曲做为教学内容。本课教学设计首先从学生熟悉的作品《天堂》入手，把学生带入内蒙古音乐的世界，《天堂》是一首由腾格尔自己创作和演唱的具有浓郁蒙古族音乐风格的通俗歌曲，由于作者本人是蒙古族人，对本民族的音乐情有独钟，能自由深刻地抒发出对家乡的一往情怀；又由于作者的演唱风格不但强劲粗犷、苍凉悲壮，而且还细致入微，使人感到自然亲切，如临其境，如见其人。正如作者所言："如果你听出我歌声中对土地的热爱，对生命的诚恳，那都是源于我蒙古人的天性"，正因为如此，才使他的歌曲具有特殊风格，独树一帜。然后导入本课歌曲《美丽的草原我的家》的学习，用诗的语言勾勒了一幅草原美景—绿草如海、鲜花烂漫、碧水清波、晚霞夕照、彩蝶纷飞、百鸟歌唱、毡包有如白莲花、骏马好似彩云朵、牛羊犹如珍珠撒……这就是蒙古族人民自由、安宁、美满、舒畅的生活，更是牧民双手托起的幸福大厦。这首歌曲巧妙地融合了蒙古族民歌长调、短调的音乐风格，曲调既稳健悠扬，又蕴涵激情，描绘了内蒙古草原的怡人景色，抒发了牧民对生活的赞美之情，情、景、意三合为一。教学过程中通过听、看、想、辩、演唱等多种方式来丰富学生对草原生活的体验和增加对蒙古族民歌的感受。最后创设情境通过开展竞赛、演唱、舞蹈等活动来激发学生对内蒙古音乐的学习兴趣，真切地表现《美丽的草原我的家》的意境和情感，并能从中发现内蒙古音乐文化的产生与生活是密切相关的。

奥尔夫本人强调"走遍全世界的，不是我的教材，而是我的观念。"奥尔夫主张文化平等，承认全世界各民族的音乐都有其自身的文化价值，教学中应使用符合本地区本民族传统和习惯的音乐素材，应有利于本民族文化的传承和发展。我国优秀的民族民间音乐是中华民族文化的重要载体，本课教学内容选择具有浓郁蒙古族风格的音乐作品，运用奥尔夫的教学原则与教学方法进行设计，使学生更加了解和喜欢我们的民族音乐，增强对我国传统音乐文化的认同感。

教学年级：

小学六年级

教学目标：

1. 能用优美的声音表达歌曲《美丽的草原我的家》的内涵，初步感受并学习蒙古舞蹈的基本动作。

2. 通过合作式的学习发展学生的群体意识、合作精神和实践能力，创造性地编创与活动。

3. 通过学习歌曲了解蒙古音乐文化，感受草原的美及蒙古人民对草原的热爱，培养学生热爱家乡的感情。

教学重点：让学生用心去感受音乐所蕴含的情感内涵，了解内蒙古的音乐风格及民族特色。

教学难点：感受蒙古民歌的风格特点，对音乐中所传达的情感内涵的理解。

教学课时：一课时

教学用具：多媒体课件、钢琴

教学过程：

一、声像感知，激情导入

1. 播放《天堂》MTV，让学生从视觉和听觉上去感受蒙古族家乡的美，感受演唱者演唱时的情绪和情感，并跟着演唱者一起哼唱。

2. 自由讨论歌曲的内容、意境及风格特点。介绍歌曲的作者和演唱者腾格尔，感受演唱者强劲粗犷，苍凉悲壮中蕴育的那种热爱家乡细腻的情感。

3. 出示幻灯片介绍蒙古，向学生们解说蒙古族人民的热情好客和蒙古族人民的生活习惯以及风俗。

二、整体欣赏，把握要点

1. 播放视频《美丽的草原我的家》。伴随着蒙古族的舞蹈和优美的音乐，学生被带入美丽、神奇的大草原，初步感受了草原的美景，激发学生的学习兴趣与探究欲望。

2. 引导学生分析歌曲的曲式结构，第一部分描写草原的景，第二部分描写对草原的热爱之情，请同学们分组跟着视频演唱这两部分。

3. 介绍演唱者和作词作曲家，向学生讲解演唱者德德玛的资料。引导学生分析两位歌唱家在演唱风格和音乐情绪上有什么不同？《天堂》是粗犷并且细腻亲切，而《美丽的草原我的家》是自豪喜悦并且陶醉其中的。

4. 再次欣赏视频《美丽的草原我的家》，引导学生跟着视频有感情地演唱。欣赏前提出问题：蒙古族的服装是什么样的？舞蹈中有什么让你印象深刻的动作？为下一环节的舞蹈创编积累素材。

三、舞蹈创编、合作交流

1. 师生共同讨论蒙古族的服装服饰。展示几张蒙古族服装服饰的图片，让学生了解蒙古服装的特色。师生一起讨论蒙古的三大件："帽子、袍子、靴子"。

2. 让学生感受蒙族柔美的舞蹈，学几个蒙古族舞蹈动作。跟随教师一起模仿，如：挤牛奶、硬肩、雄鹰展翅等舞蹈动作。了解蒙古族舞蹈的特色。

3. 舞蹈创编游戏

(1) 镜子舞：两人一组，相对站立。（如图一）一名学生是小牧民，随着音乐表演蒙古舞蹈，另一人是镜子，模仿小牧民的动作。

（教师示范提示学生小牧民的创编动作应该舒缓，有规律，尽量做前和旁的动作，便于镜子模仿。）

（2）影子舞：四人一组，同向站立。（如图二）前面一人为小牧民，后面三人为模仿动作的影子。转到哪个方向，最前面的人为新的小牧民创编动作，其他人做影子模仿。

（教师示范提示学生小牧民的创编动作应该舒缓，有规律，尽量做后和旁的动作，便于影子模仿。）

图一：

图一：

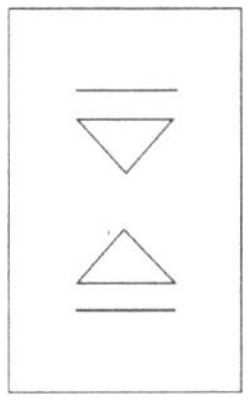

图二：

图二：

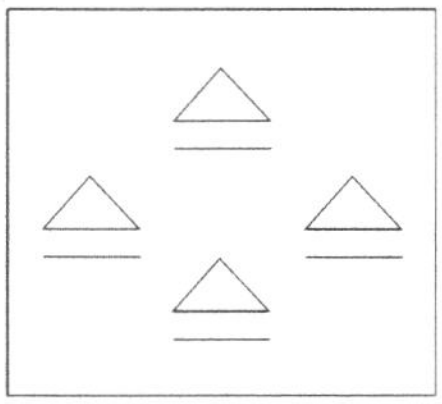

四、拓展创新，内化感悟

1. 上网搜集其他蒙古族的音乐，进一步感受蒙古族音乐文化的风格特点。

2. 以小组为单位，出一期关于“草原”的手抄报。

结语：

这节课同学们和老师一起，走进了辽阔的大草原，聆听了蒙古歌手动听的歌声，欣赏了蒙古人民优美的舞姿。更重要的是，我们都感受到了蒙古牧民对家乡深深的热爱和眷恋之情。其实，我们都应该像蒙古人那样热爱自己的家乡，因为家就是我们的天堂。

设计教师：王丽新

附录一：谱例

美丽的草原我的家

火　华词
阿拉腾奥勒曲

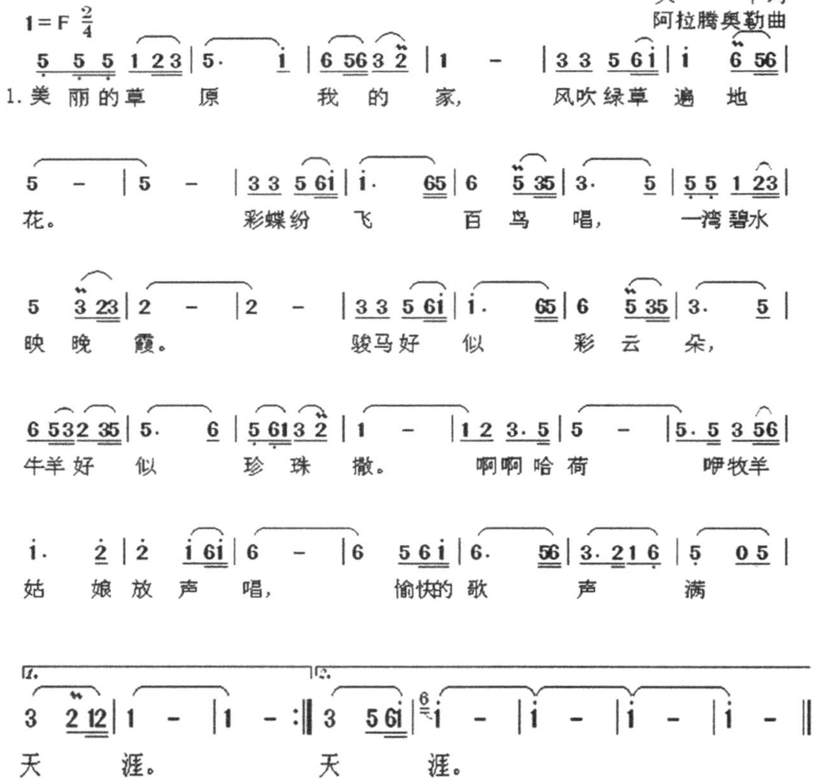

（五）社会化的教学模式

1．社会化教学模式的内涵

如果想要了解什么是社会化教育模式，我们首先要了解的概念就是什么是社会化？笔者查阅了相关的学科资料，所谓“社会化是指在特定的社会与文化环境中，个体通过与社会的交互作用，发展自己的社会性，成为能够履行社会角色行为的社会人的过程。学生不仅属于学校，更属于社会。对学生进行合理定位，突破学校时空的束缚，置学生于社会大熔炉中学习和生活，让学生在不断的开拓创新中健康成长，这是每个教育工作者应有的责任。”① 相应的，“所谓社会化教育就是指针对传统的学校教育而提出的一种新的教育理念。它是在全体社会成员教育意识不断增强，在教育机制不断完善的基础上，逐步赋予社

① http：//baike．baidu．com/view/3626990．htm

会的非教育组织机构教育职能的过程。它使全体社会成员不仅是教育的接受者，而且是教育的提供者。从而达到教育者与受教育者双重角色的统一”[①]。“社会化是文化适应的子过程。社会化教育就是在教育活动中，通过交往、互动、合作等社会化行为的培养，来促进个体的社会化发展”[②]。

那么，所谓奥尔夫音乐教学社会化模式就是指在音乐教育教学的过程中，通过充分发挥奥尔夫音乐教学法原本性、即兴性、参与性等特点，让学生在交流中融入音乐学习，并在多元文化理解和认同的基础上，尊重学生的主体人格，与学生开展平等的交流和对话，让学生在音乐艺术的学习和感悟中学会合作，能够在生活和教育中进行恰当的社会角色扮演，从而加速提升学生适应社会的能力的教学方法或模式。奥尔夫本土化音乐教学在实践中能够充分发挥学生个体的主体意识和能动性，尊重个体的选择和差异，强调通过主体间平等的对话和理解来实现自我的超越和视阈的融合。因此，笔者认为，奥尔夫音乐教学体现了一种以尊重、对话、合作为基础的趋于交往理性的社会化教学模式。

2. 社会化教学模式的构成与操作

笔者认为，社会化奥尔夫音乐教学模式建构的关键是学生与教师在教育过程中角色的转变以及教育理念的更新，这就需要师生主体间在音乐教育教学的过程中达成以下几点共识。首先，师生主体间要学会尊重，尊重是形成良好和谐的师生关系，进行平等、有序的音乐教学的前提。尊重是主体间交往的基本前提和基础。这种尊重包括尊重他人，也包括尊重自己。正如“想要得到他人的尊重，首先要懂得尊重他人”这句俗语所说的那样，尊重别人就必须把别人当作与自己完全平等的人来看待。如何让儿童学会相互尊重呢？奥尔夫音乐教学并不是采用传统的灌输式、说教式的教学方式，而是设计具体的音乐教学活动来实现。“例如：教学中每到分组表演时，孩子经常为了出色的表演，而沉浸在自己的音乐创编当中，不好好看其他人的表演，对于这种关注自我，忽略别人的意识，就应该采取这样一种方式，就是要求学生必须像正式的演出一样，有有指挥、主持人，有良好的观众行为，为了创设良好的舞台氛围，培养孩子良好的舞台意识，教师要带着学生共同做‘人工拉幕’等看似简单的工作，并把教学中表演的录象放给学生看，这样以来学生都会感到非常投入和认真。在这样的音乐教学过程中，不但使孩子养成了互相尊重的习惯，还使他们

① 陶·哈斯巴根，吉日嘎拉．过程完整化教学模式一落实课程标准的教学模式［J］．内蒙古师范大学学报（教育科学版），2004（02）．

② ［德］F．W．克罗恩．李其龙等译．教学论基础［M］．北京：北京教育科学出版社，2005：249．

通过观看他人的表演而反省自己的演出行为，从而通过学习他人而学会尊重自己，潜移默化的提高了学生的自我意识。”[①]

其次，音乐教师和学生相互主体间要学会平等交流，养成对话的习惯和态度。现代教育理念特别强调对话精神，艺术教育也必须达成一种师生间的良好对话模式，才有利于进行真正的艺术方面的交流。对话是人类生命存在的一项最基本的诉求。失去了与他人的交流，人难免会觉得孤独和寂寞，陷入无助和恐慌之中，甚至会觉得生活失去意义。“存在就意味着进行对话的交往。对话结束之时也就是一切结束之日。因此，对话实际上不可能，也不应该结束……一切都是手段，对话才是目的。单一的声音什么也结束不了，什么也解决不了。两个声音才是生命的最低条件，生存的最低条件”[②]。（巴赫金语）“按照一般的理解，对话应是一种语言现象，是指交往主体以语言为中介所进行的交流或沟通。但随着社会的发展和人的生活的日益丰富，对话已完全超越了原来的语言学范围，进而具有解释学、政治学、文化学和社会学的意蕴。从解释学的角度看，对话是指双方各自基于自己的理解状态，通过这种理解而达成的一种视阈融合。它不仅发生在交流的主体之间，还发生在主客体之间。不但存在与语言中，还存在于语言外，如天人对话、人与文本的对话等；从社会学和文化学的角度看，对话作为一种交往和互动、沟通和合作的文化，是与民主、平等、尊重、信任、理解和宽容联系在一起并以之为前提的文化。”[③]

具体而言，对话首先是人类语言交际的一种重要方式。“语言从我们生命伊始，意识初来，就围绕着我们，它与我们的智力发展的每一步紧依为伴。语言犹如我们思想和情感、知觉和概念得以生存的精神空气。在此之外，我们就不能呼吸。”[④] 语言与对话相依相存，密不可分。“语言只能存在于使用者之间的对话交际之中。对话交际才是语言的生命真正所在之处。语言的整个生命，不论是在那一个领域里（日常生活、公事交往、科学、文艺等等）无不渗透着对话关系”[⑤]。其次，对话是交往双方基于理解的视界融合。“理解与解释历史是对已失去的进行重建”，[⑥] 第三，“对话是一种态度、一种关系、一种意识和

---

① 何璐．奥尔夫教学的本土化实践一以李妲娜音乐教学为例［D］．星海音乐学院，2009（70）．

② ［俄］巴赫金，白春仁，顾亚铃，译．诗学与访谈［M］．石家庄：河北教育出版社，1998：24．

③ 张增田，靳玉乐．论新课程背景下的对话教学［J］．西南师范大学学报（人文社科版），2004（5）．77－80．

④ 卡西尔．于晓，译．语言与神话［M］．北京：生活·读书·新知三联书店，1988：127．

⑤ ［俄］巴赫金，白春仁，顾亚铃，译．诗学与访谈［M］．石家庄：河北教育出版社，1998：242．

⑥ 殷鼎．理解的命运［M］．北京：生活·读书·新知三联书店，1988：8．

哲学观。作为一种态度，对话是指一种主动积极地参与和介入、互动和合作的态度。教学作为一种培养人的交往活动，其本身就是一种’关系‘的存在，教学中没有缺席的权力，不允许有旁观者，教学本身要求参与、要求互动与合作。参与、介入、互动、合作的态度使每一个当事人都有了一种集体意向性，都意识到‘我们在……’。[①] 作为一种关系，对话是一种消除了种种矛盾和对立之后建立起来的人与人之间的平等、真诚、尊重、信任、自由、民主的交往关系。对话关系把交往双方联系在一起，并在此基础上进行着无拘无束地平等交流、真诚理解和心灵沟通。对话体现了一种独特的意识和哲学观。在此意义上的对话，完全超出了语言交谈的范围，成为渗透于人类一切行为和意识中的哲学。“对话既是一种最接近哲学的人类实践，也是一种与实践最为接近的哲学。”[②] 对话意识“极力消解上述种种两极对立，在二元或两极之间建立一种‘边缘地带’，让二者平等地对话和作用，产生出某种既与二者有关，又与二者不同的全新的东西”[③]。

因此，从音乐教学的角度讲，笔者认为，对话不仅是音乐教学的主要形式和途径，它更构成了音乐教学的重要品性和灵魂。因为，“对话便是真理的敞亮和音乐思想本身的实现。对话以人及环境为内容，在对话中，可以发现所思之物的逻辑及存在的意义”[④]。“没有了对话，就没有交流；没有了交流，也就没有真正的音乐教育。”[⑤]

这种对话式的音乐教学方式在本土化的奥尔夫音乐教学的创编和评价环节中最为突出。例如：在创编环节中，应该总是鼓励学生用自己的想法来解读“文本”，如在经典的《十面埋伏》、《字词》等音乐教学课例中，我们应该注意在评价环节中要尽量带着欣赏的眼光对儿童进行评价，鼓励儿童通过自己的体验，形成并发表自己的观点或艺术见解。也就是说，为了增进师生的互相理解，不但要让儿童陈述自己在观看时的感受，还要让其陈述自己表演的感受，最后要让全体学生共同探讨音乐艺术创编的价值和意义。在这种音乐对话的过程中，学生通过创编、展示、相互评价，以及不同视阈对音乐“文本”的解读，不但更加深刻的理解了对方，还通过共同分享，获得了视阈的融合和精神境界的交流和升华。

---

① 雅斯贝尔斯、邹进，译．什么是教育［M］．北京：生活·读书·新知三联书店．1991：12.

② 滕守尧．文化的边缘［M］．北京：作家出版社，1997：2.

③ 滕守尧．文化的边缘［M］．北京：作家出版社，1997：7.

④ 雅斯贝尔斯著，邹进译．什么是教育［M］．北京：生活·读书·新知三联书店．1991：12.

⑤ ［巴西］弗莱雷．顾建新，赵友华，何曙荣，译．被压迫者教育学［M］．上海：华东师范大学出版社，2001．41.

再次，这种模式要求师生主体间要学会合作。学会合作和形成良好的人际交往是个体社会化的根本需要。对此，我国著名的奥尔夫音乐教育思想的传播者和实践者李妲娜常说："一个人才想成就什么事情往往是很难的，很多人团结起来一起做才可能获得成功，师生和学生间的相互合作往往能够产生更大的价值。"① 这一方面在本土化的奥尔夫音乐教学中体现地尤为突出。例如："在宗教音乐《儒、道、释》的教学中，学生要以小组形式进行实地考察；资料的搜集、汇集、分析和研究；制定教学计划、编写教案，还要从自己的小组中选出合适的代表担任最后的教学实践工作。在此过程中，同学们不但要和自己的组员互相合作、团结一心，还要和道观、寺庙、孔庙中的有关人士积极的进行对话、交流，通过自己的友善和真诚去取得他们的信任，获得他们的理解，同时也通过自己的教学实践来理解他们的生活和精神文化世界。这个课例的教学不仅培养了学生的尊重、理解和合作能力，还通过学校与社会的互动进一步增强了学生交往实践能力，实现了学校教育与社会教育的和谐统一，对我们探索社会化的教学模式提供了很好的参考。"②

（六）过程化的教学模式

"过程化教学模式"是一个能落实课程标准的有效的音乐教学模式。陶·哈斯巴根教授指出，"一个完整的过程化教学过程，教师至少要做到以下几点：一要学会适时'中止'，把宝贵的教学时间还给学生，创造安静的学习环境，以有利于学生深度思考，实现右脑功能的开发；二要走下讲台，到学生中去了解（但不以与个别学生交流或解决他们的疑难为主），观察学生体态语言、学生所写关键词语和所所画草图等；三要学会心理判断，从整体上判断学生困惑所在；四要针对教学实际适时提出下一级的问题，但不要急于提供知识结论；五要提供与下一级问题相应的思考时间和机会，鼓励学生探索；如有可能和教学时间允许，可提出下一级的子问题，依照上述循环过程进行教学活动。如果是次要问题，师生互动次数（所占用的教学时间）可少些。六要在预计的教学时间内，教师以学员身份发表自己的看法、观点、理解、答案等，或者让学生阅读相关教材内容；鼓励学生积极主动与教师（或教材）对照，判断自己的思路、结论等。七要鼓励学生质疑。要注重质疑过程和所提出的问题；教师可延迟回答或甚至不作回答，可留在课下进行答疑。八要注重终结阶段的教学。终结阶段的问题应具有如下功能：学生通过自主探索，能把新概念、新规律与原有知识协调一致，从而实现自己构建知识体系。九要下课前保留板书中的问

---

① 杨立梅，李坦娜．走向未来的音乐教育［M］．海口：海南出版社，2000：9．

② 何璐．奥尔夫教学的本土化实践—以李妲娜音乐教学为例［D］．星海音乐学院，2009，71．

题，擦掉结论部分，体现出问题比结论更重要的教学思想。十要临下课时宣布下节课的结构化问题之核心部分，并建议学生独立思考。”①

根据陶·哈斯巴根教授的理念我们可以看出，“实际本土教学中的奥尔夫过程化音乐教学模式基本上解决了《纲要》和音乐课程标准中提出的下列任务：一是怎样在课堂教学中如何落实（知识与技能，过程与方法，情感态度与价值）三维一体的课程标准？二是怎样实现教学过程的四种方式（教学内容的呈现方式，学生的学习方式，教师的教学方式，师生的互动方式）的变革？三是怎样落实‘自主、合作、探究’教学要求？由此，不难看出，教师是科学学习活动的组织者、引领者和亲密伙伴，对学生在科学学习活动中的表现应给予充分的理解和尊重，并以自己的教学行为对学生产生积极影响。由此，音乐课程标准对教师的音乐教学活动提出建议，可用‘六要六不要’来归纳：一是不要过早地出现结论，不能简单地通过讲授教给学生，要让学生自主、探究‘不过早地出现结论，肯花时间让学生对某一个感兴趣的问题进行深入的探讨，保证学生有足够的探究时间和体验的机会’。二是要‘用教材教’，而不要‘教教材’。三是不要低估学生的学习潜能，而是要高估学生能力。‘低估学生学习科学的潜能比高估更可怕’。四是要‘指导学生自己得出结论，教师不要把自己的意见强加给学生’”。五是要以探究活动为核心的科学教学过程，不再是教师照本宣科教科书和刻板地执行教案的过程。六是教师不能只满足于让学生感到新奇或吸引学生的注意，更重要的是善于引导学生运用已有的知识和技能，在解决问题的探究过程中获得成功的愉悦。‘六要六不要’的实质在于：‘教师在教学过程中帮助学生自己进行知识构建，而不是复制知识’”②。

毫无疑问，我们应该在本土化的奥尔夫音乐教学中建构这种过程式的音乐教学模式。这种音乐教学方法讲究循序渐进的课程安排，并不像传统的音乐课能够在仅仅一节课中就明确的学会一首歌或一个舞蹈，而对于音乐元素和音乐技能的学习却效果很差。奥尔夫过程式的音乐教学过程强调学习和感悟音乐本身，而不仅仅是针对某一首歌曲，这种音乐教学方法是需要一个长期的积累的，在逐步的教学过程中体验音乐、学习音乐。奥尔夫音乐教学中的“过程”是非常重要的一个观点，其中的关键是探索和感受。音乐的基本元素首先是在最简单的活动中表现出来的，它们是未加工的、粗糙的、渐进的，通过个体的

① 陶·哈斯巴根，吉日嘎拉．过程完整化教学模式一落实课程标准的教学模式［J］．内蒙古师范大学学报（教育科学版），2004（02）．

② 陶·哈斯巴根，吉日嘎拉．过程完整化教学模式一落实课程标准的教学模式［J］．内蒙古师范大学学报（教育科学版），2004（02）．

主观感受，这些元素被精炼和提升成为更复杂的探寻和感受。学生在教师的鼓励之下尝试探寻各种不同的动作特性一轻的、重的、上、下、里、外、平稳的、颠簸的移动等等。很多音乐教师错误的认为所谓创作和即兴是没有衡量标准的，因此在音乐课堂教学时使用这种方式往往只让学生们即兴创作确不做评价，其实这是不对的。奥尔夫认为模仿可以确定创作的角色，模仿是最早的音乐学习模式，很多艺术家在成为大师之前都是学徒，一个在非洲的鼓手就可能在成名之前做了很长时间的学徒。奥尔夫音乐教师其实就像一个“大师”或是一个重要的角色范本。教师的角色逐渐成为学生学习、模仿和跟随的对象，接着音乐教师开始启发孩子们，使其越来越独立，最终能够有能力解决他们自己发觉的问题并找到原因。这就是一种过程化的音乐教学模式。著名教育家苏霍姆林斯基曾说：“儿童的智慧在他的手指尖上。”对于儿童来说，手指的活动，是大脑的体操。活动的是手，得到锻炼的是大脑。手的动作与人脑的发育有着极为密切和重要关系，对语言、视觉、听觉、触觉等的发展也有极大的助益。

综上所述，笔者站在多元文化的基础上，以融合、建构、生成的方式，“从生活化、体验化、社会化、文化化、过程化的视域，从教学模式等方面论述了奥尔夫本土化音乐教学对促建我国本土音乐教育体系的意义。当然，任何人由于自己的经历和背景所限，其教学在具有个性化优势的同时也必然会带有一定的局限性，奥尔夫本土化音乐教学也不例外，也有其不足之处，仍需不断的完善和发展。所以，笔者对‘文本’的解读也只是其中的一个视域，也有一定的局限，在此，笔者希望本章倡导的“理念”能够引起更多音乐教育工作者对中国本土音乐教育研究的关注”①。

二、本土化教学目标的生成

我们都知道，教育学原理上所谓的教学目标就是“对受教育者的质量及其规格的总体原则和要求”②。前文已经多次谈到，奥尔夫音乐教学法明确地把“育人”和提升人之音乐素养放在教学目标的首要位置。而从某种意义上说，所有教育目的都是使学生个体达到一定社会所认可的教育目的的重要手段。关于奥尔夫音乐教育体系的具体教学目标，在《20世纪音乐教学》中，有这样的论述：“在奥尔夫音乐教学法中，中心思想基本上是“隐含着的工作事项”，教学内容即围绕其设置。这些中心思想就是教师引导学生体验奥尔夫音乐教学时心中的目标，奠基性为人的音乐方面发展打下良好的基础。”可见，奥尔夫

① 王丽新．奥尔夫音乐教学法本土化教学模式构建［J］．外国教育研究，2012（4）．

② 柳海民．教育原理［M］．长春：东北师范大学出版社，2000：269．

虽然没有像音乐教育专家一样明确地提出其音乐教育体系的教学目标，但其教学实践中真实的蕴含着一些基本的“中心思想”，即教学的最终目标还是非常明显的。基于此，笔者把本土化的奥尔夫音乐教学法的目标简要概括为以下几点。

（一）促进个体音乐素养提升，培养学生主体意识

如前文所述，音乐教育如同其它学科的教育一样，首先是“人”的教育，其目的绝不仅仅是为了培养音乐家或熟练的音乐技师，而是为了培养和提高全体国民的音乐素养，而在这其中最核心和最重要的目的是培养人的审美能力和创造性。“每一个以《学校儿童音乐教材》的精神为孩子和青少年指导过的人，其实都会发现《学校儿童音乐教材》有一种“人本主义”的深刻影响，这远远超于音乐的功能之上。”① 在音乐教育中，音乐只是手段而已，培养音乐素养和具有人文精神的个性化人才是最终目的。这就是奥尔夫音乐教学法一切教学实践活动的出发点和归宿。

从奥尔夫音乐教学法的精神实质可以看出，音乐教育应该以人为本，重视所有学生音乐审美能力的提高。在奥尔夫本人看来，音乐具有两重含义：一是作为一种艺术；二是本能。因此，音乐教育相应地也具有双重任务一即培养普通的音乐鉴赏者和造就未来的音乐家，显然，奥尔夫更注重前者的培养。因此，音乐教育的最重要的或者说首要的任务应该是帮助众多的未来不是音乐家、基本不从事音乐职业的学生，让他们积极的参与各种音乐活动，提高音乐学习者的自身素养和在音乐方面自我认知的能力。奥尔夫原本性音乐诉诸人的本性，“从音乐教学实践中可以看出，奥尔夫音乐教育首先从人的最初发展开始，从幼儿教育开始，充分挖掘人的音乐本能，避免灌输式的、技术化的、非人性的音乐教育。此外，它主张在各个阶段、各种形式的音乐教育实践中，都应该以人为本，诉诸感性，通过音乐达到教育人、发展人的根本目的”②。奥尔夫的教育价值观永远以学生的发展为根本，强调尽可能地选择符合儿童年龄特征、身心发展特点和兴趣爱好的、有利于学生健康成长和全面发展的、世界上优秀的、经典的音乐文化遗产作为奥尔夫音乐教育的内容，坚持以人的发展为最终目的，第四章也谈到过，奥尔夫音乐课程的重要目标之一就是促进学生的身心发展以及个体的音乐素养的全面提高。奥尔夫音乐教育非常注重在音乐教育教学的过程中对学生的想象力、创造力、空间感、结构感、美感等诸方面

① 转引自李妲娜，修海林，尹爱青．奥尔夫音乐教育思想与实践［M］．上海：上海教育出版社，2002：49.

② 廖乃雄译．奥尔夫儿童音乐教学法初步［M］．合肥：安徽文艺出版社，1987：6.

能力进行挖掘和训练，对学生平衡能力、记忆能力、协调与合作能力、注意力的集中与发散能力等方面进行训练。这与我国传统音乐教育重视知识传授和教学结果的做法是有很大不同的。同时，奥尔夫音乐教育还充分利用和发挥音乐艺术自身的特点，丰富学生的情感体验，培养学生的审美情趣，为个体的成长和发展创造广阔的空间，从而使学生形成正确的情感、态度、人生观和价值观，培养其肯定的自我形象。总之，奥尔夫音乐教育在培养人的个体音乐素养，提升人的主体性意识方面具有重大的促进作用。

（二）培养音乐学习兴趣，强化学生合作意识

从心理学上讲，兴趣是从事某种活动时，人们所表现出来的积极、热情和肯定态度，及由此产生的参与、认识和探究的一种心理倾向性。[①] 它是学生主动进行学习和探究的精神力量，对于学生的学习和成长意义重大。正如大家都知道的，兴趣往往是学生最好的老师，对于感兴趣的事物，学生总是会积极地、主动地、愉快地去探究，从而使得活动过程或认识过程变得轻松而有趣。因此，兴趣是学生学习的巨大动力。同样的，兴趣对音乐教学而言同样具有独特的价值和意义。我们知道，奥尔夫音乐教学法把学生主动参与音乐活动及学生音乐兴趣的培养作为音乐教学的首要目标。那么，在这样的音乐教学中，音乐教师的任务就不只是局限在传统的“传道、授业、解惑”上面，更主要的是要创设良好的教育情境去引导学生发现问题，让学生对所学习的内容产生强烈的兴趣和探究的冲动，然后鼓励学生探索问题，寻找答案，通过孩子们提出问题、集体讨论，帮助其理解和掌握音乐学习的内容。这样，就能使音乐学习成为一种快乐的生活，从而调动儿童学习音乐的积极性和主动性。

一个人的成长离不开其所处的历史文化环境和一定的社会环境，在奥尔夫音乐教学中，吸引并允许儿童参加各种各样的音乐游戏会给其带来集体感、参与感、成就感和荣誉感，能够增强其协作精神。本土化的奥尔夫音乐教学法正是采取集体教学的组织形式，通过儿童群体的各种音乐游戏活动来创造一种良好的学习氛围和社会文化环境。为儿童之间的了解、亲近、交流、合作、学习和社会化创造了可能。在奥尔夫音乐教学的过程中每个参与音乐活动的学生都会产生一种集体感、荣誉感和归属感，可以说，集体意识和合作意识的培养也是奥尔夫音乐教育中学生最初音乐体验的一个重要原则和主要目标。

---

① 也有相关学者认为，兴趣是指兴致，对事物喜好或关切的情绪。而在心理学上通常指人们力求认识某种事物和从事某项活动的意识倾向。它表现为人们对某件事物、某项活动的选择性态度和积极的情绪反应。兴趣以需要为基础，在人的实践活动中具有重要的意义。兴趣可以使人集中注意，产生愉快紧张的心理状态。这对人的认识和活动会产生积极的影响，有利于提高工作的质量和效果。

（三）培养艺术鉴赏力，提升学生创造力

奥尔夫音乐教学法主张通过儿童的亲身体验，激发和培养儿童主动学习音乐的兴趣和内在动力，这是其教学法的主旨之一。[①] 然而，在我国由于传统和国情等各种原因的影响，音乐教学往往导致学生无论是技能还是思想都趋于大众化和平庸化，阻碍了学生性的健全发展，其创新意识与创新能力也得不到有效提升。要弥补学生的创新意识严重不足这种情况就要让学生用自信的态度去表现音乐，用批判和反思的眼光去看周围的事物，大胆地对周围的事物进行创造性地尝试，这样才能弥补学生创新意识缺乏的不足。另外，培养学生在音乐方面的创新意识，应创设一个合适的音乐教学环境，调动学生的创新热情，引发学生探求艺术的欲望，鼓励学生大胆创新思维，允许学生个性化的表现音乐作品。奥尔夫音乐教师在讲授音乐作品时，可从不同维度开阔学生获得音乐知识的视野，从多方面培养学生的创新意识和创新能力。而本土化的奥尔夫音乐教学法倡导人人参与、学生自由发挥的教学理念，让学生主动地去体验音乐的快乐，对学生学习音乐产生主动性和兴趣点，培养学生的创造性思维和独立思考能力具有重要价值。正是在这种独具特色的教与学的过程中，音乐知识与技能的学习往往变得非常简单，更重要的是有效地培养了儿童的音乐感知力、想像力和鉴赏力，发展了儿童的表现力和创造力。这也奥尔夫音乐教育思想的核心理念和基本原则。

（四）培养文化认同思想，理解音乐文化多样性

“音乐本是文化中的音乐，它在文化中产生，也应当在文化中得到认同”[②]。奥尔夫音乐教学法“并不是一种固定的、封闭性的‘条条框框’，它的具体教学内容和方法，都鼓励和启发各国和各地区的人们自己去创造和安排，它自身也在不断吸收新的理论，不断发展、前进”，[③] 它是一个开放的、充满活力的音乐教学体系。这也是该体系在世界范围内得以广泛传播的重要原因之一，正因为各国在借鉴其过程中不生搬硬套，根据自己的实际情况去做选择、判断、创生和建构，奥尔夫音乐教学法的这一开放性特征为我们既“弘扬民族文化”又“理解多元文化”、即发展一元又强调多元、既主张现代性又提倡后现代性、既鼓励本土音乐文化又融合世界音乐文化提供了无限的可能性。因此，弘扬民族音乐，首先应将我国各民族优秀传统和现代音乐作为奥尔夫音乐课程重要的教学内容，通过学习这些民族音乐，使学生能够从小了解并热爱我

---

① 史宁中，尹爱青．音乐课程与教学论［M］．长春：东北师范大学出版社，2006：162.

② 匡惠．德国学校音乐教育教学理论和方法的历史回顾［M］．中国音乐教育．1997（4）.

③ 秦德祥．元素性音乐教育［M］．南京：南京大学出版社，1989：115.

们伟大祖国的音乐文化，增强民族意识和爱国主义的高尚情操；同时，在理解多元文化方面也应该意识到，世界音乐文化的和谐发展有赖于对不同民族音乐文化的理解和尊重。我们在强调弘扬民族音乐文化和大力发展民族音乐教育的同时，还应以开阔的视野、博大的胸襟，学习、理解和尊重世界上其他国家和民族的音乐文化，通过本土化的奥尔夫音乐教学使学生树立平等的民族音乐文化与多元音乐文化并举的认同思想和价值观，从而让我们能够在移植和借鉴中共享人类文明的一切优秀成果。奥尔夫音乐教学法正是勇于超越"欧洲中心论"和德意志传统，表现了对世界其他民族音乐的尊重、发现和共享的典范。这表明奥尔夫音乐突破了对于音乐风格、音乐思维和音乐语言的唯一标准的限制，而走向了人类音乐原本的源泉和对多元文化的尊重。

音乐的属性是文化，音乐是文化的重要组成部分。音乐教育具有发展音乐文化的重要职能。对于我国目前的音乐教育而言，我们需要在加强民族音乐主体地位的同时要接受人类一切优秀艺术文化遗产，培养立足本土又面向世界的，具有创造新能力的新型音乐人才。音乐与社会生活、音乐与历史文化、音乐与艺术本身及艺术之外的其他学科等方方面面都有着十分密切的联系。"将音乐理解为文化"也是奥尔夫音乐教学法的重要理念之一，这在奥尔夫音乐教育内容的选择及教学过程中都有具体的体现。可以说，这样的音乐教育打破了音乐与音乐本身、音乐与生活、音乐与社会历史、音乐与文化之间的界限，缩短了音乐与儿童之间的距离，使儿童能在实际的生活中感受音乐魅力，认同多元文化共存理念。

三、本土化教学原则的生成

通过引入、融合、对话、创新等几种方式的整合，最终在我国实现音乐教育理论的本土化，可以说，这是一个相当复杂而漫长的过程。这个复杂的过程要遵循基于对这个过程的深入理解而提出的一些基本要求，即"音乐教育理论本土化的原则"。音乐教育理论本土化进程中的关系是多种多样的，笔者认为，其中最主要的应该好以下几个方面的关系：民族与多元的关系、传统与现代的关系、本土与外来的关系、理论与实践的关系、扬弃与创新的关系。基于此，笔者构建的奥尔夫音乐教学法本土化的原则是：民族性与多元性相结合的原则、律动性与趣味性相结合的原则、情感性与创新性相结合的原则、理论与实践相结合的原则、扬弃和创新相结合的原则等。接下来，笔者就详细介绍一下本土化奥尔夫音乐是如何体现和遵循这些基本的原则的。

（一）民族性与多元性相结合的原则

自 20 世纪 60 年代以来，多元主义在世界各国获得了极大认同，在全球也引发了广泛的多元文化教育的研究热潮。随着世界多元化的进程的加快，人们生活的各个领域都感受到了多元化的理念带来的改变。其实，“多元文化教育的其实质是通过改革和其它途径，培养本国学生的跨文化适应能力，帮助其从多种文化角度来观察本民族文化，使其获得适应本民族文化、主流文化以及全球化社会所必须的思想、知识、技能、态度，消除学生在性别、宗教、种族、民族、社会阶层、特殊性等各个方面存在的偏见与歧视，使所有学生都有平等的学习机会，都能体验学习的成功”①。多元文化音乐教育的内涵有两个层面，第一是一定民族与文化的多样性渗透到学校环境中去，音乐教育内容要以不同族群文化的观点看待相关事件，目的是促进民族间相互的理解和尊重。第二是音乐教育内容要适应不同种族学生的学习，运用各种方法设计和实施音乐教学，尽可能地使用本土音乐资源，同时做到对学生的评价要反映学生的民族与文化历史现状。我国由56个民族组成，因此，我国音乐文化的多元性不仅来自于丰富多彩的民族文化和区域文化，还有来自经济发展方式的变革所带来的价值取向多元化等等。著名学者樊祖荫说过，“一个民族的传统文化孕育着它们的悠久历史和文化精髓，是这个民族和国家人才培养的土壤。民族文化的教育是对人的本源的、根的教育，在学生素质教育中占有重要的位置”②。我国有悠久的历史和灿烂的音乐文化，有丰富的歌种、曲种、乐种、剧种以及歌舞和综合艺术。当前全球各国的音乐教育基本都放弃了对西方音乐文化的盲目推崇或对本民族音乐的固步自封，基本认同音乐教育必须融合多元文化与本土文化这种观念。那么，奥尔夫音乐教育应如何体现这种多元文化理念呢？尤其是在多元文化教育的背景中，音乐教育改革如何进行文化价值的选择，使民族与多元保持必要的张力，这音乐教育理论工作者极富挑战的研究课题。

奥尔夫音乐教学法作为当今世界最有影响力的音乐教育体系之一，在我国音乐界引起了广泛的关注。对于这一世界音乐教育的奇葩，全面解读其音乐教育体系，能够扩展我国新音乐教育研究与改革的视野，为我国的音乐教育研究和改革提供深刻的价值启示一即坚持多元化与民族化的结合，在借鉴和移植和基础上进行融合和创生，在多元的视野上大力发展和运用优秀的民族音乐文化。正如前文所述，奥尔夫音乐教学法的一个最基本的原则就是尊重世界任何一个民族的优秀音乐文化，强调要以本民族传统音乐文化为基础，以儿童熟悉的歌谣、山歌、谜语、童谣、民间舞蹈、戏曲等各种文艺方式为素材，让学生在熟悉的文化氛围中去感受和体验音乐，欣赏和创造音乐。因此，我们学习和

① ［加］麦克尔·富兰．变革的力量：透视教育改革［M］．北京：教育科学出版社，2000：25.

② 郭声健．音乐教育论［M］．长沙：湖南文艺出版社，2004：212.

借鉴奥尔夫音乐教学法必须与我国的民族音乐文化结合起来，在传承的基础上借鉴，在借鉴的基础上创新。比如我国各地的民间音乐和地方戏曲都可以作为学校奥尔夫音乐教学的重要素材。此外，通过鼓励儿童学习我国传统的民族乐器，不仅能让其熟悉并热爱我国的民族和地方音乐，而且还能够从小培养儿童的爱国热情和对音乐的鉴赏和表现能力。所以，将多元化奥尔夫音乐教学理念与我国传统音乐相结合，必然会受到广大学生的欢迎和喜爱，这也将对我国的音乐教育改革和国民音乐素质的提高产生深远的影响，这也是我们必须坚持的奥尔夫音乐教育本土化原则。

（二）情感性与创新性相结合的原则

毫无疑问，音乐是诉诸情感的艺术，是注重学生情感体验和审美感受的教育形式。在音乐教育教学中，只有让儿童亲自和主动参与到各种音乐游戏和活动中来，全身心的投入到即兴的音乐表演和创造中去，儿童才能直接而自然地感受、体验到音乐的魄力，产生崇高的审美的体验，并通过这种情感体验来表达自己真实的感受。因此，教学中广大的音乐教师应充分地尊重儿童，信任儿童，尽一切力量调动儿童学习音乐的积极性和主动性，以“释放儿童身上自然潜在的原本音乐力量”。一切艺术活动都带有一定程度的自发性和创造性，、原本性音乐的一个基本点就是创造。奥尔夫在创立这套音乐体系之初就明确指出，“让孩子自己去寻找、体验进而创造音乐，是最重要的”，“音乐创造有简单复杂之分，但从的本质意义上讲，儿童的音乐创造和音乐大师的创造具有同等意义和价值”。① 因此，引导学生进行即兴创作是奥尔夫音乐教学的重要原则，这是儿童创作的主要形式。“完全从即兴出发的自由教学，是，而且永远是一个卓越的出发点”②。奥尔夫还认为，“就其整个范围来说，教学应从即兴出发，而即兴应该用节奏形式作为支柱，接着才是音的固定和记谱作为结果”。③ “原本性的奏乐的出发点，就是即兴演奏”。可见，为了激发儿童的创造性，奥尔夫是多么重视音乐教育教学中的亲自参与和即兴创造。比如奥尔夫音乐教育一大特色的奥尔夫乐器就为教学中学生的即兴创作提供了重要的基础。重视即兴对培养儿童的灵活性、创造性以及良好的合作精神十分有效。奥尔夫在探索其音乐教学法之初就非常具有远见卓识地把创造力作为其音乐教育

---

① 卡尔·奥尔夫，古尼尔特凯特曼．廖乃雄，编译．为儿童的音乐［M］．上海：上海教育出版社，2004：215.

② 李妲娜，修海林，尹爱青．奥尔夫音乐教育思想与实践［M］．上海：上海教育出版社，2002：44.

③ 李妲娜，修海林，尹爱青．奥尔夫音乐教育思想与实践［M］．上海：上海教育出版社，2002：44.

的重要培养目标。通过这种在即兴的基础上进行的音乐创生过程，学生的情绪情感和创造意识、创新精神都得到了发展。可以说，创造性正是奥尔夫音乐教育的生命力所在。总之，重视学生的情感的即兴表达，并以此为契机发展学生的创新能力，是我们进行本土化探索必须坚持的另一重要原则。

（三）律动性与趣味性相结合的原则

奥尔夫指出，儿童音乐方面的知识素养和技能的发展，应顺其自然，适应儿童的身心发展特点与规律以及音乐本身的特点。节奏、律动等音乐基本要素是音乐艺术与人的生理、心理等活动关系密切的部分，在自然界和人类社会生活的各个角落里，只要我们细心地去观察，会发现世界上存在着各种形态的节奏和律动，如人的脉搏和呼吸、天气的阴情圆缺以及刮风下雨、运行的钟表、太阳的东升西落等等。因此，人们形容节奏是“音乐进行的时间组织者、音乐的骨架。”毫不夸张的说，节奏是音乐的生命，是音乐生命力的重要来源。极其突出的节奏性是奥尔夫音乐教育体系的重要特点之一，也是其整个音乐教育教学活动的基础。奥尔夫音乐的节奏、旋律练习中是和动作结合在一起的，节奏作为原本的音乐力量，通过参与者跺脚、拍掌、走路等方式，以最原始的方式呈现出来，音响和动作的统一，产生自纯粹的音乐表现的需要，是一种极其自然的音乐表现方式。与我们传统单纯的节奏训练教学不同的是，奥尔夫音乐教学采取了一种与语言和动作的节奏相结合的、训练和培养儿童音乐节奏感的原本方式。我们都知道，语言节奏方面的训练是学生学习音乐的基础，重视语言的作用是奥尔夫音乐教学法的基本要求，也是奥尔夫音乐教学法节奏训练在音乐教育活动中的重要内容。由此可见，在音乐活动中结合语言、动作或舞蹈来加强节奏方面的训练，对于儿童学习音乐的效果非常富有成效。我们都知道，人的动作本身非常富有节奏动感，对于学生而言，通过人的一些肢体动作来训练其对节奏的直接感受和体验的能力，音乐学习的效果非常良好。例如《学校儿童音乐教材》第一卷《节奏一旋律练习》中就主要是运用“声势”即通过有声有势（拍手、拍脚、跺脚、捻指等富有趣味性的动作），进行节拍一节奏的敲击练习，来发出各种不同的音色和力度的声响，体现各种不同的动作姿势和体态，从而以一种轻松和娱乐的方式达到音乐节奏训练的目的。

另外，我们常说“兴趣是最好的老师”，儿童的学习效果和学习动力取决于其学习兴趣，而以语言和动作为主的声势教学活动可以有效地激发儿童的音乐学习兴趣，很容易引起儿童的兴趣和好奇心。我们都知道，儿童的年龄特点和身心发展规律使得儿童的兴趣集中点比较短，这就需要通过富有律动的语言和肢体动作等外部条件的辅助和刺激来激发学习的学习，帮助其理解和记忆。这种律动式加趣味式的音乐教学是促使孩子们乐于参与音乐教学活动的最佳方式之一。奥尔夫的声势练习把儿童从板凳上解放出来，要求儿童身体的每一个部位都运动起来，产生很多丰富、立体的声响效果，容易激发儿童的兴趣和参与意识，让每一个人都融入到音乐教学之中，同时容易引起他们的表演和创造欲。从实际的做中来学习一切，包括音乐及其技艺，这也是意大利著名幼儿教育家蒙特梭利（Haria Montessori）教学体系的根本要义。德国音乐教育家欣德米特也说过："做音乐相比听音乐而言是一种更好的学习和享受音乐的方式。"音乐的生动性及其独特魅力，只有亲自参与才能心领神会、融会贯通。因此本土化奥尔夫音乐教学要强调要求儿童主动参与音乐活动，通过亲身体验，诉诸感性，鼓励和培养幼儿主动学习音乐的兴趣。

（四）理论与实践相结合的原则

马克思辩证唯物主义认为，真正的理论是从客观世界中抽出来并在客观世界中得到证明的正确理论。脱离实际的理论无疑是空洞的、无效的理论。这种理论是没有价值的，不正确的，也是我们应该抛弃的。也就是说，在世界上有两种知识，一种是书本上的知识，一种是偏于感性和局部认识的知识，这两种知识都有一定的片面性。只有使二者互相结合，才会产生客观正确的知识。也就是说，我们在实际工作中，要理论结合实践，而不依靠"本本主义"或是"经验主义"，在教育教学研究中，只有将理论与实践有机地结合起来，才能少走弯路，取得成功。理论源自于实践，闭门造车的结果是产生没有实践根基的知识，这样的结果不过是筑起空中楼阁，最终也只能成为空谈。理论与实践相结合，理论指导实践是我们进行理论与实践研究的基本原则。事实上，理论与实践互相依托，密不可分，相依相辅。在实际工作中，只有二者有效的结合，才能对工作起到促进作用。奥尔夫音乐教育教学在教学内容的选取、教学形式和教学方法的采用等方面都充分考虑了广大儿童生理、心理特点和发展规律。采用集体参与教学的组织形式、选取具有本土特征的、基础性、综合性的教学内容、从儿童熟悉的日常生活和喜欢的游戏入手、以节奏感这一人之本能为音乐教学的基础、以简单易学的奥尔夫乐器作为教学的辅助手段，主张儿童参与音乐活动的机会均等，集中地体现了理论与实践相结合的原则。因此，本土化奥尔夫音乐教学也一样，必须通过学习先进理论，与实践工作相结合，让理论指导实践，以实践来验证理论，才能行之有效，创造性地开展好音乐教学工作。

（五）扬弃与创新相结合的原则

马克思哲学认为，先有物质，后有意识，物质决定意识，意识反作用于物质。人类社会的文化往往依托于一定的经济基础或相应的社会历史背景，它不可能脱离人类的物质生产和时代发展而孤立地存在，而一个社会的物质生产发展状况往往会对文化发展产生非常直接的影响和改变。“由于发展时间和水平的原因，音乐文化往往有先进与落后之分，先进的音乐文化经过人们长期的运用和选择，最后成为人类艺术文明进步的结晶，它反映了人类社会发展的基本趋势和基本规律，代表了人民群众的根本利益，推动着人类历史不断前进。落后文化则表现的恰恰相反。在不同的历史时期，两种文化结合在一种文化本体之中，相互依存、相互对立、相互斗争，在这种复杂的关系不断向前发展着”①。因此，要想促进音乐文化教育事业的不断繁荣发展，就必须制定正确的文化艺术发展的方针和政策。使之适应历史和社会发展的要求，促进先进音乐文化的繁荣与发展。奥尔夫音乐教学法以“以人为本”的教育价值观和“原本性”的音乐观为基础，在全球获得了极大发展和广泛的认可，这些优点无疑是值得我们继承和发挥的。奥尔夫主张文化平等，承认全世界各民族的音乐都有其自身的文化价值，教学中应使用符合本地区本民族传统和习惯的音乐素材，并在此基础上，进行积极的创新，从而有利于本民族文化的传承和发展，有利于学生的学习和成长。这种不断扬弃和创新的理念是其得以保持旺盛生命力，不断向前发展的动力源泉。因此，在奥尔夫音乐教学法本土化的过程中，坚持扬弃和创新相结合的原则，是我们借鉴和创生的基础，是继承和创新这一世界优秀音乐文化遗产的必然选择。也就是说，奥尔夫音乐教学法在推广引入到中国以后，必须进行适合中国国情的发展、探索、改造和创新，使其符合我国的音乐文化的背景和日常生活。奥尔夫音乐教育在教学形式、教学方法的采用上同样也应遵循扬弃与创新的原则，这是任何理论体系保持生命力的唯一方法。这就要求广大的一线音乐教师在引入、学习、借鉴和运用奥尔夫音乐教学法时必须充分研究其理念中，理解其精神实质，充分考虑本国或本地区学生的实际发展水平，在此基础上灵活地、创造性地运用各种音乐教学形式、采用各种音乐教学方法来开展一系列的音乐教学活动，一定要防止盲目照搬而适得其反。奥尔夫对待自己创立的音乐教学法，看重的不是“体系”而是“原理”。所以在各国对奥尔夫音乐教育进行本土化发展和创新时，一定要遵循文化传承的扬弃与创新相结合的基本原则。

四、本土化教学内容的生成

笔者在实际的音乐教育教学中，经常有老师会问，“奥尔夫音乐教学内容怎么生成，奥尔夫音乐是否有其的特殊性？我们如何确定或寻找自己的奥尔夫音乐教学内容和教学素材呢？”恐怕这也是困扰很多奥尔夫音乐教师的一个极

① 王峰，赵海峰．迎接全球化的挑战，积极推进中国先进文化建设［J］．理论学习，2005（01）．

其重要的问题。笔者认为，所有的音乐素材，只要是适用于一定阶段的儿童，都可以作为奥尔夫音乐的教学素材。多数儿歌与乐曲都具有旋律与节奏不断重复的特点，旋律与节奏是两个重要的音乐元素。奥尔夫提倡的“元素教学”（Elemente Musik）就是希望老师具有一双慧眼，抓住所教乐曲的最原本部分，然后通过不同的教学手段，加以感受，认知，拓展与创造，最后发展到整个乐曲或是更广阔的音乐空间。不管是西方的音乐，还是中国的民族音乐，只要是曲子段落清晰，具有一定趣味性或节奏性，时间上稍微能够有所控制的，都可作为很好的奥尔夫音乐素材，经过改造后运用于音乐教学。可能有的老师会有这种想法一奥尔夫音乐一定要是西方的，其实这些人恰恰忽略了奥尔夫的“本土化”特征，中国音乐是博大精深的，包含了56个民族和各个地区的音乐精华，特别是一些少数民族音乐，这些音乐具有极强的节奏性、旋律性与舞蹈性，都可以被广泛得运用到奥尔夫教学中来。所以，奥尔夫音乐的教学内容并不是找不找得到音乐素材这样的问题，其实，最大问题在于音乐老师是否愿意摆脱传统音乐教学的客观束缚，而去接受一种新颖的需要付出努力探索的新型教学模式，这种模式需要教师积极主动地去挖掘与探索各种音乐素材，找到音乐的最原本因素，然后通过设计和创造不同的教学活动与环节，最终形成一个丰富完整的音乐形式。正如某些学者所言，奥尔夫教学其实是一种反思维模式的教学理念，是一个能让学生感觉轻松愉快的教学方式，但它的确需要每一位奥尔夫音乐老师去思索，去探讨，去挖掘，去付出。接下来，笔者就从几个具体的视角谈谈本土化奥尔夫音乐教学内容的选择与生成。

（一）以方言、童谣、古诗词等为素材

语言能力的训练是孩子早期音乐教育的重点之一。各地的方言、儿歌、童谣、古诗词、绕口令、谜语等等都是孩子非常喜爱的音乐教育素材，这些素材语言生动活泼，琅琅上口，是我国民族文化的精华，非常适合孩子学习，对培养他们的文学素养也有很大帮助。

下面笔者以古诗词为例，谈谈本土化奥尔夫音乐教学内容的选择。中国古诗词以其精湛的语言，深邃的意境、优美的韵律而成为中国文学史上灿烂的明珠，那么，如何使这些明珠成为很好奥尔夫音乐教学内容呢？笔者在具体的教学实践中将古诗词与奥尔夫音乐教育相融合，通过奥尔夫音乐教学法，用节奏语言、肢体律动、声唱动作、综合表演来诠释古诗词的韵律美、意境美，既提高了学生对古诗词的学习兴趣，加深、加快儿童对古诗词的记忆，又培养了学生的音乐综合能力，达到双赢的目的。前文已经论述过，奥尔夫音乐教育思想内容丰富、形式多样、教法灵活、寓教于乐，作为世界上优秀的音乐教学体系，对于克服我国普通音乐教育中的“专业化、技能化”，真正唤起学生内心的音乐情感和培养学生的音乐素质是很有帮助的，现在我们越来越重视其在中国的“本土化”。而古诗词作为我国一种“经典性”的作品，语言精练、意境优美、寓意深邃，且节奏、韵律和谐，具有音乐美，如果能利用它和奥尔夫音乐教育的完美结合对学生进行教育，不仅能做到“洋为中用”、“古为今用”，而且让学生既传承了优秀文化遗产又培养了音乐素养。笔者近年来，一直在进行奥尔夫音乐理念应用的理论与实践研究，下面，笔者就以奥尔夫音乐教学与古诗词有效融合的教学实践，谈谈古诗词与奥尔夫音乐相融合的教学策略。首先，教学时要在内容、兴趣上导入，引发学生的情感之美。音乐和古诗词都是儿童时期必不可少的教学内容，那么将古诗词与音乐相融合，选择适宜的古诗词来激发学生学习兴趣，并营造良好的音乐教育氛围，以生动活泼的方式对学生进行传统文化教育。既提高了学生的文学素养，又提高了学生的音乐体验和感悟能力。选择古诗词作为学生奥尔夫音乐教学内容，不仅要考虑古诗词的音乐性，还要考虑古诗词对学生的可接受性。应选择短小精练，琅琅上口又能与学生生活紧密联系的古诗词，如《春晓》、《静夜思》、《悯农》、《咏鹅》、《登鹳雀楼》、《江雪》、《望庐山瀑布》、《清明》、《咏柳》、《晓出净慈寺送林子方》等五言或七言古诗都比较适宜作为奥尔夫音乐的教学内容。这些音韵优美、意境美妙、语言凝练的作品让学生感受到古诗词的意境美、语言美、情感美，会引起学生强烈的情感共鸣和浓厚的学习兴趣。其次，教学时以节奏朗诵入手，展现古诗词的韵律之美。奥尔夫的“原本性音乐”将语言、动作、音乐融为一体，而能够把语言、动作、音乐融在一起的最核心、最基本的要素就是节奏。这就需要音乐教师自己或指导学生对古诗词创编不同的节奏类型。培养学生正确的节奏感，用语气游戏增加学习节奏的趣味性。再次，教师要善于进行肢体律动①创作，体现一种动感之美。教师首先要善于运用声势来进行教学，还要结合一些身体游戏。游戏是儿童最喜欢的活动方式，结合古诗，通过身体动作游戏对学生进行音乐训练，也会取得良好的教学效果。第四，在古诗词的教学中要注意歌唱结合，让学生感受音乐艺术之美。老师可以运用多种音乐教学方式，让学生通过优美的歌声吟唱古诗词，营造“古风古韵唱吟古诗”的意境。最后，教学中把音、诗、画综合表演，展示古诗词的意境之美。总之，在古诗词与奥尔夫音乐教学法的融合过程中，我们必须忠实于奥尔夫音乐“原本性、创造性、自主性、综合性、参与性、节奏性”等教育理念，不断探究、改造和创新，灵活运用各种教学方法和模式，丰富学生的文化素养、培养学生的音乐

① 肢体律动音乐教学，是指由音乐伴奏，以身体动作作出反应，从而培养音乐能力的教学方法。这种音乐教学方法，有效地培养了学生身心的自控把握能力，发展了学生富有动力的生命力。

素质，提高学生的综合能力。只有是有责任心的教师并且愿意付出努力，方言、儿歌、童谣、绕口令、谜语等都可以成为奥尔夫音乐教学的素材，限于篇幅，这里不再赘述。

（二）地方音乐资源的开发

前文已经论述过，奥尔夫本人非常热衷于开发本土化的民族民间音乐。无论是祖国巴伐利亚家乡的民间歌曲，还是富于浓郁东方情调的日本和中国的音乐；无论是非洲的木琴，还是东南亚等国的打击乐……都体现着音乐的本质和本源，是最“自然的”、最“富有活力的”艺术。凡是那些“接近土壤的、自然的、机体的，能为每个学生学会和体验的”各个国家、地区的民族民间艺术都可以作为教学材料，以适合儿童参与体验的方式创造出各种各样的课程或课堂教学活动。正因为如此，奥尔夫音乐教学法在世界上具有广泛的影响，受到大量的教师和学生的欢迎。可以说，奥尔夫的音乐教育思想和教学法在世界音乐教育领域的广泛传播，对多元音乐文化教育的研究和发展，产生了重大的推动作用。新一轮国家课程改革否定了以往“教材就等于资源”的教学思想，要求教师要善于开发和利用各种音乐课程资源，突出教学资源的多样性、灵活性和地域性。最新的《音乐课程标准》也指出：“地方和学校音乐教育应结合当地人文地理环境和民族文化传统，充分利用当地的课程资源，营造良好的校内外音乐环境，丰富具有区域文化和民族文化特色的教学内容，开发具有地区、民族和学校特色的音乐课程资源”。目前，我国地方音乐文化课程资源的开发利用还处于研究起步阶段，为了推进音乐新课改的实施，我们必须加大地方音乐文化课程资源利用与开发的力度，为奥尔夫音乐教学开拓更多的内容和素材。笔者认为学校和教师应该在以下几个方面做出努力，深入挖掘地方民间音乐资源，充实奥尔夫音乐教学内容。第一，搜集各个地域类型地方艺术形式，通过筛选整理，引入课堂。音乐老师要注意搜集地方艺术资源，可以利用双修日时间深入本地的各个文化馆、非物质文化中心，搜集各个地域的地方音乐文化，如本地的民歌、民间舞蹈、民间器乐等。将其中的代表性民歌作品引入课堂。第二，以课堂教学为平台，向学生介绍各个区域地方民间文化艺术形式。在实际的教学中教师可以灵活设计，比如可以在在每节音乐课上设计课前5分钟，向学生教唱一首本地民间民歌，或鼓励学生演唱一首民歌；以地方音乐文化艺术形式为教学内容，编写教案，进行教学等。第三，学校或教师以小组为单位，组织学生调查研究本地地方音乐文化资源，培养学生的调查研究能力。并以此充实校本课程，使之成为奥尔夫音乐教育内容的组成部分。

（三）民歌及其他民间音乐的选择

我国现已确定的民族有56个，本身就是一个多元音乐文化的国家，每个民族都有独具特色的对音乐的理解和富有民族色彩的音乐文化。这些民族独特的音乐文化都与其民族风俗、传统、审美取向、地域特点、自然状况、生存空间、文化传承等因素有着非常紧密的联系。新中国成立初期，我国政府曾组织大批音乐工作者对全国各民族的乐种、剧种等民间音乐信息进行了广泛深入调查[①]，经过这次调查，大批的有代表性的民族音乐开始频繁地出现在国人面前。1960年，中国音乐家协会、音乐出版社和中央音乐学院等单位组织编辑出版《中国民歌集成》。自1979年开始，在发展和传承民族音乐文化方面，我国做了大量的工作。首先，国家制定了《搜集整理我国民族音乐遗产的规划》，希望通过这种方式，对我国的民族音乐文化遗产在整体上有一个全面系统的了解。之后，我国决定联合各部门主持编辑《中国民间歌曲集成》、《中国民族民间器乐集成》、《中国曲艺音乐集成》、《中国戏曲音乐集成》、《中国琴曲集成》等民族音乐作品集。据相关的统计显示，截止到2006年，共有298部，450册，约5亿字的民族音乐文化典籍编撰工作已全部完成并出版。接着在1980年，我国首届《“民族音乐学”讨论会》在南京市召开，就传统音乐和民族音乐的未来和发展问题开展了学术讨论，在会议上促成了“中国传统音乐学会”和“中国少数民族音乐学会”两个全国性音乐学术组织诞生。自2001年始，我国的昆曲艺术、古琴艺术、新疆木卡姆艺术和蒙古族长调民歌接连成功地入选世界联合国“人类口头和非物质遗产”，这些我国优秀的民族民间音乐的代表都是世界音乐类非物质文化遗产的重要组成部分。2006年5月，我国公布了第一批国家级非物质文化遗产名录，在公布的518个项目中，音乐和舞蹈类达到251项之多，这其中包括民间音乐、民间舞蹈、传统戏剧、曲艺等相关类别。总而言之，我国大量的民族、民间音乐资源为本土化的奥尔夫音乐教学内容的生成提供了取之不尽、用之不竭的素材，我们应该加大对民族、民间音乐的开发力度，挖掘出更多活泼、生动的奥尔夫教学课例。

五、本土化教学方法的生成

（一）从节奏朗诵入手的音乐教学方法

前文已经谈到，语言、舞蹈和音乐是不可分割的，节奏是使它们联系到一

① 1950年，对江苏无锡的民间音乐家华彦钧的传谱和演奏技艺进行了搜集、整理工作，1953年，进行了以“河曲民歌”为代表的民歌搜集和整理工作；1956年对古琴音乐进行了调查和整理，同时出版了《古琴曲集》；1957年，对“孔庙音乐”进行了调查、整理。随后对“侗族大歌”、“西安鼓乐”、“苏南吹打”、“浙东锣鼓”、“福建南音”、“江南丝竹”、“广东音乐”几个少数民族的音乐进行了调查。2003年8月号《人民音乐》发表了《新世纪中华乐派四人谈》，赵宋光、金湘、乔建中、谢嘉幸四人提出了建立“新世纪中华乐派”这一战略性口号。

起的纽带。奥尔夫认为，音乐节奏是比旋律更基本的元素，节奏是音乐的生命与动力。在奥尔夫音乐教学法中，最常用的方法就是从语言节奏和动作节奏两方面培养儿童的节奏感。具体操作上可以首先让儿童从童谣、诗歌、儿童熟悉的人名、动物名等事物中提取最简单的节奏单元，配合多声部朗诵、声势活动、乐器演奏、编配旋律歌唱、设计故事等，最后可能发展成为小型戏剧的综合表演。动作节奏包括律动、舞蹈和声势活动。其中“声势活动”(包括跺脚、拍腿、拍手和捻指)被公认为是奥尔夫音乐教育体系的独创。“声势”是用最简单身体动作的声音进行的节奏组合活动，被称为“身体乐器”。“声势”可以培养学生的节奏感和对不同音色的感受。“声势活动”根据其不同的难度，提供给不同年龄的儿童进行学习。

课例分析：

《粉刷匠》教学设计

设计意图：

本课选自人民音乐出版社出版的义务教育音乐课程标准实验教科书，一年级第二册第九课“表演”部分中的歌曲《粉刷匠》，“这首歌曲是一首风趣活泼的波兰儿童歌曲。歌曲为2/4拍，一段体，F大调式。全曲音域仅在五度以内，由五个唱名组成短小严整的四个乐句，多用重复，简单而易唱易记。轻松风趣的旋律与幽默诙谐的歌词相结合，一方面生动地描绘了小粉刷匠在观赏自己的劳动成果，得意炫耀自己劳动技术的同时，表现了小粉刷匠一心只顾劳动，弄得鼻子也刷上了白灰的顽皮神态；一方面教育学生热爱劳动和乐观向上的精神”①。

节奏朗诵是奥尔夫音乐教学法中比较有特点的教学方法，将语言引入音乐教学是奥尔夫对学校音乐教学的一项伟大的贡献。与动作、音乐相结合的语言，成为奥尔夫原本性音乐教育的一个重要特征和组成部分。他认为音乐的构成第一要素是节奏，而不是旋律。节奏可以脱离旋律而存在，旋律则不可能脱离节奏而存在，所以说节奏是音乐生命力的源泉，他特别强调从节奏入手进行音乐教育。几乎每个孩子从生下来都会听到长辈们给他念古诗、唱童谣，而运用节奏朗诵进行入门教学，是最受孩子欢迎的，这对于挖掘本土文化还有着深远的意义。《粉刷匠》这首歌曲的歌词结构规整、琅琅上口，非常适宜从歌词朗诵进行教学，所以本课的教学设计运用了奥尔夫的节奏朗诵教学法。在朗读儿歌的同时，又进入到轮说(卡农)和多声部的朗读活动中,，随着一首儿歌

---

① 参见义务教育音乐课程标准实验教科书，一年级第二册第九课. 引自 http://www.chinese-jy.com/jr/212/213/20061202157196.html

节奏的变化，音乐性更丰富了。在声势训练的基础上，加入奥尔夫乐器，乐器的编配与使用也是围绕节奏要素为主线，在玩、说、唱、动、奏的过程中去感知节奏，体验节奏与音乐之间的关系；在演奏中不是让学生沉闷地、一味地坐着伴奏，机械地奏乐，而是给学生有更多发挥的空间，这样能充分激发学生学习和参与的积极性。这节课中所有学习节奏的方法，均寓学习于游戏之中，真正实现了“乐”（音乐）即是“乐”（快乐）的至理。

教学年级：

小学一年级

教学目标：

1. 通过学习歌曲《粉刷匠》使学生能够用活泼、轻松的声音，有表情地演唱歌曲。

2. 学生能够用打击乐器为歌曲进行伴奏，从而培养学生的参与意识和合作能力。

3. 通过学习让学生懂得劳动中不怕脏，不怕累的道理，培养从小热爱劳动的好习惯。

教学重点：用轻松愉快的声音有感情地演唱《粉刷匠》

教学难点：用乐器为歌曲配伴奏

教学课时：一课时

教学用具：多媒体课件、钢琴、奥尔夫乐器、歌词挂图

教学过程：

一、猜谜语导入

1. 猜谜语：

一棵树五个杈，不长叶子不开花。能写会算又会画，劳动生产全靠它。（打一身体器官：手）

2. 同学们还了解哪首歌曲是描写劳动场面的，请女生演唱《洗手绢》，男声演唱《理发教师》。

二、节奏朗诵学习歌词

1. 教师在音乐的伴奏下按节奏完整朗读儿歌，引导学生总结出儿歌的内容。

2. 请学生到黑板前面把图片贴在歌词的空白处，帮助学生记住歌词顺序。

3. 师生分乐句对接歌词，继续巩固歌词的记忆。

4. 学生分两组，进行二声部卡农练习。

5. 多声部的节奏朗读

（可先进行一二声部，再逐步加入第三声部，学生可以边朗读边配上

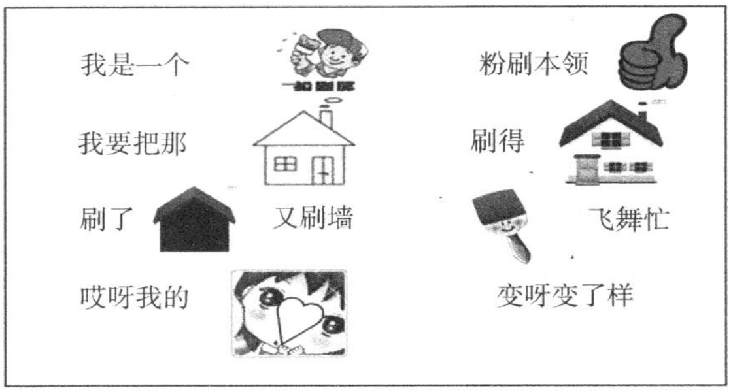

动作。)

第一声部	我是 一个	粉刷 匠	粉刷 本领	强 －
第二声部	O O	O O	O O	O 刷
第三声部	加 油	加 油	加 油	加 油

三、声势活动学习歌曲

1. 在歌曲的伴随下，学生模仿教师动作学习声势律动，在游戏中初步感受歌曲的旋律。

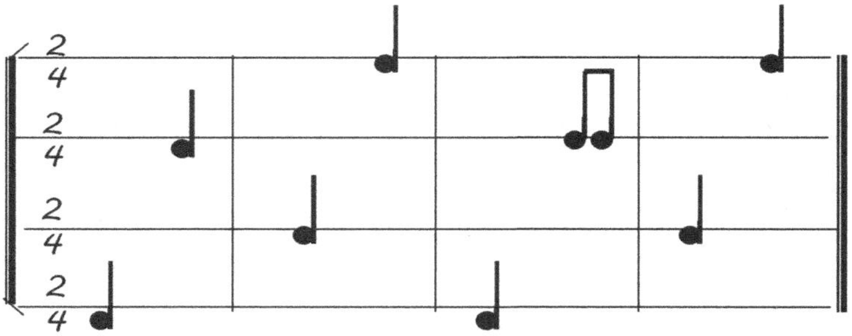

2. 请学生随琴轻声地完整演唱歌曲。

3. 引导学生一边做粉刷的动作，一边演唱歌曲。

四、乐器伴奏表演歌曲

1. 音条组：把学生分成四组，每组演奏一种乐器，每组乐器演奏声势活动中的一个声部。

如　小钟琴——捻指声部　　　高音钢片琴——拍掌声部

　　中音钢片琴——拍腿声部　　低音钢片琴——跺脚声部

（在音条乐器使用中一定把 F、B 音条去掉，形成五声音阶。在这里只使用音条乐器的音色进行伴奏，不强调音高，可让学生根据自己的喜好有表现力地随意敲击音条。也可以两名学生共同演奏一台琴。）

2. 打击乐器组：把学生分成四组，每组演奏同种材料乐器，每组乐器演奏声势活动中的一个声部。

如　散响类——捻指声部　　　木质类——拍掌声部

　　皮膜类——拍腿声部　　　金属类——跺脚声部

3. 经过每组的分别练习，可以进行乐器的大合奏，所有的学生在演唱与乐器伴奏中，充分地感受音乐、表现音乐，培养学生的参与意识和合作能力。

五、结语：

今天的音乐课我们会唱了《粉刷匠》这首好听的歌，小粉刷匠经过辛勤的劳动，把自己的小家变得非常美丽，我们也应该像他一样劳动中不怕脏，不怕累，培养从小热爱劳动的好习惯。

设计教师：王丽新

附录一：谱例

粉刷匠

[波]佳基洛夫斯卡词
[波]列申斯卡曲
曹永生译配

1＝F $\frac{2}{4}$
中速 欢快地

（二）声势活动与唱歌相结合的方法

上文已经谈到，奥尔夫创造了将音乐与动作、体操、舞蹈、语言等结合在一起的，以节奏为基础，结合人的身体的律动，以唱、奏、动、听相结合的独特音乐教育教学形式。声势是奥尔夫首创的用身体律动来进行节奏训练的音乐活动形式，这种音乐教学方式将复杂、抽象的音乐知识转化为简单、有趣的身体语言，让儿童能够在轻松愉快、充满乐趣的环境中主动地学习。声势与唱歌相结合的教学具有很显著的教学效果和很好的使用价值。声势活动可以有效地激发儿童的音乐学习兴趣，很容易引起儿童的好奇心。把儿童从板凳上解放出来，激发儿童的参与意识，使之融入到音乐教学之中，引发学生的表演和创造欲。声势教学还可以较好地培养儿童最基本的音乐素质。“声势活动将身体语言作为音乐的化身，把儿童心中对音乐的感受，通过身体的动作表现出来，这种方式用在音乐教学中可以潜移默化地培养儿童的音乐素质”①。可以说，“声势”是对世界音乐教学的一大贡献。声势现在已是动作教学的最基础方法，很多国家当前还根据非洲、拉丁美洲以及美国本土的民间歌舞中原有的形式增添不少新的内容如拍胸、拍头、拍臀，脚下音色丰富的踢哒节奏等。这些方式对训练节奏感、反应能力、身体的谐调能力及即兴有非常好的效果，也深受学生们欢迎。声势还可以与演唱结合，丰富的声响与多声部的合作令学生的学习兴趣更浓，可人人以参与其中，真正体现唱、说、动、奏融为一体的综合性教学。总之，口、耳、脑、眼、手等多位一体地敏锐地联系起来的声势活动不仅可以发展儿童的音乐感知能力，还可以提高儿童的一些基本能力，这种方法比静止呆坐的音乐学习方式在教学效果方面要好得多，学生能够在轻松愉快、充满乐趣的环境中学习音乐、感受音乐。接下来，笔者以《两只小象》为例，来详细探讨一下这种教学方法。

课例分析：

《两只小象》教学设计

设计意图：

本课选自人民音乐出版社出版的义务教育音乐课程标准实验教科书，一年级第二册第四课“表演”部分中歌曲《两只小象》，这是一首三拍子创作歌曲，歌曲以有规律的节奏配上亲切的曲调，描绘出小象用长鼻子互相问好，一同在河边嬉戏玩耍的生动形象，告诉学生要团结友爱。音乐课程目标的设置是以音乐课程价值为依据的，通过教学及各种生动的音乐实践活动，培养学生爱好音乐的情趣，发展音乐感受与鉴赏力、表现力和创造力，提高音乐文化素养，丰富学生的情感体验，陶冶他们的高尚情操。一年级学生以形象思维为主，好奇、好动、模仿力很强，因此本节课的设计以活动教学方式为主，通过多媒体创设情境，激起学生学习音乐的热情和兴趣，在满足学生表现欲的同时，提高

① 李妲娜，修海林，尹爱青．奥尔夫音乐教育思想与实践［M］．上海：上海教育出版社，2002：70.

学生的创造力，力求在整个课堂教学中体现出艺术课程的人文性、综合性、创造性和愉悦性。在教法上采用猜谜激趣法、创设情境法、听赏法、听唱法和声势活动等教学方法。在学法的指导上，运用合作探究的学习方式，以学生自主学习为主。

在本节课根据动物的主题设计了游戏化的“动物声势”，由语言朗诵入手，从单声部过度到多声部，由四分音符、八分音符过度到休止符，使学生很容易掌握了声势活动的四个基本动作，培养了内心听觉和音乐记忆能力，再把动作运用到新歌的创编中，培养了学生的创作能力，进一步巩固了歌曲的演唱。

教学年级：

小学一年级

教学目标：

1. 能用优美的声音和活泼的情绪演唱《两只小象》，体会三拍子的韵律感，并在学唱的过程中认识和掌握四分休止符。

2. 在多声部声势活动中，感受多声部的和谐美，培养学生的即兴编创能力及动作的协调能力。

3. 引发学生对动物的兴趣和关爱，懂得要保护自然、热爱动物。同学间要团结友爱，做个讲文明懂礼貌的好学生。

教学重点：能用活泼、富有弹性的声音演唱歌曲

教学难点：感受3/4拍的韵律，为歌曲编动作

教学课时：一课时

教学用具：多媒体课件、小象头饰、动物声势挂图

教学过程：

一、故事导入——激发兴趣，趣中孕情。

1. 出示谜语：耳朵像蒲扇，身子像小山，鼻子长又长，帮人把活干。(打一动物)。

师：有这么两只可爱的小象，不约而同来到小溪旁玩耍。它们扬起鼻子勾一勾，象一对好朋友见面在握手。这两只小象一边走还一边在做什么？他们的心情又是怎样？让我们来看一看。

2. 播放音乐课件，通过直观、形象、生动的情景，让学生初步感受歌曲欢快活泼的情绪和三拍子的强弱规律。并再次激起学生学唱歌曲的兴趣。

二、歌曲学唱——感受音乐，歌中悟情。

1. 节奏练习

3/4 XX X X | XX X O | XX X X | XX X O ||

教师结合节奏练习讲解四分休止符表示休止一拍。

2. 出示歌词，并按节奏读词。

3. 师生交流感受，得出小伙伴之间要团结友爱的观点。

4. 师弹唱第一段，采用听唱法教学。

5. 学生随琴自学第二段（师随时纠正易出错的地方）

6. 完整唱全曲

7. 分组演唱或独唱，师生共同评价激发学生的学习兴趣。

8. 让学生分组讨论说说歌曲有几个乐句，是通过什么节奏特点来划分的，巩固前面学过的知识。

三、声势游戏——深化体验，动中渗情。

1. 童谣的学习

(1) 教师示范（语言加动作），引导学生总结出四种动物和动作。

(2) 出示动物声势挂图（附录一），理解童谣内容。

(3) 每次遮住一种动物，在稳定的节拍下朗诵，培养学生稳定的节奏感，加强记忆能力。

(4) 讲解动作与形象的联系，为接下来的声势学习做准备。

2. 动作的学习

(1) 教师带领下童谣加动作完整练习

(2) 休止练习：每次停说一种动物，也可以根据学生的掌握程度，增加休止的动物名称，或者加快速度。

(3) 练习可以采取个人、小组竞赛的形式。

四、声势创编——创编表演，舞中抒情。

1. 在熟悉四种声势动作的基础上，引导学生为歌曲《两只小象》创编声势伴奏，培养学生的创编能力，进一步巩固歌曲的演唱，体会三拍子的韵律特点。

2. 请创编有特点的学生进行表演，集体予以评价，发挥评价的激励作用。

结语：今天我们和小动物们度过了一节愉快的音乐课，我们应该爱护小动物，和它们做朋友，而且更要像小动物们一样，团结友爱、互相帮助，做懂礼貌的好学生。小动物都讲文明，懂礼貌，珍惜友谊，我们要象它们学习。平时我们应该遵守小学生守则，不打架，不骂人，团结友爱，努力学习。爱护动物，保护地球，天天快快乐乐。

设计教师：王丽新

两只小象

常　瑞词
汪　玲曲

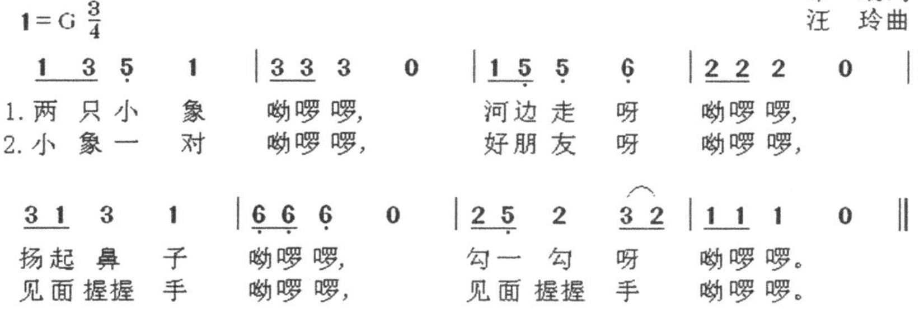

附录二：动物声势挂图　　　　附录三：动物声势节奏谱例

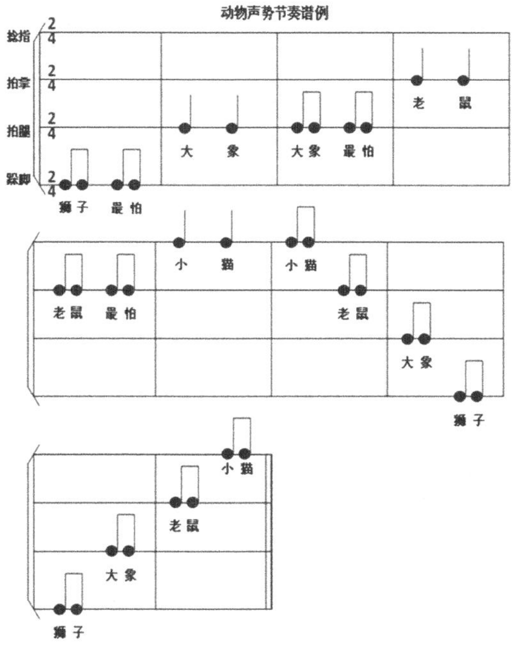

（三）奥尔夫乐器与歌唱相结合的方法

“奥尔夫乐器”原指奥尔夫和门德勒合作制成的、带有共鸣箱的音条乐器（木琴、钟琴、金属琴）。在奥尔夫的教学中经常采用的是精制的打击乐器，此外，奥尔夫编写的教材中根据乐曲需要，也会用到诸如笛子（高、中、低音竖笛）、弦乐器（吉他、大提琴、低音提琴等）等传统乐器。这些乐器已成为奥尔夫教学法中最具代表性的旋律性乐器。无固定音高的打击乐器①节奏鲜明、色彩丰富、容易操作，能激发儿童的兴趣和想象力，为即兴演奏、创造能力的发展提供了广阔的天地。有音高的打击乐器②，也叫音条乐器，一般从乐器制作的原材料和音色特点进行分类。毫无疑问，乐器是进行音乐教学的最重要的工具。按照奥尔夫的开拓、进取的理念，只要能够配合音乐教学的目标，应该充分利用本国、本民族的乐器。将这些“奥尔夫乐器”和日常教学中的演唱结合起来教学，往往会取得非常理想的效果。下面，笔者就以《小酒窝》为例，来分析一下这种教学方法的特点与优势。

课例分析：

《小酒窝》教学设计

设计意图：

本课选自人民音乐出版社出版的义务教育音乐课程标准实验教科书，三年级第五册第一单元《童年》。根据教材设计的模板结构，在本课时中设置了聆听钢琴曲《童年的回忆》和综合表演《小酒窝》二个教学要点。《童年的回忆》是一首通俗的钢琴作品，音乐清新潇洒，优美动听，具有浓郁的抒情性。作者为法国的图森，经过钢琴家理查德克莱德曼的演奏风靡全球。《小酒窝》是一首由四个乐句构成的一段体儿歌，2/4 拍，五声羽调式，曲调富有浓郁的民歌风格，歌词生动，富有童趣。新课程标准中提出：音乐课应该以学生为本，以审美为核心，加强音乐的实践与创造。而这也正与教育家奥尔夫的诸多理念相契合，奥尔夫为了实现审美价值的体现，充分以学生为主体，在教学上减少技术负担，将高度的艺术性寓于简单的方法之中，运用节奏朗诵，声势活动，元素性音乐基石，奥尔夫乐器演奏，即兴创作表演等等，带领学生快乐的参与到音乐活动中。

在三年级孩子们的世界中总是充满着无限的好奇与求知，探索是他们认识

---

① 打击乐器在组合编制上一般以四大类为基础。第一是木质类，乐器声音清脆、明亮，无延绵音。种类主要有单、双响筒，木棒，木鱼、蛙盒等；第二种是散响类，这一类乐器音量较小，声音发散，可持续奏长音。乐器种类主要有沙锤、串铃等；第三类是皮革类，这种乐器一般有共鸣声，声音低沉，音量较大。种类主要包括各种鼓类乐器；第四类是金属类，这一类乐器声音清脆，有延绵音。种类主要有三角铁、碰铃等。

② 第一类是钟琴（Glockenspiel），这种乐器有 13 个调好的金属音条，通常用木槌来演奏，为了不同音色的要求也可以用橡胶槌。分为高音钟琴（简写为 SG）和中音钟琴（AG）。第二类是金属琴（Metallophone ），亦称钢片琴，铝板琴，铁琴等，主要视制作音条的材料而称，这类琴一般有 11—13 个音条，分为高音钢片琴（SM），中音钢片琴（AM），低音钢片琴（BM）。这类琴还有一种形式的乐器叫做音块，每个音条一个小共鸣箱，一个音一块，可以拿在手上。第三类是木琴（Xylophone），包括高音木琴（SX），中音木琴（AX），低音木琴（BX）。

事物、感受音乐的最佳方式。本课中引导学生运用八音筒在音乐的情景中进行空间探索，不仅启发学生用不同的方式去表现对音乐作品的诠释；而且摒弃八音筒的音高属性，利用乐器的形状、色彩去感受多姿多彩的音乐世界，也鼓励着学生对事物进行大胆创新。将语言引入音乐教学是奥尔夫的一项伟大贡献，从节奏导入歌曲学习也是歌唱教学的最佳方式。《小酒窝》这首童谣乐句规整、朗朗上口，运用奥尔夫的节奏朗读学习儿歌，简化了学生背诵歌词的困难。结合柯达伊字母谱与科尔文手势进行旋律学习，用直观、形象地方法将音高关系在空间中呈现。教师引导由谱面视唱自然导入体位视唱，为奥尔夫乐器伴奏做技术性练习。全班同学徒手模拟演奏钢片琴，将器乐教学面向全体，提高课堂效率。奥尔夫乐器的设计充分考虑到孩子们的身心特点，配器采用固定音型的反复，使学生轻松、快乐的融入到合奏当中，培养合作意识。在本节课的设计中试图将新课程标准与奥尔夫体系相结合，通过参与——体验——情境——陶冶的情感教学模式，使学生在轻松、愉快、和谐、互动的气氛中，通过音乐实践，在体验中感受、表现音乐。

教学年级：

小学三年级

教学目标：

1. 有感情地完整演唱歌曲《小酒窝》，能够配合歌曲进行乐器演奏、即兴表演。

2. 在钢琴曲《童年的回忆》音乐情景中，配合身体舞蹈探索速度在音乐表现中的作用，培养学生的合作能力。

3. 通过聆听、演唱，唤起学生对童年生活的回忆，对生活的热爱。

教学重点：有感情地完整演唱歌曲《小酒窝》

教学难点：对音乐的感受、体验、表现

教学课时：一课时

教学用具：八音筒、钢片琴、钢琴、CD、字母谱挂图

教学过程：

一、聆听与表演：欣赏钢琴曲《童年的回忆》

1. 教师在音乐情境中，运用八音筒示范表演身体舞蹈，引导学生明确乐曲的段落、体验乐曲情绪的变化。

2. 学生两人合作跟随音乐伴奏运用八音筒进行表演，配合身体动作探索音乐情绪。

（运用身体动作感受音乐速度变化对音乐表现的作用，培养学生的合作与创新能力。）

二、学唱歌曲：《小酒窝》

1. 教师在旋律背景下完整朗读儿歌《小酒窝》

2. 师生在旋律背景下，儿歌接龙对答

3. 教师指导，为儿歌加入拍手表演

4. 学生进行儿歌的卡农表演

(1) 两小节进入，可两至四个声部训练。

(2) 在歌词“呀子 喂”处加入重音朗读，使语调更具起伏和趣味性。

(从歌词入手，通过单声部节奏朗读，多声部卡农练习，培养学生节奏感，旋律背景为歌曲学唱做铺垫，拍手游戏为综合性表演打基础。)

三、器乐演奏：《小酒窝》

1. 字母谱的认知：教师出示字母图板，复习相应音名，配合柯尔文手势，感受实际音高。学生跟随教师模唱音高，视唱歌曲旋律。

2. 教师进行身体音位的演奏，学生结合身体音位进行视唱练习。

3. 教师有感情地完整演唱歌曲，结合身体音位，分声部徒手练习奥尔夫乐器伴奏。

4. 器乐合奏练习

(结合柯达伊字母谱、柯尔文手势进行旋律学习，由谱面视唱自然导入体位视唱，为奥尔夫乐器伴奏做铺垫。分声部徒手练习将器乐教学面向了全体学生，提高课堂效率。)

四、总结评价：在教师竖笛伴奏下，学生进行综合性表演，

A 组学生→奥尔夫乐器伴奏

B 组学生→拍手歌舞表演

(综合性音乐表演，将歌曲、舞蹈、伴奏结合在一起，培养学生的合作能力和表现能力，通过多元的艺术形式去感受、体验、探索、表现音乐。)

教师结语：今天，我们一同欣赏了两首表现美好童年生活的音乐作品…希望同学们能够珍惜幸福的生活，快乐地成长…

设计教师：王丽新

小酒窝

1＝F $\frac{2}{4}$
稍快 甜美地

李如会词
晶 日曲

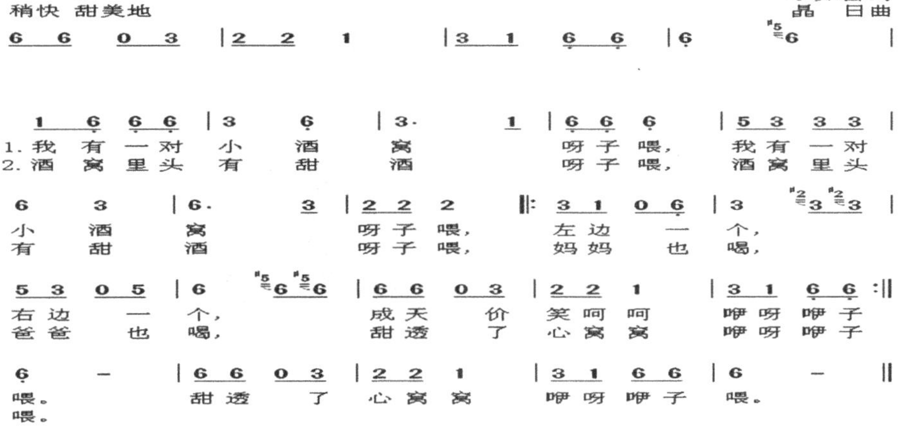

附录二：奥尔夫乐器配器谱

附录三：字母谱挂图

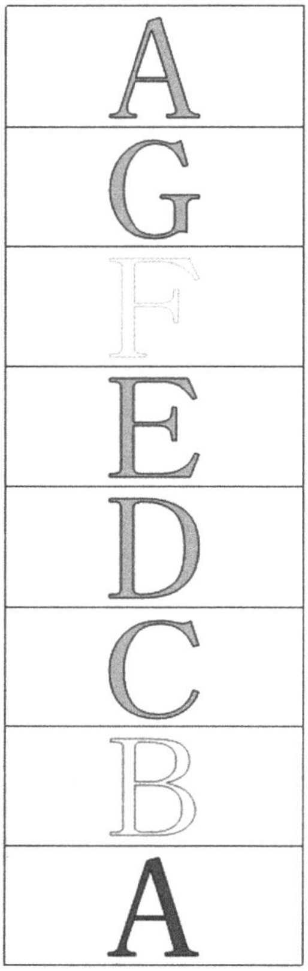

附录四：八音筒创编图片

（四）强调学生参与、主动创造的方法

“创新意识与创新能力培养”是目前我国课程改革极力倡导的观念。在奥尔夫音乐教学实践中，公认的就是所挖掘的最重要的价值就是人的创造性的培养。“奥尔夫音乐教学法对创新能力的培养具有重大的促进作用。奥尔夫音乐教学法认为，音乐只是手段，教育人、培养人才是最终目的。通过音乐教育最终目的是要发展人的想象力和创造性。通音乐教育是培养感性知觉的最好途径。创造能力不仅表现为具有强烈的创新意识，而且表现具有丰富的想象力、敏锐的直觉、创造性思维和动手实践能力。音乐教育在培养人的创造能力方面具有特殊的作用。新课标指出，音乐艺术教育的重要目标之一就是使人在参与、体验音乐的过程中变得更富有想象力、创造力。奥尔夫音乐教育至今保持着旺盛的生命力的最主要的原因就是其是一个开放的、富有创造性的体系，并把挖掘和培养学生创造力作为根本的目的。”[①] 因此，在奥尔夫音乐教学法的实施过程中，音乐教师要善于运用各种教学方法和手段，启发学生的音乐想象力、激发学生的演奏兴趣，引导学生有意识地进行创作尝试，从而提高学生的创新意识与创新能力。

课例分析：

体验歌唱的快乐——《顽皮的杜鹃》教学设计

设计意图：

本课选自人民音乐出版社出版的义务教育音乐课程标准实验教科书，三年级第六册第二课“表演”部分中歌曲《顽皮的小杜鹃》，这首歌曲以轻快活泼的节奏和清新流畅的旋律，生动地表现了孩童在大自然中与顽皮的杜鹃嬉戏玩耍的情景。基于新课改审美体验的音乐教育哲学，教师应引导学生为内在的音乐本身而体验，为表现音乐的品性而体验，为参与感受各音乐元素而体验。小学三年级学生的思维发展处于具体运算时期，以想象思维活动为主。从音乐教学角度看，小学三年级学生在感受体验与探索创造方面的能力明显增强，因此本课在教学方式上采用了生动活泼、富有艺术魅力的形式，激发学生对音乐的兴趣，培养与提高音乐感受能力、表现能力和创造能力。本课在音乐的最初呈现上注重听觉先入，在音乐元素的讲解上采取通过图片视觉体验与律动体验相结合，让学生在深入体验音乐元素的基础上感受歌唱的快乐根据教学目标，拟从三个方面进行教学：感受体验——表现——创作。首先通过对歌曲伴奏的边律动边欣赏，注意、体验歌曲的音乐元素，并激发学生对音乐元素的生活化想象；接下来在歌曲学唱过程中，注重采取通过卡通图片的视觉体验与律动体验相结合的方式，让学生准确掌握歌曲音准和乐句特点；最后让学生在即兴创编活动中找到创作的魅力，在师生合作、生生合作活动中体验合作的乐趣，发展想象，愉悦身心。本节课的设计体现了奥尔夫即兴性、创造性的教学原则，运用奥尔夫音条乐器随意拆装的灵活性，使学生轻松地投入到即兴的乐器创作中，由律动感知进入，在体验感受中学习音乐、感受音乐、创造音乐。

教学年级：

小学三年级

教学目标：

1. 完整而充分地聆听音乐，学唱歌曲《顽皮的小杜鹃》，感受歌曲轻快活泼的节奏和清新流畅的旋律。

2. 掌握顿音符号（▼）短促、跳跃的特点。

① 郑莉金，亚文．基础音乐教育新视野［M］．北京：高等教育出版社，2004：195.

3. 在体验活动中感受音乐的快乐，表达对小动物的爱心之情。

教学重点：

准确演唱歌曲《顽皮的杜鹃》

教学难点：

歌曲表现与即兴创作

教学课时：

一课时

教学用具：

多媒体课件、钢琴、三角铁、木琴

教学过程：

一、导入（感受与体验）

1. 初听歌曲伴奏：

教师和学生围成一圈坐在地上，第一次听《顽皮的杜鹃》伴奏，师生跟随伴奏节奏轻拍膝盖，进行对乐曲的初次听觉接触。教师引导学生仔细聆听歌曲，注意歌曲的特点，聆听第二遍时鼓励学生在歌曲重复出现的两个音处做出不同于轻拍膝盖的动作，以示区别。这个过程教师不要提示给学生歌曲名称。

2. 倾听并律动：

静静地聆听伴奏两遍之后，教师将学生分为两组站成同心圆。音乐伴奏再次响起，内圈和外圈以顺时针和逆时针的方向踏步走，等出现 5 3 时，内外两圈的同学并肩相对拍手。音乐继续，踏步继续，直至音乐停止。

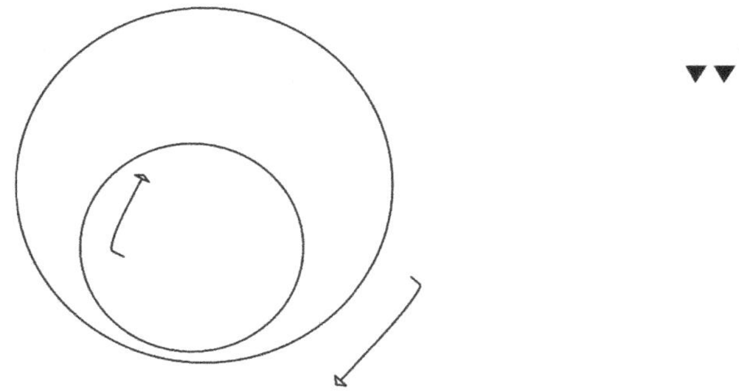

3. 教师引导学生拍手处的音响▼像什么，有什么特点（短促、跳跃）

引导学生想象，生活中什么样的词会短促、跳跃。（门铃‘叮咚！’、布谷鸟‘布谷！’）

然后教师引出顿音符号的学习。（顿音符号的特点，在本歌曲中的作用）

二、学唱歌曲（表现）

1. 完整地欣赏歌曲一遍，出示歌曲 FLASH。

2. 教师带动作表现歌曲，生模仿教师的动作并演唱。注意表现歌曲时每一个"咕咕"处的动作要一致。

3. 精确学生演唱的音准：

出示歌曲旋律线，鼓励学生试着画下一句的旋律线，完整演唱歌曲一遍。

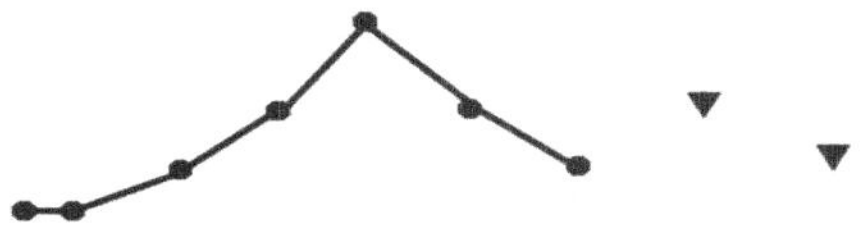

4. 辨别歌曲乐句

仔细倾听歌曲，用图片代表歌曲的结构。

5. 分角色演唱：

(1) 教师为歌曲主人翁"我"，边唱边表演；学生为杜鹃鸟，在规定时间内唱。

(2) 将学生分为两组，甲组学生为歌曲主人翁"我"，边唱边表演；乙组学生为杜鹃鸟，在规定时间内唱。

三、创编活动（创作）

创作环节 1：即兴表演＋器乐伴奏

A 组：根据歌词进行小杜鹃表演

B 组：乐器伴奏

三角铁节奏："咕咕"

▼▼

X X

木琴节奏："当我 走 在 草 地 上，听见 杜 鹃 在 歌 唱…"

3303909130 X X X X X，0 0 X X X X X…

（注：木琴演奏前一定把 F、B 音条去掉，形成五声音阶。）

创作环节2：改变歌词和歌曲速度

根据所改变主语的不同变换歌曲速度，例如．将杜鹃改为“猫咪”；“咕咕”改为“喵喵”，歌曲速度则为慢速，歌曲力度为“悄悄地”。

创作环节3：按照ABA三部曲式合奏：

- 演唱组：A（杜鹃主题）B（猫咪或其他主题）A（杜鹃主题）
- 器乐伴奏组：
  - 三角铁节奏：同创编环节1
  - 木琴节奏：同创编环节1

四、结语

师：小杜鹃听到你们动听的歌声和有趣的创作非常高兴，它希望你们永远做动物的好朋友。时候不早了，小杜鹃要飞走了，让我们演唱歌曲送送它吧。

学生随着《顽皮的杜鹃》音乐自由地表演、歌唱，在欢乐的气氛中走出教室。

设计教师：张晓敏

附录一：谱例

顽皮的杜鹃

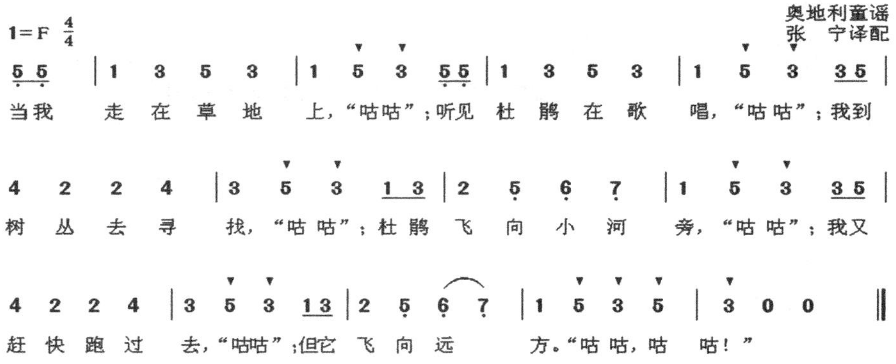

（五）突出实践性的方法

著名音乐教育哲学家埃里奥特（Elliott）认为：“音乐是一种人类有意识的活动，音乐是一个多样化的人类实践。”① 奥尔夫音乐教学法所强调综合性使每个学生都是课堂的实践者，学习成为师生共同实践和探索的过程，实际上亲身参与并体验已成为奥尔夫音乐教育的最大亮点。奥尔夫音乐教学法关注和强调音乐实践，可以说为我国音乐新课标的实施提供了教学手段，也启发了音

① 郭玮．审美还是实践哲学—Bennett Reimer与David J．Elliott音乐教育哲学思想比较［J］．星海音乐学院学报，2007（3）41．

乐教育工作者的教学思路。即如何利用有限的教学资源，让学生真正参与到各种音乐实践活动中来？本土化的奥尔夫音乐教学法正是以实践作为最有效的手段，使学习者通过亲身实践来体验和享受音乐，另外，也通过重视实践和即兴参与来提高学生的学习兴趣，避免音乐学习的枯燥乏味、纸上谈兵和脱离实际。

课例分析：

《海》教学设计

设计意图：

本课选自人民音乐出版社出版的义务教育音乐课程标准实验教科书，一年级第二册第七课《大海的歌》，本课介绍了几首以大海为主题的音乐作品，本节课选取歌曲《海》为主要教学内容，《海》是一首日本儿童歌曲。是一首海的抒情诗、海的赞歌，由于这首歌曲节奏疏松，旋律显得宽广，有着大海的气势，又因旋律多为级进式的起伏，音调带着柔和的美，描绘了月光初上碧浪相逐远去的海面，歌曲虽短，但给人创设了如诗歌一般的意境，利于学生去创设情境。为了使学生对大海有不同的体验，在教学中欣赏了以大海为主题的其他音乐作品，为学生的创作积累了音乐素材。音乐教学活动，是艺术审美教育的活动。它既是一个学生表现“美”的过程，又是一个学生感受美、创造美、鉴赏美的过程，“实践与体验”是学生认知内化的“催化剂”。

教学年级：

小学一年级

教学目标：

1. 学习歌曲《海》，感受并表现歌曲优美的抒情情绪，能用动作表现歌曲的旋律起伏。

2. 通过聆听感受、分辨大海的不同情景，能用画线条的方式表现出来。

3. 能根据想象，集体用打击乐器或身边的物体创造各种声响，表现大海的不同情景。

教学重点：对音乐作品情绪的感受

教学难点：在音乐实践中创造能力的培养

教学课时：一课时

教学用具：多媒体课件、奥尔夫乐器、各种生活中的材料

教学过程：

一、导入新课

播放课件，观察大海的画面，引起情感共鸣，出示课题。

画面一：月光下波光粼粼的海面——《月光奏鸣曲》（背景音乐）

画面二：狂风怒吼、波浪翻滚的海面——《海上风暴》

画面三：夕阳西下（远景）——歌曲《海》的伴奏音乐

二、创编动作

学生分组讨论，创编动作表现大海的起伏，背景音乐为歌曲《海》的伴奏音乐。

三、学习歌曲《海》

1. 结合旋律线学唱曲谱

（1）出示歌曲的图谱，边看图谱边听歌曲音乐，感受歌曲优美抒情的情绪，学生听后选择恰当的色彩并用线条将自己的感受描绘出来。

（2）学生随琴声用手指随歌曲的旋律线起伏，感受歌曲旋律的起伏。学生可以伴随琴声在心里默唱旋律。

（3）学生随琴边唱旋律边画旋律线。

2. 学唱歌词

（1）聆听歌曲，理解歌词内容。教师播放课件，引导学生再听歌曲，要求听一听歌曲里是怎样描写大海的。学生认真聆听歌词，听后讨论并回答歌中都唱了些什么？

（2）学生随琴朗读第一段歌词。学生自主学习，分两组先后朗读歌词，听后互评。教师重点引导学生按节奏读歌词，将歌词中的字音读准，并能在朗读中体会歌词之美，有感情地表达出歌曲的意境——月光下波光粼粼的海面。

（3）学生轻声唱第一段歌词，进一步体会歌曲优美抒情的情绪，能用体态表达出自己对歌曲的感受。

（4）学生自己演唱第二段歌词，可以用拍击、体态、口技伴奏等不同方法表达歌曲的情感。

四、表现大海的活动

1. 用不同的材料创编声响，表现大海的不同形象。

如学生分组讨论，如何运用不同的节奏、速度、音色等表现大海的各种情景，如狂暴的大海、温柔的大海、美丽的大海等。对音响的创造如：用海鼓或者盒盖抖动沙子、豆子，表现海浪的涌动；用力抖动报纸、铁片或跺脚，表现雷鸣电闪的形象；模拟海鸥的叫声；铝板琴的滑奏表现海水流动的声音等。

2. 结合每组创编的主题，学生创编肢体动作并配以创编的音响，表现大海的不同情景。

引导学生开阔思路，除了用肢体动作表现海浪之外，可以根据与大海有关的场景开展想象，如用动作表现水中的小鱼，空中飞翔的海鸥，海面上飘荡的小船，早晨缓缓升起的太阳，用纱巾或蓝色绸带表现大海的起伏等等。学生可以运用本课教学环节所创编的动作，结合所创编的不同角色完整地表现出创编的主题。

五、有感情地演唱歌曲《海》

设计教师：张洪涛

附录一：谱例

海

【日】林 柳 波词
【日】井 上 武 士曲
郭焰烈 盛 茵译配

六、本土化教学评价的生成

音乐教学评价是整个音乐教学环节的重要组成部分，重视评价的重要作用，发挥评价的积极作用，往往对学生的音乐学习起到积极的促进作用。因此，我们在进行本土化的奥尔夫音乐教学实践探索进，一定重视对音乐教学评价方式的改革，只有做到教学评价的本土创新，奥尔夫音乐教学法才能够真正发挥作用。笔者认为，一种恰当、正确、良好的音乐评价方式，应该能够在充分体现音乐教学特色的同时，既反映学生的学习状态和过程，又能激发学生学习的动力，提高学生在探究音乐，创造音乐方面的兴趣，还能改变学生的思维方式，提升学生的人文情怀。所以，良好的音乐教学评价应该是一种有针对性的评价，而不是一种盲目性的评价，评价时应该保持客观公正，尽量避免极端负面的评价；评价时要以激励学生为主，尽量少做消极性的评价；评价时应该以发展的眼光看待学生，不能做静止的评价；评价时应该富有启发性和灵活性，不能单一教条的评价。可以说，良好的评价能让学生在学习中更好地理解音乐艺术和音乐文化，欣赏音乐的艺术美感，唤醒学生的音乐艺术想象力，挖掘其音乐艺术的发展潜能，促成学生在音乐艺术方面的创新，从而达成真正的音乐艺术学习。我国传统的音乐教育评价方式主观、单一，过分注重技能的形成，忽视对学生综合艺术修养与音乐审美能力的评价，这种评价十分片面。借鉴奥尔夫教育思想面向全体学生、尊重学生个性的原则，我们在评价时应充分尊重学生的个体差异，用发展的眼光看待学生的发展，关注于学生的整个学习过程。笔者认为应该对评价方式进行大胆的改革与尝试，创生本土化的奥尔夫音乐评价，包括评价内容的多元化、评价标准差异化、评价形式多样化、评价目的发展化等。

（一）评价内容多元化

第二章在谈本研究的理论基础时笔者已经谈到，美国著名心理学家加德纳教授首创的多元智能理论认为人至少有7种智能：语言智能、人际关系智能、音乐智能、自我认识智能、身体运动智能、空间智能、逻辑数学智能。每个人的每种智能水平不一，各有所长。因此，在进行奥尔夫音乐教学的评价探索时，应该综合、全面地对学生进行评价，这种评价必须是多元的，评价的目的不应该是选拔或甄别学生，而是为了检验教学和学习效果。因此，评价应该融于整个音乐教学过程。传统的音乐评价用考试分数或比赛成绩来确定学生学习的优劣的评价模式很难反映学生音乐学习的实际情况，已经远远不能适应当前音乐教育的发展。奥尔夫音乐理念指导下的本土化音乐教学评价关注的不仅是学生的音乐知识和技能的掌握，还要关注学生在学习过程中的兴趣态度、情感体验、学习动力、合作能力等。即我们在进行评价时，评价的内容应该包含学生的知识技能、参与态度、情感体验、想象创造、交流合作等。

（二）评价标准差异化

学生永远是学习的主体，音乐教学必须符合学生身心发展规律和音乐学科的审美特性。同样的，音乐教学评价也要时刻关注学生个体的需求，对学生的评价要考虑个体差异、教学情境差异、音乐氛围差异，这种评价才是有价值和有实效性的评价。例如：对音乐学习优异者的评价不要过重偏爱，对比赛获过奖的学生不能等同于其音乐成绩就好，更不能以某单项音乐特长来代替该全部学习成绩，评价时赏识学生的优点，同时也要对其进行更严格的规范，避免学生产生自满情绪。在对音乐差生要多采取鼓励性评价，尽量挖掘其闪光点，充分给予其表现的机会。总之，借鉴我国音乐新课标倡导的评价方式，在奥尔夫音乐教育评价上，我们应充分尊重个体差异，强调学生自身的体验和感受，多采取发展性评价。避免评价时进行盲目的横向比较，鼓励学生成为具有主体意识的主动学习者，激发学生不断向上的内在动力，让学生在音乐学习的过程中形成良好的、正确的自我认识。

（三）评价形式多样化

奥尔夫音乐教学评价模式因音乐学科的特点而具有多样性。这其中有封闭、静态的评价方法，也有动态、开放式的评价形式；在评价的主体上，有他人评价和他评、互评与自我评价相结合的形式；同时，结果评价和过程评价、全程评价与实地评价方式都不同程度的存在。这些评价方式贯穿于奥尔夫音乐教学的全过程，并形成良好的评价氛围。教师评价有助于学生的音乐学习，但我们要注意评价方法的多样性。在进行奥尔夫音乐教学时，广大的教师要采用多样的评价方法，对学生的参与态度、思维活跃程度、学习状态做出客观、公正的评价。新课程改革要求的评价方式就是要关注每一位学生的学习，促进每一位学生的发展。教师不应该只注重学生的音乐学习成绩，还要关注学生的学习过程和学习态度，让所有的学生都能够得到良好、正确的评价，体验到音乐学习的魅力和成功的喜悦。当学生积极参与各项音乐教学活动时，教师要善于激励学生，使学生对音乐活动产生强烈的兴趣；当学生有新的发现和创造时，教师要及时给予学生奖励（采取小奖章、小红花、小星星等形式），使学生树立起强烈的自信心。

（四）评价目的发展化

在音乐教学的过程中，音乐知识的传递固然重要，但师生间心与心的交流，爱与爱的碰撞，更能让学生感受到音乐艺术的情感美和心灵的震撼。因此，音乐教学评价中情感的效应是非常重要的，也就是说，学生更渴望得到认可的评价和成功的感受。所以，鼓励性评价无疑是奥尔夫音乐教育中必要和必须的方式，也就是说，我们评价的最终目的是为让学生在取得进步的基础上获得长足的发展。因此，我们对学生的学习所采取的评价都是一种着眼于未来的发展性评价。学生现在不好，不代表永远不好，学生现在不成功，不代表将来也不成功，我们要尽量抛弃那种功利心态，将学生看成是即将开放的“花苞”，拥有“花苞”心态，迟开的花朵，只会更艳丽。

由于音乐的学科特点决定了音乐教学的内容、形式多样，其评价标准也不可能是惟一的。因此，奥尔夫音乐教学评价方式与其他评价方式相比较，虽有共性，但更具个性。以上奥尔夫音乐教学评价的方式方法具有不同的特点，在教学评价实践中应结合着使用，才能取得较好的评价效果。

七、本土化教学用具的生成

奥尔夫音乐教具是与奥尔夫音乐教学法同时引进我国的。著名音乐教育家贺绿汀对这一教育法和教具曾给以很高的评价。1984 年，奥尔夫音乐教法法引入我国，接着相继在全国各地等地举办了多期“奥尔夫音乐教育培训班”，与此同时，奥尔夫音乐教具也引入我国，这套乐器的出现使音乐教育界为之耳目一新，并获得了快速的发展。“奥尔夫教具的设计思维是同其音乐教育思想相联系的。它是一套有独创性的音乐乐器体系，既有整体配套层次，又能根据不同年龄段学生的需要自由搭配使用。奥尔夫音乐教具由钟琴、木琴、钢板琴（实际已用铝板制作）、音块等音条类定音乐器，以及三角铁、小镲、砂槌、铃鼓、小定音鼓、盒梆、指镲、串铃、碰铃、双响筒、刮木等节奏乐器组成。这些乐器有其明显的特点一简便易学，音高准确，操作方便，不必调音，声部设置合理，声部与声部之间都有衔接音区，可以在配器后进行重奏、合奏。”[①]奥尔夫的歌剧《月亮》、《博伊伦之歌》等都用了大量器乐小曲，节奏强烈，符合其音乐作品的显著特征。经过20多年的介绍、传播，奥尔夫乐器在我国的音乐教育工作中得到广泛应用，但也存在一些问题，主要表现在以下几个方面。第一，乐器价格昂贵。如很多音条乐器的价格过于昂贵，相当多的学校和家庭没有条件购买，因此也就无法推广奥尔夫教学法。第二，脱离元素性音乐。许多教师缺乏对奥尔夫元素性教育理念的理解，将奥尔夫乐器如同传统乐器一般对待，从而远远偏离了奥尔夫本人一再强调的“原本”和“自然”。[②]导致即兴的音乐演奏变成随心所欲，杂乱无章，混乱刺耳的噪音。第三，缺乏对奥尔夫音乐器材技能熟练的优质师资。我国中小学音乐教师中系统学习过奥尔夫教学法的不多，大多都是听过讲座或经过简单培训，对奥尔夫乐器没有深入了解，导致利用乐器进行的奥尔夫音乐教学效果得不到保证。第四，很多单位的教学规模过于庞大。很多中小学的一个班级人数在40－60人左右，实际的乐器演奏操作起来，教师们难以控制。奥尔夫教具是有着科学合理架构的硬件体系，得到了各国音乐教育学家的认可和肯定。对此我们应该虚心学习，合理借鉴，在音乐教育改革的实践中逐步创造建立有自己特色和风格的教具。总之，上述一些常见的奥尔夫乐器存在的问题，阻碍了其在我国学校音乐教育领域的发展。如何解决这些问题，笔者有以下几个方面的建议。

（一）充分开发乐器资源

对于昂贵的音条乐器，很多学校可能买不起，我们换一种思路，可能问题就迎刃而解了。我们可以把中国传统的民族乐器引入到奥尔夫乐器家族中来，进行本土化的创生。对此很多国家有过这种先例，“如美国的音乐教育界引入了带有浓烈非洲风格的一系列打击类的乐器，日本、韩国也将具有他们各自民族特色的乐器如太鼓、三味线、长鼓等引入到奥尔夫音乐教育教学中。同样的，我国民族、民间音乐表演中经常使用的各种打击类和吹奏类乐器，如各式

---

① 黄向宁．奥尔夫乐器初探［D］．中央音乐学院，2010（05）．

② 目前在我国中小学，很多教师在音乐课上让学生集体吹奏竖笛，吹奏曲目也往往局限于音乐课本上的歌唱旋律。教学方式是教师带领学生识谱，然后一句一句的教吹，如此场景里，我们往往听到的都是参差不齐，高低不同的大齐奏。这样的大齐奏，既缺乏音准音色上的统一，也没有不同声部间的相互配合。尤其在学习的初级阶段，完全谈不上让学生有任何审美上的享受。学生一方面小心谨慎的按孔找音，调整气息，一方面还要紧盯乐谱，到头来又成了纯技艺的传统教学。

锣拔、二胡、竹笛等也符合奥尔夫音乐“元素性”的特点。”[①] 因此，在进行本土的创生时，不妨借鉴过来。我国在这方面的探索已有先例，如上海音乐学院的音乐学教授李民雄先生就已经在奥尔夫音乐教学探索中把我国传统戏曲中的“锣鼓经”引入课堂中，这些实践都为我们日后的研究和提供了新的价值启示。

（二）自己动手制作乐器

奥尔夫乐器的来源是多样化的，奥尔夫本人也积极倡导教育者要充分利用各种资源，创造各种别开生面的新颖、简单和实用的乐器。自己动手制作乐器这种方式不仅能开发学生的想象力，培养学生的创造力，还可以培养学生良好的技能。学生制造乐器的条件首先需要包含着各种各样声源的环境，因此，在进行这方面的奥尔夫乐器创新时，要让学生在教学过程中接触各种各样的声音材料，然后根据这些声音的特点，让学生自由发挥和想像，随意去制造各种符合这些声音的“乐器”。例如可以在塑料瓶或易拉罐里装上沙砾，最简单的沙锤就做成了；钥匙串可以作为散响类乐器；把大小不同的纸盒绑在一起，用小木棍敲打，就做成了一组定音鼓；在纸盒上绑几根松紧不同的橡皮筋，就做成了简易的拨弦小乐器；用高低不同的水杯装上容量不等的水，用筷子敲打，就做成了音条乐器。。也许自制乐器过于简陋，然而正如奥尔夫本人所说过的：“让学生自己去寻找、自己去发现、自己去创造音乐，是最重要的。”[②] 让学生自制乐器，恰恰为他们提供了亲身参与音乐活动的机会，这种体验和感受正是“元素性”音乐理念的魅力所在和核心内涵。

（三）利用身体进行“声势”演奏

除了上述提到的“奥尔夫乐器”和创生出的各种简单乐器之外，在奥尔夫乐器家族中，还有相对比较特殊的一类所谓“乐器”，就是最为自然灵活的表达音乐节奏生命的“乐器”—“人体乐器”（这里主要指人的双手和双脚），按照奥尔夫声势教学的方法和原则，人体乐器相应地主要有以下四种基本的演奏方法：拍手、拍腿、跺脚和捻指，在奥尔夫音乐体系中这些演奏方法被后人统称做“声势”。声势教学的不断使用，大大改善了当时传统乐器的单一以及乐器缺乏的儿童音乐教育教学现状。奥尔夫在实际的音乐教学中创编的很多节奏鲜明的童谣和儿歌案例，都结合了这种声势教学。奥尔夫本人也说过：“在学生学习音乐的过程中，通过各种规范化的身体动作发出声响，运用‘声势’，无需借助抽象的概念，复杂的逻辑思维，高难的技巧，更无需任何成套的教具

① 黄向宁．奥尔夫乐器初探［D］．中央音乐学院，2010（05）．

② 廖乃雄，译．奥尔夫儿童音乐教学法初步［M］．合肥：安徽文艺出版社，1987：146．

和专业的乐器，每个儿童都能自然地使用，没有任何负担和压力，因此学生会兴趣盎然，积极投入”。[①] 前面也谈到，我国“也有各种各样的民歌和童谣等奥尔夫音乐素材，我们在进行音乐教学时，可以在继承传统音乐的基础上，给这些民歌和童谣编配上不同的声势，使之成为适合于我国儿童节奏练习的材料，这种‘人体乐器’的所需花费为零，是最经济、实惠的奥尔夫乐器”[②]。

（四）深入理解“元素性音乐”

传统乐器的使用过于复杂和繁琐，这些传统乐器还存在着价格较贵和数量不足的情况，因此，其远远不能满足于奥尔夫的“元素性”音乐教学。于是，奥尔夫经过精心考虑，在实际教学中研制出了奥尔夫乐器，因此，可以说奥尔夫乐器是伴随元素性音乐的理念而诞生的。简单易学，操作性极强是这些乐器的最大优点，因此，在教学中教师通常不能让学生仅仅专注于乐器演奏技术的训练，否则，奥尔夫乐器就与传统乐器没有什么区别了。可能还有人认为，搞奥尔夫乐器演奏等同于运用奥尔夫音乐教学法了，于是买一些简单的音条乐器，随便让学生敲敲打打，进行一些所谓的即兴演奏，以为这就是学习奥尔夫音乐。不难看出，这些都是错误的观念，是一种对奥尔夫音乐教育理念的误读。使用奥尔夫乐器，“首先要深刻研究和理解的就是奥尔夫音乐理念，通过深入解读其音乐理念，进而其音乐体系‘元素性’的音乐特点，要深入学习奥尔夫等人创作的经典教材和课例。只有在对奥尔夫音乐教学法有了深入彻底、综合全面的了解后，才能在奥尔夫音乐教学中正确使用奥尔夫乐器，才会明白教学用具不是奥尔夫元素性音乐的最终目的，而只是实施手段之一。换句话说，只有在元素性音乐里的奥尔夫教学用具才能真正引领学生真实自然、开放自由、回归自我地表现音乐”[③]。

---

① 杨立梅，李坦娜．走向未来的音乐教育［M］．海口：海南出版社，2000：61．
② 黄向宁．奥尔夫乐器初探［D］．中央音乐学院，2010（05）．
③ 黄向宁．奥尔夫乐器初探［D］．中央音乐学院，2010（05）．

第八章　奥尔夫音乐教学法本土化的融合障碍和生成条件

当前教育领域的本土化问题已越来越引起世界各国的重视。在此背景下，如何发展具有中华民族特色的音乐教育，是我国当前音乐教育无法回避的问题。奥尔夫音乐教学法在全世界音乐文化领域的广泛传播，对多元音乐文化教育的研究和发展，特别是在课程领域的改革和实践方面，产生了重大的影响。但是由于民族性格、思维方式、文化差异、教育体制、教育环境、师资力量以及音乐教育理论研究滞后等因素的影响，使奥尔夫教学法本土化的过程中出现了理念冲突、方法僵化、流于形式等问题。基于此，本章试图从当前世界范围内的音乐教育全球化背景和文化融合与生成的角度出发，探讨奥尔夫音乐教学法在中国本土化的制约因素，从而为更好地解决这些问题提供策略，进而为奥尔夫音乐教学法在中国更好的传播和应用提供理论依据，为基础音乐教育的教学和改革提供指导。

一、奥尔夫音乐教学法本土化的融合障碍

在当下全球化、国际化、多元化日益明显和不断深化的背景下，音乐教育的本土化问题已越来越引起各个国家的重视。“如何在全球化、国际化、多元化的语境下发展具有中华民族自身特色的音乐文化和音乐教育，是我国音乐教育理应重视的重大问题。因此，对我国音乐教育本土化问题的研究和探讨，在建构具有中华民族特色的音乐文化和现代音乐教育中具有重要的现实意义和时代价值。奥尔夫音乐教学法在世界范围内的不断发展和广泛地传播，对世界各国多元化音乐教育的研究和发展，特别是在课程改革和课程实施等方面，产生了巨大的推动作用。”[①] 如 1985 年，奥尔夫音乐教育国际研讨会的题目是“奥尔夫音乐教育在明日之世界”；1995 年的研讨题目为“本土音乐与外来音乐之共同点”，集中讨论了多元音乐文化的课程实践问题。因此，深入挖掘奥尔夫

① 王丽新．奥尔夫音乐教学法本土化的制约因素 [J]．东北师大学报（哲学社会科学版），2012 (03).

音乐教育在世界的传播、融合、发展、演变与生成过程，并研究奥尔夫音乐教学法在中国的本土化问题，具有重要的实践价值和深远的理论意义。奥尔夫音乐教学法在传入我国初期，由于对音乐教育重视不够，也由于我国音乐教育理论研究也相对滞后，使奥尔夫教学法本土化的进程中出现了融合不好，生成不够等一些问题，有些教师片面地流于形式上的模仿，没有深层次理解奥尔夫教学法深刻的教育内涵及理念，教学中存在一些误区。随着我国素质教育的不断发展，我国音乐教育理论研究的不断深入，奥尔夫教学法在国内再次受到关注和好评，目前在我国基础音乐教育中存在竞技化、工艺化、模式化、专业化等弊端，而奥尔夫音乐教学法的教育理念对于我国应试教育过于强调知识与技能，忽视学生身心全面和谐地发展，有很好的促进作用。因此，本章“试图从当前世界范围内的音乐教育全球化背景和文化融合与生成的角度出发，探讨奥尔夫音乐教学法在中国本土化的制约因素，以期为奥尔夫音乐教学法在中国更好的传播和应用提供理论依据，为基础音乐教育的教学和改革提供指导”[①]。

（一）民族性格、思维方式和文化差异

众所周知，我国教育的发展受本民族传统、历史与文化背景的深刻影响，在漫长、复杂的历史发展的过程中，以孔子思想为主要代表的儒家教育思想始终居于统治性的地位，音乐文化也相应地也受儒家思想的影响和制约。如孔子提出的“乐而不淫、哀而不伤”的音乐价值思想，“兴于诗、立于礼、成于乐”以及“广博易良、乐教也”等观念都表明了中国古代传统儒家哲学流派的“中庸之道”和艺术上的“中和之美”思想。这种儒家思想中的“中庸之道”和“中和之美”也成为了中国人赖以生存的处事哲学和行为准则，在相当长的历史时期内深刻地影响着中国人的思维方式。使传统的中国人形成了稳重、含蓄、内敛、忍耐、被动以及喜怒哀乐等情绪不轻易流露于表的个人修养和文化性格，正因为这些传统文化因素的凝固才构成了当下奥尔夫音乐法在我国顺利传播的主要障碍。众所周知，“即兴”是奥尔夫教学法的核心部分。“完全从即兴出发的自由教学，是，而且永远是一个卓越的出发点”[②]。奥尔夫教育理念倡导所有的受教育者都要在各种现实的音乐活动中亲自参与并即兴表演，使参与者进入一种情绪、情感的自我表达和自我控制的之中，不用教师的语言或行为来限制，仅仅依靠参与者即兴自然的流露喜怒哀乐等情绪情感，“即兴”的

① 王丽新. 奥尔夫音乐教学法本土化的制约因素［J］. 东北师大学报（哲学社会科学版），2012（03）.

② 李妲娜，修海林，尹爱青. 奥尔夫音乐教育思想与实践［M］. 上海：上海教育出版社，2002，44.

根本目的是人人参与，最终达到“解放人性”。在个体即兴参与的各种音乐活动中，没有等级划分和身份标志，所有人都是平等的教育主体，同时，也没有年龄方面的限制和技术水平的桎梏，对儿童而言，是一种心灵的解放和自由的放飞。对此，奥尔夫也认为“从即兴开始的音乐教育才是真正体现创造性的音乐教学，即兴一是对个体的一切规约与限制的放纵”[①]，可见，奥尔夫音乐理念尽可能地去开发个体的潜能，鲜明地突出了创造性思维的锻练和挖掘。奥尔夫音乐教学法的“即兴”思想要求所有音乐活动的参与者都要怀着极大的主动性、积极性以及饱满的热情参与其中从而达到全身心的投入，并进一步达到艺术的放纵，人性的复归与解放并诉诸于感性的境界。而国人在思维方式、性格特点、文化观念上的不同显然与奥尔夫所倡导的这种即兴理念有很大的出入，这也是造成奥尔夫音乐教育法本土融合出现问题的重要因素。当前我国的音乐教育也在尽力摆脱传统的、落后的思想的桎梏，大力引进和接受一些优秀的国外音乐教育理念，如奥尔夫音乐教学法、柯达伊音乐教育体系、达尔克罗滋音乐教育法、铃木教学法等，这些理念对我国的音乐教育都产生了非常重要的影响。但是，任何一种教育理念、教育思潮或教育方法都有其弊端和优点，都带有各自民族的文化特质，孕育成长于一定的文化土壤之中，因此，我国的音乐教育在教育改革的进程中向优秀的音乐教育理念和音乐教学方法的学习和借鉴、移植和整合、转化和生成，都必须要立足于本国实际文化的发展，并着力于批判本土文化、本国国情、本国教育体制的不足，在理念、思维和对音乐文化的基本看法上都产生碰撞和变化，这样才能真正有效的学习其它音乐文化的长处，弥补本国音乐文化的不足。

（二）音乐教育体制和人才培养模式

“由于受传统教育和应试教育等思想的长期影响，过于注重师道尊严和知识的传授，逐渐形成了‘单向灌输’的教学模式。受整体教育思想和教育体制的影响，我国的音乐教育体制长期以来采用传艺式的教育模式和方法，忽视当下中小学生身心发展的基本规律和音乐审美教育基本特点和规律，在音乐教学的内容、要求及形式等方面，都存在着相对比较严重的专业化、技能化倾向，在很大程度上压抑了广大学生独立创造的精神和能力，限制了学生在艺术领域内的自由发展。”[②] 总体上讲，现行的音乐教材和课程，无论在内容还是要求

① 李妲娜，修海林，尹爱青．奥尔夫音乐教育思想与实践［M］．上海：上海教育出版社，2002，54．

② 王丽新．奥尔夫音乐教学法本土化的制约因素［J］．东北师大学报（哲学社会科学版），2012（03）．

上，都受“专业的高等音乐艺术院校的深刻影响，在音乐内容上，追求知识和技能的全面、系统，高难度，既超出学生的实际水平和接受能力，也超出学生未来发展的需要，严重背离了维果茨基的‘最近发展区’理念；而在教学计划的安排上，各种类型的音乐知识处于一种分割的状态，学生接触到的往往是孤立的知识点而不是完整和系统的音乐”①。与此同时，一些教材的编排则过分强调自身知识严密的逻辑体系及次序安排，显得封闭单一和死板，缺少教师和学生进行创造的空间，这些都与音乐学科的创造性严重背离。在音乐教学形式和具体的音乐教学方法上，存在着重讲授轻参与、重训练轻鉴赏、重结果轻过程的专业化倾向，这种音乐教学体制和模式，不可能实现音乐教育陶冶人性，完善生命的价值与目标。在奥尔夫音乐教学法中，他极力反对“音乐教育系统的理性化”倾向，一直强调音乐教育教学活动的创造性、灵活性、个性化和有效性，并主张各个国家、民族和地区的音乐教育教学都要根据国情对奥尔夫音乐教学法的理念，按照其传统文化特点和价值取向进行有针对性、有个性、有创意地灵活多变地教学，只有进行这样的音乐教学，最终的结果才能培养出具有个性和创新能力的人才。

（三）音乐教育环境和教学设备

“德国作为欧洲音乐发展的重镇，在音乐思想和音乐作品以及音乐环境和条件等方面都具有较高的水准。由于其经济发展水平较高，德国整体的音乐教育环境和教育体制都非常先进和完善，国家对于音乐教育方面的实际投入也在很大程度上促进了奥尔夫教育实践的顺利进行。”② 奥尔夫音乐教学法以最早的“军特学校”发展为基础，经历了长期的、反复的试验和论证，在奥尔夫的长期努力下，在许多有志于音乐教育人士的大力协助和支持下，以七十多年的生命力传播至今。“其之所以具有如此强大的生命力，除了奥尔夫的主观努力外，还需要重要的物质条件支撑。比如其著名的三大教学方式一结合语言的教学、结合动作的教学、结合乐器的教学，这三种方式都需要较高的物质条件做基础。也就是说，奥尔夫音乐教学法所倡导的原本性、创造性、开放性的思想，体现在实际的音乐教学活动中是多种多样的，要求的音乐设备和器具也是灵活多样的，尤其是丰富的奥尔夫乐器和奥尔夫声势（拍手、跺脚、拍腿、捻指），对各种音乐器材的要求和应用也是非常灵活的。而我国实际的音乐教学

① 王丽新．奥尔夫音乐教学法本土化的制约因素［J］．东北师大学报（哲学社会科学版），2012（03）．

② 王丽新．奥尔夫音乐教学法本土化的制约因素［J］．东北师大学报（哲学社会科学版），2012（03）．

中，通常只是摆设有桌椅、钢琴或相关音乐的普通教室，没有即兴创作的场地和器材，更没有丰富的奥尔夫乐器，灵活的学习方式也很难在这种条件下进行，因此制约了音乐教学活动的开展。虽然我国近几年也加大了对音乐教育教学设备和器材方面的投入，但还是远远不够，其实更重要的是如何在理解奥尔夫教学开放性的基础上对教学设备和器材的掌握、创造和灵活运用。综上所述，引进和借鉴奥尔夫音乐教学法，不能仅靠热情或理解，也要逐步完善传播奥尔夫音乐教学法的载体，依靠国家加大对音乐教育的实际投入，建设现代化的音乐教育基地，逐步引进先进的音乐教学器材，培养高水平的的音乐教师。"[①] 这些都是制约我国奥尔夫音乐教育发展和本土化的不可忽视的重要因素。

（四）音乐教育理论研究的滞后

众所周知，我国近现代的教育制度包括音乐教育体制都是西方的"舶来品"，因此，当音乐理论研究者在进行本土音乐研究时通过会运用西方的音乐术语、价值观念、思维方式来阐释本土音乐。这势必会造成人们理解本土音乐时很难深入，一些人甚至会沦为西方音乐文化的"东方代言人"。在这一点上，正如西方著名的政治学研究者萨义德在其《东方学》一书中所指出的，"东方"其实完全是西方人以自己为中心无形中建构出来的"他者"一样有异曲同工之妙。因此，本土音乐研究这个时候成了所谓的"他者性建构"[②]，尽管可能有些音乐学研究者试图以音乐教育本土化的概念或术语来阐明自己的学术观点，但由于无法摆脱东西方对立的音乐文化价值观念和认知障碍，造成我国音乐本土化研究的滞后。对此，我国著名社会学家费孝通先生曾谈到："中国本土学者面临的是如何'出得来'的问题，也就是说，作为研究本土学者，主要的是要从我们所处的社会地位和司空见惯的观念中解脱出来，以便对本土社会加以客观公正的理解"[③]。而当下我们所面临的问题是广大的音乐理论与实践研究者如何从长期受到西方音乐文化思想和价值观念影响的固有思维惯性中走出来进而进入到我国本土音乐文化和符合我国音乐文化和传统的思维观念中去。这里需要指出的是，我们并非排斥或抵制先进的西方音乐文化和音乐教育理念，问题的关键是如果西方音乐文化和音乐教育理念如果没有深刻理解和学习好的话，而对于本土音乐文化又了解不多，最终的结果无疑会陷入一种既"走不出

① 王丽新．奥尔夫音乐教学法本土化的制约因素［J］．东北师大学报（哲学社会科学版），2012（03）．

② 冯周卓，卢德之．实践关系视野中的"他者"［J］．求索，2007（8）159—161．

③ 王欣．反思音乐教育本土化的困境［J］．沈阳音乐学院学报，2005（4）71—72．

来，又进不去”、既不能“上天”又无法“入地”的尴尬处境。即是说，本土化音乐教育不是简单的传承，更为重要的是理解本土音乐独特的文化价值。通过理解本土的音乐文化，解决本土音乐发展和改革的现在问题，改变本土社会中人们的音乐文化和封闭的音乐价值观念，丰富本土社会的音乐艺术生活，改变当下音乐理论本土化研究滞后的局面。那么，本土音乐理论和实践研究者在进行本土音乐文化的探索和研究时面临着如何摆脱西方音乐文化理论束缚来展示本土音乐价值，避免做音乐研究的“他者性建构”的困惑。通过研究“反思人类学”提出的“文化并置”概念或许对本土学者有所启示。也说是说，广大的音乐理论研究者可以在东西方音乐文化的“并置”中相互认识，互为主体，体现出哈贝马斯建构的“主体间性”①。笔者认为，音乐文化或音乐教育理论本土化的关键是音乐教育理论和实践研究的本土化水平和质量的提升。近一个多世纪以来，我国之所以在音乐文化或音乐教育理论本土化方面未能有突破性进展的成果，最主要原因就是音乐教育理论和实践研究的本土化工作没有做好。这是由于一方面“专职”的音乐教育理论与实践研究者们的研究视线主要放在了应接不暇的西方音乐文化和音乐教育理论的引入和借鉴上，对音乐教育理论的本土化研究仍然处于“借鉴与模仿”的初级阶段；另一方面中国本土的音乐教育实践目前还处于一种自在自为简单状态，广大的音乐教师更多地是凭着对音乐学科的兴趣与经验来从事音乐教育研究和教学工作，缺乏反省与超越的音乐教育研究意识。因此，大量的音乐文化或音乐教育理论在某种程度上就如同水中的浮萍一样，找不到自己的根基，而本土音乐教学实践长期以来又像沉睡在海底的岩石，无法得到有效地提升，一方面是沉不下去，另一方面是浮不上来，两方面始终不能相互紧密地结合起来。奥尔夫曾经说过：“这些国家（指欧洲以外的国家）已正确而清晰地认识到：不把（奥尔夫）音乐教育当作是某一种音乐教育体系来接受，而当作是一种最基本的教学原理。这可以使他们重新发现他们自己的音乐和语言的传统和特色，并使之对他们的音乐教育起到有益的作用”。② 奥尔夫的这些话语时刻提醒我们，在中国进行本土化的奥尔夫音乐创生时必须这样去理解、引进和实施奥尔夫音乐教学法：我们的根本目的不在于仅仅从事外国音乐教育的引入和借鉴研究，而在于重新发现我们自己的独特价值，发扬我们自己的音乐、语言和文化的优秀传统及其特色，使奥

① 这种相互之间互为主体性的关系通常被称为主体间性，它的前提是在一个平等的交流和对话的场域中展开的，主体间性理论解构了西方音乐文化的长期以来霸权地位—“西方中心论”，使人们以一种公正和平等的眼光来看待和理解我国本土音乐文化与西方音乐文化在价值上的平等性，同时也避免自我中心论，超越了一切本土主义的束缚，从而获得了对本土音乐文化的反思能力。

② 廖乃雄. 奥尔夫儿童音乐教学法初步［M］. 合肥：安徽文艺出版社，1987：123.

尔夫音乐教育思想、方法、原则、模式进一步本土化，从而形成借鉴基础上的创新。这样，“引入、借鉴、移植以及学习和研究就和自我认知以及自我创造有效地结合起来，这样，民族传统文化才能与世界潮流接轨，迎接多元化的音乐世纪。总之，奥尔夫音乐教学法作为一套完备的、成熟的、与实践相结合的音乐理论体系。对我国音乐教育教学改革起到了相当大的推动作用。由于一切的事物发展和变化都充满了无穷无尽的矛盾性和不可预测性，对奥尔夫音乐教学法的本土化也不能简单的像引进机器设备的那样直接拿来并投入生产，而是应该在广泛吸取国外优秀音乐文化的同时积极地进行批判地吸收、借鉴和利用，以实事求是和公平的态度在发扬我国本土音乐文化的独特价值的同时勇敢直面本土音乐文化的弊端，尊重国外音乐文化的形态、传统、价值和特点，使全世界的优秀音乐教育思想、方法和体系更加趋于完善”①。

（五）音乐教师的整体素养

教师素质直接影响奥尔夫音乐教学法的传播力度和质量标准。“目前我国音乐教师的综合素质也存在问题。尤其是使用奥尔夫音乐教学法的音乐教师，作为课堂的引导者，必须具备较好的综合素质，能够游刃有余的调度课堂气氛，生动有趣的讲解教学内容，充分带动学生的学习兴趣和参与欲望。但大多数音乐教师不具备较全面的综合素质，并且知识能力贫乏。无法胜任奥尔夫音乐教学法多元化的音乐教学和丰富多彩的课外活动。很多教师都是能唱不能跳、能弹不能唱，很难全面。因此，深厚的音乐文化底蕴和广阔的音乐知识面，对于一名音乐教师尤其重要。然而，提高音乐教师的素质是音乐教育教学的根本保证。奥尔夫音乐教学法对教师的素质要求很高。”② 首先，奥尔夫音乐教学法要求每个教师要对本教育体系有相对完整的理解和认识，并能付诸于教学实践，身体力行地去运用各种具体的奥尔夫教学方法。我们都知道奥尔夫音乐的本质就是“人的解放”，这不单要依靠教师的技艺和技能，还要求教师必须具备博大的胸怀、充沛的精力以及健康的身体来保证音乐教学的质量。奥尔夫音乐教学法要求教师不但要有创造性思维，还要兼有艺术家的素质。因此，如果音乐教师的水平低下、缺少爱心，奥尔夫音乐教育很容易被曲解为粗浅的模式化音乐，并把创造性领会成随意的活动。因此，任何先进的教育理念或教育方法都不能简简单单的采取“拿来主义”，它是需要付出一定的代价，

① 王丽新．奥尔夫音乐教学法本土化的制约因素［J］．东北师大学报（哲学社会科学版），2012(03)．

② 王丽新．奥尔夫音乐教学法本土化的制约因素［J］．东北师大学报（哲学社会科学版），2012(03)．

特别是需要具备全面的音乐素养的音乐教师。显然，我国在教师素养这方面还有较大的差距和广阔的上升空间。

二、奥尔夫音乐教学法本土化的生成条件

（一）国家政策层面

1. 加大经费投入

能否保障教育经费的切实投入一直是教育是否能够长足发展的关键问题。在奥尔夫音乐教学法本土化问题上也面临同样的问题。“十一五”时期，我国高度重视教育事业，坚持教育优先发展的教育方针，逐年不断加大对教育经费的投入力度。相关的资料显示，“十一五”前四年全国教育经费总投入达到51974亿元，其中财政性教育经费总投入达到39624亿元，占全部经费投入的70．43％。2009年，全国教育经费达19561亿元。毫无疑问，只有教育经费投入的较快增长，才能为教育改革发展提供有力支持。尽管我国在教育经费的投入方面有了很大程度增长，但相对于整个教育事业发展的实际需求，教育问题的投入与世界平均水平相比仍然严重不足。这表现在一是当前我国教育经费投入和国际各国平均水平相比仍处于较低的水平。据相关的资料显示，2008年，我国人均教育经费仅仅为160美元，不到2006年世界各国人均教育经费400美元的一半水平，不到经济合作组织国家人均教育经费1800美元的十分之一。财政性经费是我国教育经费总投入的最主要的组成部分，因此，保证教育投入力度和数量是公共财政的重要职能，各级政府首先要依法承担起这个重大的民族责任。对此，我们应该在三个方面做出努力：一是继续加大我国中央财政对教育的投入力度，解决地方政府财力与教育投入不匹配的问题。二是建立激励和考核机制，调动地方政府投入教育的积极性。三是积极拓宽财政性教育经费来源渠道和方式，提高财政性教育经费占国内生产总值的比例，切实保障教育经费的投入。

2. 加快音乐教育体制改革和课程改革

大家都知道，十四届五中全会我国提出经济发展要实现两个根本转变，这种转变不仅仅是经济增长方式的转化，更重要的是它将带来社会全方位的变化，特别是给整个教育事业带来了一次难得的发展机遇，为深化教育改革提供了良好的宏观环境。教育必须按照《纲要》的思路，走以内涵发展为主的道路，全面适应现代化建设对各类人才培养的需要，全面提高办学的质量和效益，逐步提高自己的适应性、超前性，积极为经济和社会发展服务。这次改革深化的一个重要标志是把人才培养体制改革作为改革的核心；而人才培养体制的改革有赖于充满活力的现代学校制度。作为教育体制改革的一部分，我国当

前的音乐教育无论是改革的广度和深度，还是发展的质量和效益，都不适应新形势的要求，存在着投入不足、音乐教育资源发展不平衡、整体水平有待进一步提高等一系列矛盾和问题，解决这些矛盾和问题的关键是改革音乐教育体制。体制改革是音乐教育改革的核心。深化音乐教育体制改革，对实现整个教育的两个根本转变具有重要价值和意义。然而，我国的教育体制长期受以孔子为代表的儒家思想的影响形成了“教师讲、学生听”、“教师教、学生学”的典型灌输式教学模式。“传艺式”的音乐教育和教学方法、模式，在很大程度上压抑了学生独立思考、主动创造的精神和能力，变相地规限了学生的发展。奥尔夫倡导“以人为本”的理念，他极力反对“音乐教育理性化”，强调教学活动的即兴性、创造性、有效性、灵活性，极力主张不同国家根据本国国情对奥尔夫音乐教学法进行有个性、有创意、灵活的本土化教学，只有这样的教学才能培养出具有个性和创新能力的艺术人才。由此可以看出，引进、学习、借鉴奥尔夫音乐教学法，加快我国音乐教育体制改革，最重要的是思想认识的提高和教育体制的变革。但我们在改革时绝不能单纯照抄照搬奥尔夫音乐教育教学的课例，简单克隆其音乐教学模式的“实用主义”倾向在任何国家都是行不通的，我们应该关注的和深入理解的应是对其理念的深入解读。要结合我国音乐教育教学的实际，兼容、消化、创生，最后把其理论精华内化为本土化的东西。我们应该在实际的音乐教学中端正教学态度，提高思想认识，要在充分认识奥尔夫音乐价值和深入理解奥尔夫音乐教育理念内涵的前提下，科学合理地运用和实施好这种先进的音乐教育理念和方法，结合我国各地中小学生的具体情况和实际特点，在现实的教学中遵循学生的身心发展规律，选取适合的音乐素材、设计教学环节，进行富有成效地音乐实践探索。

在课程改革的层面，我们同样应该深入理解其内涵，加大改革的力度。前文已经谈到，我国2001年颁布的《全日制义务教育音乐课程标准（实验稿）》吸收、借鉴了如奥尔夫音乐教学法等著名的国外音乐教育理念，这些音乐教育理念对我国基础音乐教育改革产生了非常深远的影响。因此，在新的教育改革背景下，如何学习、借鉴和运用奥尔夫音乐教育，已成为我国基础音乐教育改革进程中面临的新问题。最新的音乐课标的中心内容所体现出的“五大理念”与奥尔夫教育理念在以审美为核心，以兴趣爱好为动力，面向全体学生，注重个性的发展，重视音乐实践，鼓励音乐创造，理解多元文化，关注过程评价等诸多方面都存在着相当的内在契合性，因此，加大对我国音乐课程改革的力度，有利于我们更好地学习、借鉴和运用奥尔夫音乐教育法。

（二）社会舆论层面

1. 转变公民教育观念

当下，在我国社会，接受过奥尔夫音乐教育培训或者对奥尔夫教育理解泛化的人，可能会有这样的想法："奥尔夫音乐教育太难，一般人学不会，而且只适用于学生园，没啥前途"，"奥尔夫音乐教育没有什么市场，知道的人太少，没什么人愿意接受"，"奥尔夫音乐教育法虽好，却不够实用，不被社会认可"，甚至有些偏激的人会说："我算是上当了，花了那么多钱去学奥尔夫音乐，却根本用不上，没起到什么实际的效果"……这些问题都反映出我们整个社会在对奥尔夫教育理念的理解上还存在着严重的问题，很多人对奥尔夫音乐教育体系缺乏深度的了解。这就需要我们不断学习，转变教育观念，深入挖掘奥尔夫音乐教育体系所蕴含的教育理念，澄清民众对这一世界音乐文化精华的误读，这也是我们进行本土化创生的重要前提条件。总之，奥尔夫音乐教育的前途是光明的，只要大家能够加深思想认识，提高理论水平，转变教育观念，我们一定会把这种先进的教学法发扬光大。

2. 家长参与配合

通过奥尔夫音乐教学法的深入研究和探索，笔者深刻认识到，对国家音乐教育事业的奉献，对于音乐专业人才培养的责任，不仅需要广大的音乐教育工作者的辛勤工作，而且还需要广大的家长的热情参与。我国近几十年来由于经济发展和计划生育等政策的实施，人们对儿童的"早教"极为重视。同时，随着时代的发展和社会的开放，人们对儿童早期教育的要求也出现"多元化"的趋势。在国家全面反思应试教育的背景下，人们更加关注儿童整体素养的提升，素质教育越来越受到普遍关注。倡导"以人为本"和原本性音乐的奥尔夫音乐教学法引起了很多家长的兴趣。当前，很多的年轻父母在教育子女的问题上更多地依赖育儿书籍、相关网站和教育专业机构。于是，很多关注孩子成长的父母对理念新颖，方法独特的奥尔夫音乐教育体系逐渐产生了浓厚的兴趣，这些背景都为社会上广大的家长接触、了解以及利用奥尔夫教育提供了可能。在这种情况下，我国近些年相关的教育机构也开创了成年人奥尔夫音乐教育课程，为家长了解奥尔夫教育理念，提供了机会和基础，促使一些家长成为奥尔夫教育的推广者，进而在广泛宣传奥尔夫教育。一些机构以不定期举办奥尔夫教育免费家长讲座的形式，介绍奥尔夫音乐教育的特点，辅导家长如何带孩子上奥尔夫音乐活动亲子班等，这些都有力地促进了奥尔夫教育的社会化认知，同时也有力地从促进了社会上奥尔夫教学的实际效果，扩大了影响。总之，奥尔夫音乐教学法作为一种世界主流的音乐教育观，一种独特的音乐感悟和思维方式，一份价值巨大的音乐文化遗产，我们应当本着认真学习的态度，深入地研究奥尔夫音乐教学法，适当借鉴其适合中国国情的部分，发挥奥尔夫音乐教育的魅力，使其蓬勃发展，进而创生出具有本土特色的音乐教育理论。

（三）学校氛围层面

1. 加强师资培训

上文已经谈到，制约我国奥尔夫音乐教育实践的主要因素之一就是良好的师资力量。奥尔夫音乐教学法的实施和本土化的先决条件就是要保证教师优秀的音乐素养。因此，我们必须加大学校层面的音乐教师的培训力度。奥尔夫音乐教学法的综合性教学，将音乐与舞蹈、体操、语言、戏剧、文学等多种艺术融合在一起，十分注重培养儿童的观察力、想象力和创造力以及最基本的音乐素养，以至最终的目标是发展学生的个性与音乐潜能。奥尔夫音乐教学法对教师的各种素质要求极高，首先是要求教师必须对教学法有完整的、清晰的认识和理解，能够身体力行地去运用各种奥尔夫音乐教学方法。音乐教师必须具备博大的胸怀和充足的精力以及健康的体魄来保证各类教学的顺利进行。因此，奥尔夫音乐教学法要求教师不但要有创造性思维，还要兼有艺术家的素质。所以，广大的音乐教师要不断深入学习，以掌握基本的音乐学科知识，同时还要具备较高的音乐文化素质。当前，我们所处的信息社会，科技增长迅猛，知识更新加快。[①] 而且各学科知识的相互渗透、综合性越来越显著，这就要求我国广大的音乐教育的教师不仅具有广博的知识和精湛的教学艺术，还要先进的理念出色的艺术素养。也就是说，音乐教师应当具备一定的专业知识技能和相当的文化修养，学习过包括奥尔夫音乐教学法在内的国外先进教育、教学方法的课程，能够因地制宜的教学、创新。因此，有计划的对教师进行奥尔夫音乐理念及方法的相关培训就显得尤为重要，更应作为一项长期政策，列入广大中小学音乐教师的培养计划当中。

由此可见，提高我国音乐教育者的素质是奥尔夫音乐教学法顺利实施，进行音乐教育创新发展的基本保证。当前我国的音乐教师尤其是农村优秀音乐教师相对缺乏，而具有独特的奥尔夫音乐素质的优秀音乐教师更是少之又少。随着奥尔夫音乐教学法的借鉴和学习，我国在师资培训方面做了很多努力，组织了大量的“走出去”、“请进来”的学术交流活动，举办了很多奥尔夫音乐教育培训班，但对于奥尔夫音乐教学法能否在实践中顺利实施，这种效果还有待于进一步的观察。对于教师自身来说，音乐素质还有待进一步提高。教师要及时转换角色，抛却狭隘的“本土”观念，以开放的胸襟和气度对待外来音乐文化

---

① 有学者统计，人类创造的知识近30年来大概等于过去2000年的总和。预计人类今天运用的知识只是2050年的1%。

理念。前面已经谈到，奥尔夫音乐教学法重视人的能动性的发挥，注重转变传统的音乐教学模式与方法，因此，音乐教师的角色要从知识的灌输者转变为学习的组织者、引导者和帮助者，教师要从单纯的知识传授者转变为学习的民主合作者。尤其在当下社会思想多元，理论流派众多的大背景下，教师只有转变观念和角色，建立民主、平等、和谐的师生关系，坚持“以人为本”理念，导学生大胆创新、独立思考，为学生的学习创造一个有利的情境和途径，只有这样，才能使儿童在奥尔夫音乐学习的过程中有所收获，学生人格和各方面可持续地健康发展。

2. 组织编写教材

奥尔夫音乐教材在整个教学过程中的作用非常重要，是体现音乐课程的核心要素，教材是良好的教学秩序和较高的教学质量的重要保证。因此，做好奥尔夫音乐教材的编写是我们进行本土化创生的重要手段。广大的音乐教师可以在掌握学生的生理、心理特点和认知规律的前提下，在参照、借鉴奥尔夫编写的《学校音乐教材》的基础上，针对自己实际的教学内容创编出适合自己所教学生的奥尔夫音乐教材。笔者认为，这才是奥尔夫音乐教学法本土化最重要的步骤。教育专家和广大的一线音乐教师集思广益，共襄盛举，创编出适合我国国情的高水平音乐教材将是奥尔夫教学法本土化发展的重要保证。

3. 引导学生转变学习方式

我们都知道，新课程改革使我国音乐教育所发生了一项最根本改变，即音乐课程改革所追求的主要目标发生了改变。[①] 因此，学校应该在奥尔夫音乐教学的过程中，把转变学生的学习方式提升到一定的理论高度，当作一项重点工作来抓。比如在合唱集体舞，小乐队、音乐游戏中强调学生的交往和合作，因为这些音乐活动往往是需要合作才能完成的，在奥尔夫音乐教学过程中，我们要把个体的即兴创造和群体的交流合作紧密地联系起来，做到既尊重个体发展，又注重群体合作。对此，我国著名教育家陶行知也曾指出：“把学生学习的基本自由还给学生，解放他的头脑，使他能想；解放他的双手，使他能干；解放他的眼睛，使他能看；解放他的嘴，使他能说”。[②] 因此，做为新世纪的

① 那就是学生音乐学习方式“由过于注重知识传授的影响，强调形成积极主动的学习态度，使获得基础知识和基本技能的过程同时成为学会学习和形成正确价值观的过程。强调学科的综合性，加强课程与学生生活以及现代社会科技发展的联系，关注学生的学习兴趣和经验，精选终身学习必备的基础知识和技能。倡导学生主动参与、乐于探究、勤于动手，培养学生搜集和处理信息的能力，获取新知识的能力，分析和解决问题的能力，以及交流与合作能力。”参见尹爱青．音乐课程与教学论［M］．长春：东北师范大学出版社，2006.

② 陶行知．教学做合一讨论集［M］．上海：上海儿童书局，1932：156.

奥尔夫音乐教师，我们应树立良好的教育理念，面对素质教育和音乐新课程改革带给我们的挑战，引导学生转变学习方式，努力提高音乐教育的质量和水平，促进我国基础音乐教育的不断发展。

4. 完善奥尔夫音乐教学设备

目前我国很多学校的音乐教学课堂大多还只是摆设有桌椅、钢琴或配套音乐的常规教室，缺少进行各种即兴创作的奥尔夫教室和器具，更没有成套的、规范的奥尔夫乐器，随意、即兴、自然的学习方式很难在这种条件下展开，在一定程度上也制约了奥尔夫音乐教学活动的进行。因此，学校应该在奥尔夫音乐教学的基本条件的完善上做出努力，比如根据奥尔夫乐器的特点，结合我国音乐文化的实际，创造出一些本土化的教具和乐器，同时，灵活运用奥尔夫的“声势教学”，将其与其它方式结合起来，弥补一些乐器缺少的不足。总之，教学环境和教学设备的完善是奥尔夫音乐教学法本土化的重要条件，无论是学校还是相关的培训部门，对此必须有足够的认识，加大这方面的投入力度。

（四）教师个体层面

1. 转变教学观念

奥尔夫音乐教学法提倡促进学生全面发展，培养学生审美能力的教学观点非常值得我国音乐教师学习与借鉴，在当今的中国音乐教育中，这种教学观点对克服和改变我国当下的“专业化”、“技能化”、“工艺化”的功利化音乐倾向具有重要价值和作用。笔者认为，转变教师的音乐教育观念具体表现在以下几点。

首先，应树立“以人为本”的音乐教育理念。我们都知道，奥尔夫所强调的音乐教育是以人为本、尊重学生主体地位与个性化、提升学生全面素养、促进学生全面发展的教育，其基本的目标就是培育人的品格，大力发展“人文化”教育。我国《艺术课程标准研修》中也提到音乐教育应体现“人文性”特点。基于此，笔者认为，音乐教育也应体现人文化，与此相反的是我国传统的音乐教育的教学更多是体现在技艺性上。因此，音乐教师必须转变教学观念，面向世界各民族优秀的音乐文化敞开胸怀，以培养学生健康的人格及音乐素养为音乐教育的根本目的。其次，音乐教师应具有很强的责任感。音乐教师要真正对学生负责，以学生为中心，以引导学生身心的健康发展为前提，以培养学生的审美情趣和创造力为目的，来丰富学生的学习生活。再次，教师应具有准确的听辨能力以及丰富的语言表达能力。这一点是由奥尔夫音乐教学法的特点决定的。奥尔夫音乐教学法要求教师能够对学生学习后的音乐表演做出准确的判断，教师还应具有丰富的语言表达能力。崔学荣在《新课程音乐教学案例选评》一书中曾谈到过：“教师良好的语言是音乐课堂的最大亮点之一，良好的语言表达是音乐教学效果成功的前提，语言修养可以使音乐教学的艺术锦上添花”。[①] 这就要求音乐教师在实际的教学中要根据学生不同的个性特点采取不同的语言表达方式，使学生在学习的过程中容易理解与接受。教师语言表达能力是衡量教师素质的重要条件，因此，奥尔夫音乐教师一定要善于运用生动、形象、准确的语言使音乐课堂变得生动有趣。总之，奥尔夫主张音乐教师应具有全方面的综合素质，因此，音乐教师除了具有高水平的音乐专业技能外，还应从教育思想上、教育行为上全面提高自己的综合素养。

2. 因地制宜，充分利用环境和教具

奥尔夫认为，每个人都有天生的“乐器”一手和脚，通过学生手脚的动作配合（即声势）可以直接对音乐节奏进行各种创造性的尝试。[②] 在奥尔夫音乐教育教学过程中，教师要学会因地制宜，结合自己音乐教学的内容，充分利用各种教具，为学生尽可能多地提供参与制作和演奏的机会，达到使学生动手、动脑、动口相结合的目的。这样的音乐教学活动才能充分调动学生的积极性，既激发了学生学习的兴趣，又培养了其自信心，使学生在亲自参与的过程中创新能力和音乐素养都得到提升。

（五）学生需求层面

1. 要充分考虑学生的学习兴趣

古人云：“知之者不如好之者，好之者不如乐之者”。“兴趣是学生学习的基础，是学生最好的教师。学生只有形成正确的审美兴趣，才有深刻的审美体验，主动的审美意识，正确的审美评价，进而形成创造美的欲望。正如一位古罗马教育家曾经说过：‘学生不是一个需要添满的罐子，而是一颗需要点燃的火种。’（普罗塔克）”[③]

那么，在具体的奥尔夫音乐教学中“如何从培养学生的兴趣入手，去点燃这颗火种呢？第一，注意运用奥尔夫教具激发学生兴趣。儿童好奇心强，对形象具体、形式新颖、色彩鲜明的事物很感兴趣，容易引起注意。”[④] 奥尔夫音乐教学中教师要用生动活泼的教育形式，营造轻松的学习氛围，以此激发学生的学习兴趣。“如笔者在教授《两只小象》这一课时，笔者上课前先画了两只可爱的小象。采用拼图的形式，分解成一个个小图块，让学生进行拼接，学生

---

① 李妲娜，修海林，尹爱青．奥尔夫音乐教育思想与实践［M］．上海：上海教育出版社，2002，32.

② 奥尔夫主张学生自己主动去创造，音乐教育不能被固定的条条框框所局限，学生可以在教师讲授后对所学知识充分进行创造性地尝试。

③ 贺香渊．培养音乐兴趣 提高审美能力［J］．小学时代，2010（09）.

④ 贺香渊．培养音乐兴趣 提高审美能力［J］．小学时代，2010（09）.

看了之后非常感兴趣，于是兴致勃勃地参与进来，通过手、脑协调，大家通力合作，最终把拼图拼好，然后大家看着美丽的画面，心情舒畅地学习着歌曲，很顺利地完成了音乐课堂任务。”[①] 由此可见，奥尔夫音乐教具是激发学生兴趣的重要工具，教学中能起到事半功倍的作用。第二，在教学中“以律动来激发学生兴趣。由于儿童的知识经验不足，思维、语言等很多方面都处于发展中，儿童的认识一般有直观性、表面性、具体性的特点，他们活泼好动、喜欢模仿，他们喜欢用动作来表达情感，边唱、边动、边欣赏，这也符合儿童身心发展的规律与特点”[②]。因此，当音乐刺激儿童听觉，并与其心灵产生共鸣时，儿童便会动起来，律动是儿童内心感受音乐的一种深化和升华。为了适应学生爱动的特点，可以在教学中让学生欣赏、表演、动作结合起来，进行律动。如在教授《一个师傅仨徒弟》这首歌时，可以让学生站起来，听着歌词模仿孙悟空、沙和尚、猪八戒、唐僧等人动作，“学生兴趣盎然。之后教师再播放音乐，学生即兴创编律动，在讲台前表演给大家看，这既顺应了儿童爱动的特点，也活跃了课堂气氛，激发了学生的创造欲、表现欲和浓厚的学习兴趣。第三，在学生中开展各种形式的竞争，激发其兴趣。竞争能够促进学生进步、完善和发展。对于提高学生的兴趣，竞争是非常好的一种方法。”[③] 如在音乐课中《有趣的声音世界》中，笔者就采用了竞争的方法。教师首先发出小鸟扇动翅膀飞走的声音，然后让学生猜是什么声音？教师是用什么工具来模仿的？接着教师给学生各种工具，让学生分组来模仿这种声音，最后看哪一组模仿得最好，教师给予相应的奖励。这不仅仅是一种竞争，也需要小组成员之间的合作，因此，在激发了学生的兴趣的同时也培养了学生的合作意识和创造力。总之，学生有了兴趣就会对学习活动表现出肯定和正面的情绪，因此，在本土化的奥尔夫音乐教学中，教师要以培养学生的兴趣来引爆学生心灵的火种。

2. 要积极调动学生的主体意识

俗话说：“有一千个读者，就会有一千个哈姆雷特”。对同一个艺术作品，往往会有不同的理解。造成这些的不同看法的原因，固然与音乐作品本身丰富复杂的内容有一定的关系，但主要还是由于学习者个体之间思想水平、文化背景和审美观点的差异。音乐教学时，学习者在审美感受上同样存在着非常大的个体差异，具有主体性的显著特征。因此，在奥尔夫音乐教学活动中，我们要积极提倡以教师为主导，同时突出学生的“主体意识”，构建师生间的“主体

---

① http：//www. moonedu. com/chuzhong/html/103950. shtml

② 刘爱格．谈谈音乐教学中兴趣的培养［J］．科教文汇，2008（02）．

③ 刘爱格．谈谈音乐教学中兴趣的培养［J］．科教文汇，2008（02）．

间性”，建立起符合现代教育潮流的新型师生关系。

构建学生在奥尔夫音乐教学过程中的主体地位，是广大研究者近年来在奥尔夫音乐教学过程中极力探索的重要课题。笔者认为，具体的音乐教育教学时应该在以下几个方面做出努力。第一，把握学生音乐学习的心理，引导学生主动参与。音乐是一种审美活动，教师的教学符合学生心理发展特点和认知规律，奥尔夫音乐教学才能获得想要的良好效果。奥尔夫音乐教师要及时把握学生心理规律，应用适合的教学手段，满足进而激发和增强学生的期待，使学生的音乐审美需上升为审美兴趣，从而产生主动的学习愿望。第二，丰富音乐教学的内容，为学生主动参与提供条件。好的音乐作品总能贴近学生的生活，表达学生的心声，产生感人的艺术魅力，吸引着学生的欣赏欲望和学习的兴趣，使学生主动参与到音乐学习中去。因此，在奥尔夫音乐教学时选用的音乐教材既要旋律优美，内容又要深入浅出，体现出对学生创造思维及音乐实践能力的培养。第三，教师要善于营造和谐、民主的音乐教学氛围，为学生主动参与音乐学习创设良好的环境。这点从根本上说就是要给学生驰骋想象的空间，培养其发散思维能力，使学生学会以审美的态度感悟和认识社会以及人生。音乐教师作为教学的组织者和指导者，既要尊重学生的主体地位，又要成为学生的合作伙伴。学生不是知识的承载体，切勿在音乐教学时采取灌输式，损伤学生的主观能动性和个性发展。音乐教师要放弃师道尊严和面子权威，跟学生保持平等的关系和良好的交流，创造和谐、民主的教学氛围。教师要鼓励学生敢于想象和创新，为学生的音乐学习创设自由的参与空间。第四，教师还要善于运用多种教学活动形式，为学生提供表现的机会。

总之，在多元音乐文化背景下，各种音乐文化、音乐教育思潮之间的交流和碰撞已经成为世界音乐教育发展的重要趋势，在这种背景和趋势下，我国音乐教育的本土化发展就成为广大音乐教育研究者亟待解决的迫切问题，既我们如何在“全球化”与“本土化”音乐教育之间达成一种平衡、统一的关系—放眼世界，立足本土，融合创生。奥尔夫教学法作为当代世界最著名的三大音乐教育体系之一，受到世界各国音乐教育工作者和学习者的高度赞誉和喜爱，并且深受儿童的欢迎，在世界范围内广泛流传，对促进我国音乐教育的改革和发展起了巨大的作用。但由于各种因素的影响，我国的奥尔夫教学法本土化发展也存在一些问题和误区。以此为切入点，笔者从当前世界范围内的音乐教育全球化背景和文化融合与生成的角度出发，详细地介绍了奥尔夫音乐教育体系的内容、理念、原则、方法、模式等内容，并以此为基础，具体分析了奥尔夫音乐教学法在全世界的融合、演变进程，集中探讨了奥尔夫音乐教学法在中国的本土化问题。

本书首先对奥尔夫音乐教学法本土化研究的价值、研究的方法和创新之处进行了阐述，并对此领域的研究成果进行了总结和综述，对相关的核心概念（如本土、本土化等）进行了界定。在此基础上，本书阐述了奥尔夫音乐教学法本土化问题的背景及价值，通过对奥尔夫音乐教学法进行本体解读，介绍了奥尔夫的音乐教育思想及形成的社会背景，奥尔夫音乐教育体系的教学内容和方法，奥尔夫音乐教育体系的理论与实践贡献，奥尔夫音乐教育体系在德国的发展现状等问题。在研究的视域上，本书以“引进一渗透与整合”、“融合一吸收与转化”、“生成一建构与创新”为独特的视角，对奥尔夫音乐教学法本土化的内涵及理论依据进行了深入地挖掘，详细地论述了奥尔夫音乐教学法本土化的途径，探讨了奥尔夫教学法在中国的融合方式等问题。本书的重点和难点是关于奥尔夫音乐教学法本土化的实践研究，在这个问题上，笔者以我国的音乐新课改为目标，针对奥尔夫音乐教学法与我国新课程标准的融合现状，选取了实验对象，作了大量的调研和访谈，在分析数据的基础上深入地探讨了奥尔夫音乐教育理念与我国音乐新课标基本理念的契合程度等问题。本书的核心内容是阐明奥尔夫音乐教学法在我国本土化的生成与建构过程，这些内容包括本土化教学模式的生成本土化教学目标的生成、本土化教学原则的生成、本土化教学内容的生成、本土化教学方法的生成、本土化教学评价的生成、本土化教学策略的生成以及本土化教学用具的生成等。在这个问题上，笔者以实际教学为基础，以教学课例为内容，对奥尔夫音乐教学法在我国的本土化生成与发展进行了具体的建构。最后，对奥尔夫音乐教学法本土化的融合障碍从国家政策、社会舆论、学校氛围、师资保证、学生需求等方面进行了论述，并提出了解决的策略。

本书在对奥尔夫音乐教学法进行本体解读的基础上，以“引进一渗透与整合”、“融合一吸收与转化”、“生成一建构与创新”的理论视角，以人本主义哲学观、原本性哲学观、民族音乐文化与多元音乐文化并举的文化认同观、加德纳的多元智能心理学等为理论依据，对奥尔夫音乐教学法本土化的内涵及理论依据展开论述，就奥尔夫音乐教学法在中国的发展现状及存在问题等展开分析，探讨奥尔夫音乐教学法在中国的融合方式问题，论述本土化的奥尔夫音乐教学原则、目标、方法、策略、模式的生成与建构。较以往的研究在视角上有了一定程度的突破。本研究坚持理论与实践相结合的原则，综合地运用了实证调查、文献分析、访谈、案例研究、比较分析和综合评价等多种研究方法，并借鉴了哲学、社会学、教育学等研究成果与方法，全方位、多视角地探讨奥尔夫音乐教育体系的本土化问题，在研究方法上也做到了一定程度的创新。本书在奥尔夫音乐教学法与我国新课程标准的融合现状、奥尔夫音乐教育理念与我国音乐新课标基本理念的契合程度、奥尔夫音乐教学法在我国本土化的生成与建构、奥尔夫音乐教学法本土化的融合障碍和生成条件等内容上都提出了一些有创见性的观点，这些学术观点是笔者在突破前人的研究成果的基础上首次提出的，因此，在研究的学术观点上也有一定程度的创新。当然，由于个人研究素养、研究水平和学术能力的限制，本书在对很多问题的阐释上，在整个理论的架构上，在对一些细节问题的挖掘上还存在一定程度的不足，有待于笔者进一步的提高，笔者将会在后续的研究中尽力弥补这些不足。

参考文献

著作类：

［1］李妲娜，修海林，尹爱青．奥尔夫音乐教育思想与实践［M］．上海：上海教育出版社，2002.

［2］尹爱青．当代优秀音乐教育体系与教学法研究［M］．长春：东北师范大学出版社，2009.

［3］尹爱青．外国儿童音乐教育［M］．上海：上海教育出版社，1999.

［4］尹爱青．音乐课程与教学论［M］．长春：东北师范大学出版社，2006.

［5］尹爱青．小学新课程教学法［M］．长春：东北师范大学出版社，2005.

［6］管建华．国际音乐教育研究［M］．西安：陕西师范大学出版社，2007.

［7］管建华．音乐人类学的视界［M］．上海：上海音乐学院出版社，2010.

［8］管建华．21世纪主潮一世界多元文化音乐教育［M］．西安：陕西师范大学出版社，2006.

［9］管建华．后现代音乐教育学［M］．西安：陕西师范大学出版社，2006.

［10］管建华．民族音乐文化传承［M］．西安：陕西师范大学出版社，2007.

［11］杨立梅．国外中小学教育面面观：走向未来的音乐教育［M］．上海：上海教育出版社，1998.

［12］［美］戴维·埃里奥特．齐雪等，译．关注音乐实践：新音乐教育哲学［M］．上海：上海音乐出版社，2009.

［13］中央音乐学院音乐教育系．中央音乐学院音乐教育系硕士论文集［C］．北京：中央音乐学院出版社，2009.

［14］廖乃雄，译．奥尔夫儿童音乐教学法初步［M］．合肥：安徽文艺出

版社，1987.

[15] 姚思源主编. 中国当代学校音乐教育研究文集（1949～1995）[M]. 辽海出版社，1999.

[16] 魏煌，侯锦虹. 苏联音乐教育 [M]. 上海教育出版社，1999. 5.

[17] 蔡觉民，杨立梅. 达尔克罗兹音乐教育理论与实践 [M]. 上海：上海教育出版社，1999.

[18] 姚思源. 中国当代学校音乐教育文献（1949—1995）[M]. 上海：上海教育出版社，1999.

[19] 曹理，何工. 音乐学习与教学心理 [M]. 上海：上海音乐出版社，2000.

[20] 丛立新. 课程论问题 [M]. 北京：教育科学出版社，2000. 5.

[21] [德] 古尼尔特·凯特曼. 廖乃雄，译. 奥尔夫音乐教学法初步 [M]. 合肥：安徽文艺出版社，1987.

[22] 杨立梅，李坦娜. 走向未来的音乐教育 [M]. 海口：海南出版社，2000.

[23] 洛秦. 音乐中的文化与文化中的音乐 [M]. 上海：上海音乐学院出版社，2010.

[24] 曹理，何工. 音乐学习与教学心理 [M]. 上海：上海音乐出版社，2001.

[25] 万福，于建福. 教育观念的转变与更新 [M]. 北京：中国和平出版社，2001. 6.

[26] 教育部基础教育司. 全日制义务教育音乐课程标准，北京师范大学出版社，2001.

[27] 秦德祥. 秦德祥音乐教育论文选 [M]. 北京：中国文联出版社，2001.

[28] 高兴. 音乐的多维视角 [M]. 北京：文化艺术出版，2004.

[29] 于润洋. 现代西方音乐哲学导论 [M]. 上海：湖南教育出版社，2002.

[30] 曹理等. 音乐学科教育学 [M]. 北京：首都师范大学出版社，2002.

[31] 教育部基础教育司. 全日制义务教育音乐课程标准解读. 北京：北京师范大学出版社，2002.

[32] 尹红. 音乐教学论 [M]. 重庆：西南师范大学出版社，2002.

[33] 钟启泉. 综合课程论 [M]. 上海：上海教育出版社 2002.

[34] 刘沛. 美国音乐教育概况 [M]. 上海：上海教育出版社，2002.

[35] 陈旭远. 课程与教学论 [M]. 长春：东北师范大学出版社，2002.

[36] 马达. 20 世纪中国学校音乐教育 [M]. 上海：上海教育出版社，2002.

[37] 蔡觉民，杨立梅. 达尔克罗兹音乐教育理论与实践 [M]. 上海：上海教育出版社，2002. 7.

[38] 谢嘉幸，杨燕宜，孙海. 德国音乐教育概况 [M]. 上海：上海教育出版社，2002. 7.

[39] 威廉·凯勒. 金经言，译. 奥尔夫学校音乐教材入门 [M]. 上海：上海教育出版社，2002.

[40] 刘明远. 21 世纪，谁来教综合课一谈新课程结构的重建 [M]. 北京：北京大学出版社 2002.

[41] 杨平，周广强. 谁来决定我们学校的课程：谈校本课程开发 [M]. 北京：北京大学出版社 2002.

[42] 马云鹏. 课程与教学论 [M]. 北京：中央广播电视大学出版社，2003.

[43] 赵宋光. 音乐教育心理学概论 [M]. 上海：上海音乐出版社，2003.

[44] 区海婴. 在游戏中学习音乐：奥尔夫教学法实践课例 [M]. 广州：广东高等教育出版社，2003.

[45] [美] 贝内特·雷默. 熊蕾，译. 音乐教育的哲学 [M]. 北京：人民音乐出版社，2003.

[46] 钟启泉，傅道春，杨明全. 新课程师资培训精要 [M]. 北京：北京大学出版社 2003.

[47] 钟启泉. 现代课程论 [M]. 上海：上海教育出版社 2003.

[48] 王安，国郭声健，蔡梦. 走进课堂：音乐新课程案例与评析 [M]. 高等教育出版社 2003. 1.

[49] 吴庆鳞. 教育心理学 [M]. 上海：华东师范大学出版社，2003. 1.

[50] 卡尔·奥尔夫/古尼尔特凯特曼. 廖乃雄，译. 为儿童的音乐 [M]. 上海：上海教育出版社，2004.

[51] 郑莉，金亚文. 基础音乐教育新视野 [M]. 北京：高等教育出版社，2004.

[52] 石中英. 教育哲学导论 [M]. 北京：北京师范大学出版社，2004. 6.

[53] [美] 贝内特·雷默. 熊蕾，译. 音乐教育的哲学 [M]. 上海：人民音乐出版社，2004.

[54] 黄汉华. 抽象与原形：音乐符号论 [M]. 上海：上海音乐出版社，2004.

[55] 王宏甲. 中国新教育风暴 [M]. 北京：北京出版社 2004.

[56] 张楚廷. 课程与教学哲学 [M]. 北京：人民教育出版社，2004.

[57] 刘沛. 音乐教育的实践与理论研究 [M]. 上海：上海音乐出版社，2004.

[58] 冯建军. 生命与教育 [M]. 北京：教育科学出版社，2004.

[59] 王耀华等. 高师音乐教育论 [M]. 长沙：湖南师范大学出版社，2004.

[60] 郭声健. 音乐教育论 [M]. 长沙：湖南文艺出版社，2004.

[61] 谢嘉幸. 音乐的"语境"：种音乐解释学视域 [M]. 上海：上海音乐学院出版社，2005.

[62] 廖乃雄. 音乐教学法 [M]. 北京：中央音乐学院出版社，2005.

[63] 刘沛. 美国音乐教育概况 [M]. 上海：上海教育出版社，1998.

[64] 周海宏. 音乐与其表现的世界 [M]. 北京：中央音乐学院出版社，2004.

[65] 马达. 音乐教育科学研究方法 [M]. 上海：上海音乐学院出版社，2005. 12.

[66] [美] 多纳德霍杰斯主编，刘沛、任恺译. 音乐心理学手册 [M]. 湖南文艺出版社，2006.

[67] 伍雍谊. 中国近现代学校音乐教育 [M]. 上海：上海教育出版社，1999. 6.

[68] 杨立梅. 柯达伊音乐教育思想与匈牙利音乐教育 [M]. 上海：上海教育出版社，2000.

[69] 高天. 音乐治疗导论 [M]. 北京：军事医学科学出版社，2006.

[70] 谢嘉幸，郁文武编著. 音乐教育与教学法 [M]. 北京：高等教育出版社，2006.

[71] 谢嘉幸. 德国音乐教育概况 [M]. 上海：上海教育出版社，1999.

[72] 方彤. 全背景下基础教育改革比较研究 [M]. 武汉：华中师范大学出版社，2007.

[73] 周世斌，宫正. 国外音乐教育文献选读与分析 [M]. 上海：上海音乐学院出版社，2007.

[74] 施咏. 中国人音乐审美心理概论 [M]. 上海：上海音乐学院出版社，2008.

[75] 罗小平，黄虹. 音乐心理学 [M]. 上海：上海音乐学院出版社，2008.

[76] 郭声健，薛晖. 音乐教育越洋对话 [M]. 长沙：湖南师范大学出版社，2009.

[77] 谢嘉幸，徐绪标. 音乐教育的研究与实践 [M]. 上海：上海音乐学院出版社，2009.

[78] 曹理. 曹理音乐教育文集 [M]. 上海：上海音乐学院出版社，2009.

[79] 张东娇. 教育沟通论 [M]. 太原：山西教育出版社，2003.

[80] 张汝伦. 意义的探究：当代西方释义学 [M]. 沈阳：辽宁人民出版社，1986.

[81] 赵敦华. 现代西方哲学新编 [M]. 北京：北京大学出版社，2001.

[82] 赵汀阳. 论可能生活 [M]. 北京：生活·读书·新知三联书店，1994.

[83] 郑金洲. 对话教学 [M]. 福州：福建教育出版社，2005.

[84] 周浩波. 教育哲学 [M]. 北京：人民教育出版社，2000.

[85] 金生鈜. 规训与教化 [M]. 北京：教育科学出版社，2004.

[86] 金生鈜. 理解与教育：走向哲学解释学的教育哲学导论 [M]. 北京：教育科学出版社，1997.

[87] 联合国教科文组织. 学会生存：教育世界的今天和明天 [M]. 北京：教育科学出版社，1996.

[88] 联合国教科文组织. 教育：财富蕴藏其中 [M]. 北京：教育科学出版社，1996.

[89] 联合国教科文组织. 从现在到 2000 年：教育内容发展的全球展望 [M]. 北京：教育科学出版社，1996.

[90] 刘放桐. 现代西方哲学 [M]. 北京：人民出版社，1990.

[91] 刘济良. 生命教育论 [M]. 北京：中国社会科学出版社，2004.

[92] 刘捷. 专业化：挑战 21 世纪的教师 [M]. 北京：教育科学出版社，2002.

[93] 刘铁芳. 走向生活的教育哲学 [M]. 长沙：湖南师范大学出版社，2005.

[94] [英] 罗素. 人类的知识 [M]. 张金言译. 北京：商务印书

馆，1987.

[95]［加］马克思·范梅南．教学机智：教育智慧的意蕴［M］．李树英译．北京：教育科学出版社，2001.

[96]［英］迈克尔·波兰尼．个人知识：迈向后批判哲学［M］．贵阳：贵州人民出版社，2000.

[97]［美］迈克尔·阿普尔．官方知识：保守时代的民主教育（第二版）［M］．曲囡囡、刘明堂译．上海：华东师范大学出版社，2004.

[98]［加］麦克尔·富兰．变革的力量：深度变革［M］．北京：教育科学出版社，2004.

[99]［加］麦克尔·富兰．变革的力量：透视教育改革［M］．北京：教育科学出版社，2000.

[100]［美］迈克尔小威廉姆E·多尔．后现代课程观［M］．王红宇，译．北京：教育科学出版社，2000.

[101] 瞿葆奎．教育学文集·智育［C］．北京：人民教育出版社，1993.

[102]［法］雅克·德里达．多重立场［M］．佘碧平，译．上海：上海三联书店，2004.

[103]［德］雅斯贝尔斯．什么是教育［M］．邹进，译．北京：生活·读书·新知三联书店，1991.

[104] 约翰·杜威．我们怎样思维·经验与教育［M］．姜文闵，译．北京：人民出版社 1991.

[105]［美］苏珊·郎格．情感与形式［M］．北京：中国社会科学出版社，1986.

[106] 邹爱民．音乐教育学［M］．北京：人民出版社，1996.

[107] 邬志辉．中国教育现代化新视野［M］．东北师范大学出版社，2000.

[108] 高清海．哲学的奥秘［M］．长春：吉林人民出版社，2000.

[109] 王铁军．现代教育思潮［M］．南京：南京大学出版社，2000.

[110] 蒋冰海．美育学导论［M］．上海：上海人民出版社，2001.

[111] 中华人民共和国教育部．音乐课程标准［M］．北京：北京师范大学出版社，2001.

[112] 中华人民共和国教育部．艺术课程标准［M］．北京：北京师范大学出版社，2001.

[113] 王德峰．艺术哲学［M］．上海：复旦大学出版社，2005.

[114] 王瑞鸿．人类行为与社会环境［M］．上海：华东理工大学出版

社，2002.

[115] 裴娣娜. 教育研究方法导论 [M]. 合肥：安徽教育出版社，1995.

[116] 刘精明等. 转型时期中国社会教育 [M]. 沈阳：辽宁教育出版社，2004.

[117] 周国平. 人文讲演录 [M]. 上海：上海文艺出版社，2006.

[118] [德] 弗里德里希·席勒. 审美教育书简 [M]. 上海：上海人民出版社，2003.

[119] 伊沃·苏皮契奇. 社会中的音乐：音乐社会学导论 [M]. 长沙：湖南文艺出版社，2004.

[120] 李泽厚. 美学四讲 [M]. 天津：天津社会科学院出版社，2002.

期刊类：

[121] 廖乃雄. 奥尔夫音乐教育的思想和原理 [J]. 中小学音乐教育，1985.

[122] 李妲娜. 奥尔夫教学法（Orff－SChulwerk）在中国 [J]. 乐府新声一沈阳音乐学院学报，1995.

[123] 李燕诒. 奥尔夫乐器在教学中的运用 [J]. 乐器，1999.

[124] 杨志强. 推动音乐学科现代课堂教学发展：浅谈奥尔夫音乐教学法与现代课堂教学的关系 [J]. 成都教育学院学报，2000.

[125] 席书君. 论奥尔夫音乐教学法 [J]. 河北师范大学学报（教育科学版），2001.

[126] 赵毅. 民族音乐教育之‘本土’论 [J]. 民族教育研究，2001.

[127] 谢嘉幸. 师生关系：音乐教育的现代观念 [J]. 中国音乐教育，2001.

[128] 吴晓玲. 新课改：教育理论本土化之契机 [J]. 教育理论与实践，2002.

[129] 吴晓玲. 新课改：教育理论本土化之契机 [J]. 教育理论与实践，2002.

[130] 李妲娜. 奥尔夫音乐教育在清华的实验 [J]. 星海音乐学院学报，2002.

[131] 张夏琴. 试论奥尔夫音乐教育体系在中国传播的局限性 [J]. 青岛师范学院学报，2002.

[132] 卢笛. 奥尔夫音乐教育体系与我国音乐教育的适应性研究 [J]. 邢台学院学报，2002.

[133] 尹爱青. 人为什么需要音乐 [J]. 中国音乐教育，2003.

[134] 谢平. 奥尔夫教学法的三大特点 [J]. 陕西教育，2003.

[135] 思颖. 从奥尔夫音乐教育体系看中国音乐教育改革 [J]. 内江师范学院学报，2004.

[136] 谢佳. 高师音乐教学改革势在必行 [J]. 河南纺织高等专科学校学报，2004.

[137] 尹爱青. 20 世纪音乐审美教育实践透视和思考 [J]. 中国音乐教育，2004.

[138] 管建华. 埃里奥特的后现代音乐教育学思想 [J]. 中国音乐学，2004.

[139] [美] 大卫·埃利亚特，柳志红译. 走向一种新的音乐教育哲学 [J]. 音乐教育，2004.

[140] 谭秀丽. 原本性：对奥尔夫音乐教育理念的哲学沉思 [J]，广西大学学报，2004.

[141] 刘云松. 浅谈对奥尔夫音乐教育理论的认识 [J]. 遵义师范学院学报，2004.

[142] 王安国. 我国学校音乐教育改革与发展对策研究 [J]. 中央音乐学院学报，2004.

[143] 尹爱青. 音乐审美教育的人学解读与思考 [J]. 东北师大学报（哲学社会科学版），2004.

[144] 张进. 高师音乐教育改革的思考 [J]. 四川教育学院学报，2004.

[145] 屠兰兰. 简述奥尔夫音乐教育体系的主要特点 [J]. 中小学音乐教育，2004.

[146] 尹爱青. 音乐审美心理结构的建立 [J]. 中国音乐教育，2004.

[147] 张馨. 奥尔夫乐器在智力落后儿童教学中的实践与运用 [J]. 中国特殊教育，2004.

[148] 卢世林. 美育的本质与创造能力的培养 [J]. 教育研究，2005.

[149] 王文澜. 国外音乐教育改革与我国音乐教育现状分析 [J]. 西北师大学报，2005.

[150] 尹爱青. 美国音乐课程教案摘要 [J]. 中国音乐教育，2005.

[151] 管建华. “审美为核心的音乐教育”哲学批评与音乐教育的文化哲学建构 [J]. 中国音乐，2005.

[152] 尹爱青. 通过音乐进行学习 [J]. 中国音乐教育，2005.

[153] 邓林. 奥尔夫音乐教育的发展与变化 [J]. 中国音乐教育

报，2005.

[154] 项国雄．后现代主义视野中的教育 [J]．外国教育研究，2005.

[155] 尹爱青．探索音乐的奥秘 [J]．中国音乐教育，2005.

[156] 张卫民．奥尔夫儿童音乐教育异化现象点击 [J]．学生园教育教学，2005.

[157] 廖家骅．音乐模仿价值论 [J]．中国音乐，2006.

[158] 管建华．普通学校音乐学科教育学与音乐现象学教育学 [J]．中国音乐，2006.

[159] 管建华．论音乐课程的开发范式与理解范式 [J]．南京师大学学报，2006.

[160] 谭辉旭．关于课程哲学基础的思考 [J]．教育研究，2006.

[161] 刘玉芳．奥尔夫音乐教学法与学生全脑开发 [J]．现代教育科学，2006.

[162] 李夜雪．浅析奥尔夫音乐教育体系在普通高校音乐教学中的应运 [J]．艺术教育，2006.

[163] 王丹．柯达伊音乐教育体系对实施新课程的启示 [J]．中国音乐教育，2006.

[164] 劳伦斯·帕森斯．音乐与人脑的发展 [J]．中国音乐教育，2006.

[165] 姜涌．从音乐教育的误区看音乐教育改革的必然性 [J]．辽宁师专学报（社会科学版），2007.

[166] 赵丹．浅谈创造性音乐教育 [J]．辽宁行政学院学报，2007.

[167] 黄剑敏，马达．关于音乐教育心理学研究方法的思考 [J]．福建师范大学学报（哲学社会科学版），2007.

[168] 邢彦琴．国外中小学音乐教育的启示 [J]．教育理论与实践，2007.

[169] 覃江梅．为了情感的教育一美国音乐教育的审美精神内核 [J]．外国中小学教育，2007.

[170] 李广，樊荣．德国中小学音乐教育理念评析及其启示 [J]．外国教育研究，2007.

[171] 许冰，马达．日本学校音乐教育发展脉络及其特点 [J]．集美大学学报（教育科学版），2008.

[172] 文蕾，陈文丽．如何利用小学儿童的心理特点进行音乐教育 [J]．读与写（教育教学刊），2008.

[173] 郝蕾浅．谈中小学音乐教育 [J]．吉林省教育学院学报（学科

版)，2008.

[174] 况燕浅. 议奥尔夫儿童音乐教育思想对学生音乐教育的启示 [J]. 网络财富，2008.

[175] 杨晓燕. 浅议我国当前的中、小学音乐教育 [J]. 黄河之声，2008.

[176] 李娟. 初中生学习音乐的障碍及对策初探 [J]. 黄河之声，2008.

[177] 马爱红. 新课改下中学音乐教育存在问题及对策思考 [J]. 歌海，2008.

[178] 叶晓玲. 生命化教育理念与当代音乐教育取向 [J]. 中共福建省委党校学报，2008.

[179] 姜金富. 音乐交流应当成为音乐教学审美体验的桥梁 [J]. 歌海，2008.

学位论文：

[180] 刘杜芳. 课程视野下的奥尔夫音乐教育理论与实践研究 [D]. 上海师范大学，2006.

[181] 张雷双. 奥尔夫音乐教育体系在中国的传播与实践过程研究 [D]. 浙江师范大学，2006.

[182] 曹青. 奥尔夫音乐教学法的中国本土化进程初探 [D]. 南京艺术学院，2007.

[183] 朱莉. 国外音乐教育理念引入过程中的国际化与本土化问题研究 [D]. 浙江师范大学，2007.

[184] 李屏. 教育视野中的传统游戏研究 [D]. 华东师范大学，2005.

[185] 陈迁艺. 术感觉与儿童发展 [D]. 南京师范大学，2005.

[186] 杜永寿. 中小学音乐教材论 [D]. 福建师范大学，2006.

[187] 张美云. 生命教育的理论与实践探究 [D]. 华东师范大学，2006.

[188] 李颖. 教育的人性追寻 [D]. 东北师范大学，2006.

[189] 许洪帅. 我国中小学音乐教育器乐教学发展研究 [D]. 首都师范大学，2007.

[190] 徐波锋. 教育的审美价值 [D]. 陕西师范大学，2007.

[191] 冯青来. 文化与教育 [D]. 华中师范大学，2007.

[192] 王文澜. 素质教育视野中的中学音乐课程实施研究 [D]. 西北师范大学，2007.

[193] 高蕾. 情感·艺术·生态式艺术教育 [D]. 南京师范大学，2007.

[194] 陈筱轩. 台湾地区音乐教师教育研究 [D]. 苏州大学，2008.

[195] 肖晓玛. 杜威美育思想研究 [D]. 南京师范大学，2008.

[196] 杜悦艳. 回归本原 [D]. 南京师范大学，2008.

[197] 赵荷花. 学习的教学论研究 [D]. 湖南师范大学，2008.

[198] 资利萍. 感性的呼唤 [D]. 湖南师范大学，2009.

[199] 屠莉娅. 课程改革政策过程：概念化、审议、实施与评价：国际经验与本土案例 [D]. 华东师范大学，2009.

[200] 钟恩富. 生命化音乐课程与教学研究 [D]. 东北师范大学，2009.

[201] 刘竑波. 教师知识与技能的发展研究 [D]. 华东师范大学，2009.

[202] 金顺爱. 中小学音乐课程的民族性研究 [D].] 东北师范大学，2009.

外文类：

[1] Campbell, Patricia Shehan. *Lessons from the World: A Cross-Cultural Guide to Music Teaching and Learning*. MacMillan Publishing Company, 1991.

[2] EItiot, David J. *Music Matters: A New Philosophy of Music Education*. 'New York: Oxford, 1995.

[3] Mary Shamrock. *Orff Schulwerk: An Integrated Foundation*. Music Educators Journal, 1997.

[4] Imberty, M. *The question of innate competencies in musical communication*. In N Wallin, B Merker, & S Brown (eds). *The origin of music*. Cambridge, MA: The MIT Press. 2000: 449～462.

[5] Hargreaves, David J, Adrian C North. *Musical development and learning: The International Perspective*. London and New York: Continuum, 2001.

[6] Doug Goodkin. *Orff schulwerk in the new millennium*. Music Educators Journal, 2001. [] Sadie, Stanley. "*The Role of Conservatories*", "*Conservatories*", The New Grove Dictionary of Music and Musicians, Macmillian Limited, 2001 (6): 311～312.

[7] Sadie, Stanley. "*Schools*". The New Grove Dictionary of Music and Musicians, Macmillian Limited, 2001 (6): 614～629.

[8] Spruce, Gary. *Teaching Music in Secondary Schools*. London and New York: The Open University, 2002.

[9] Wit, Hans de. *Internationalization of higher education in the United States of America and Europe: a historical, comparative, and conceptual analysis*. Greenwood Press, 2002.

[10] Arnove, Robert F. "*Comparative and International Education Society (CIES) Facing the Twenty-First Century: Challenges and Contributions*", Comparative Education Review, 2002, 45 (4).

[11] Marie McCarthy, J S Goble. *Music education philosophy: Changing times*. Music Educators Journal, 2002.

[12] Sloboda, J A, Juslin, P N. *Psychological perspectives on music and emotion*. Music and Emotion: theory and research. Oxford University Press, 2001.

[13] Anvari, S H, Trainor, L J, Woodside, J, Levy, B A. *Relations among musical skills, phonological processing and early reading ability in preschool children*. Journal of Experimental Child Psychology, 2002, 83, 111~130.

[14] Evridiki Zachopoulou. *Application of Orff and Dalcroze Activities in Preschool Children: Do They Affect the Level of Rhythmic Ability?* [J]. The Physical Educator, 2003.

[15] Donald A Hodges. *Music Psychology and Music Education: What's the connection?* Research Studies in Music Education, 2003 (21).

[16] Campbell, Patricia Shehan. *Teaching Music Globally: Experiencing Music, Expressing Culture*. Oxford University Press, 2004.

[17] Peter Lamarque, Stein Haugom Olsen. *Aesthetics and the Philosophy of Art: The Analytic Tradition An Anthology*. Blackwell Publishing, 2004.

[18] E Glenn Schellenberg. *Music Lessons Enhance IQ*. American Psychological Society, 2004, 15 (8): 511~514.

[19] B S Gupta. *Psycho physiological responsivity to Indian instrumental music*. Psychology of Music, 2005, 33 (4): 363~372.

[20] Ian Boswell. *Practical applications of music: the effects of music on mood, anxiety, pain, and productivity*. Macalester College. 2005.

[21] Koelsch, Fritz, Schulze, Alsop, Schlaug. *Adults and children processing music: An fMRI study*. NeuroImage, 2005, 25 (4): 1068~1076.

[22] Jill Yablonski. *Music thought to enhance intelligence, mental health and immune system*. Annals of the New York Academy of Sciences 2, 2006: 1060.

[23] Janet Mills. *Performing and teaching: the beliefs and experience of music students as instrumental teachers*. Psychology of music, 2006.

附　录

附录 1：

奥尔夫音乐教学法本土化研究的小学教师调查表

学校名称________学校所在地________性别________所教学科________

老师您好！本人是东北师范大学音乐学院的博士研究生，正在对奥尔夫音乐教学法的本土化问题开展调查研究，希望您能协助笔者完成这份问卷，本调查问卷只用于学术研究，不会对您个人产生任何影响。完成这份问卷大约需要花费您 10 分钟的时间，希望您能如实地回答全部问题，您的协助对于本人的研究是至关重要的。

谢谢您的合作！（注：请在您的选项后面（　　）内打√号。）

1. 您的年纪在哪个年龄段？（　　）
   a. 20—30 岁（　　）　b. 30—40 岁（　　）　c. 40—50 岁（　　）
   d. 50 岁以上（　　）
2. 您的学历是怎样的？（　　）
   a. 高中（　　）　b. 中专（　　）　c. 本科（　　）　d. 硕士（　　）
   e. 博士（　　）
3. 您了解奥尔夫音乐教学法吗？（　　）
   a. 非常了解（　　）　b. 一般了解（　　）　c. 不太了解（　　）
   d. 不清楚（　　）
4. 您是通过何种方式了解奥尔夫音乐教学法的？（　　）
   a. 课程学习（　　）　b. 相关培训（　　）　c. 他人介绍（　　）
   d. 新闻媒体（　　）
5. 您在音乐教学中是否应用了奥尔夫音乐教学法？（　　）
   a. 没有（　　）　b. 很少（　　）　c. 经常（　　）
6. 您所在的学校是否普遍采取奥尔夫教学法进行音乐教学？（　　）

a. 是（　） b. 否（　） c. 不太清楚（　）

7. 您们学校采用奥尔夫音乐教学法的原因是什么？（　）

a. 其它学校或单位都在使用（　）

b. 适应当前音乐教学的流行趋势（　）

c. 奥尔夫音乐教学法自身的优越性（　）

d. 适应素质教育理念的要求（　）

e. 适应新课改需要（　）

8. 如果您在教学中用了奥尔夫音乐教学法，效果如何？（　）

a. 很好（　） b. 一般（　） c. 不太好（　） d. 其它（　）

9. 您如何看待奥尔夫音乐教育与我国音乐新课标倡导理念的关系？（　）

A. 高度契合（　） b. 有点接近（　） c. 相关很大（　）

d. 不太清楚（　）

10. 教学中您曾选用过何种奥尔夫音乐教材？（　）

a. 奥尔夫的《学校儿童音乐教材》等（　） b. 自编教材（　）

c. 引用他人创编（　） d. 其它（　）

11. 您是通过何种方式学习到奥尔夫音乐教学法的？（　）

a. 师范教育（　） b. 继续教育（　） c. 社会教育（　）

d. 音像资料（　） e. 其它（　）

12. 您在应用奥尔夫音乐教学法的过程中出现过以下哪种问题？（　）

a. 教学效果不明显（　）

b. 教学内容和素材的缺乏（　）

c. 教学过程的不可控性（　）

d. 缺乏有效的奥尔夫音乐教学指导（　）

13. 您是否在教学中对我国传统音乐教法和奥尔夫音乐教法进行过对比实验？（　）

a. 是（　） b. 否（　） c. 不知道（　）

14. 您在使用奥尔夫音乐教学法的过程中发现最大的困惑或问题是什么？（　）

a. 与我国音乐教育思想的冲突（　）

b. 缺乏良好的学校环境和设备条件（　）

c. 教师自身音乐素养欠缺（　）

d. 其它方面（　）

15. 您认为奥尔夫音乐教学法在我国应用过程中的主要影响因素是什么？（　）

a. 中国人的性格及思维方式(　　) b. 教育体制(　　)
c. 教育环境及设备(　　) d. 师资力量(　　)

16. 您如何看待民族音乐文化传承与外来音乐理念的关系?(　　)
a. 多元共生，各有利弊(　　) b. 要批判和借鉴地吸收(　　)
c. 外国的音乐理念是先进的，要全面利用(　　) d. 其它(　　)

17. 您认为奥尔夫音乐教学法的不足之处是什么?(　　)
a. 缺乏系统性(　　) b. 缺乏理论深度(　　) c. 应用对象有限(　　)
d. 其它(　　)

18. 您认为一名音乐教师应用奥尔夫音乐教学法最重要的是什么?(　　)
a. 良好的音乐素养(　　) b. 良好的教学能力(　　)
c. 灵活的创新能力(　　) d. 适合的音乐教育理念和教学内容(　　)

19. 您如何看待奥尔夫音乐教学法的在我国的适应性问题?(　　)
a. 不需要本土化，音乐是无国界的(　　)
b. 需要本土化，音乐文化和教育环境是有差异的(　　)
c. 本土化是借鉴、融合、共生的漫长过程(　　)
d. 不太清楚(　　)

20. 您认为奥尔夫音乐教学法对学生的哪些方面影响较大?(　　)
a. 器乐的学习(　　) b. 节奏感的培养(　　)
c. 创造力和表现力的提升(　　) d. 主动性和参与性的提高(　　)

21. 您认为应该如何克服在奥尔夫音乐教学过程中出现的问题?(　　)
a. 深化理论研究(　　) b. 加强技能培训(　　)
c. 应用中灵活创新(　　) d. 增强音乐理论的适应性(　　)

22. 您还了解以下哪种国外先进的音乐教学法?(　　)
a. 柯达伊音乐教学法(　　) b. 达尔克罗兹音乐教学法(　　)
c. 铃木音乐教学法(　　) d. 美国综合音乐教学法(　　)
e. 都不了解(　　)

(再次对您的帮助表示衷心感谢!)

奥尔夫音乐教学法本土化研究的小学教师访谈提纲

学校名称____________学校所在地____________性别________

专业____________学历____________所教科目____________

1. 您所在的学校是否在音乐教学中实施了奥尔夫音乐教学法，效果怎么样？
2. 您认为奥尔夫音乐教学法的主要特点是什么？
3. 奥尔夫音乐教学法过时了吗？您是否了解奥尔夫音乐教学法在我国学校教育发展的基本情况？
4. 您认为奥尔夫音乐教学法在教学中容易出现哪些问题？原因是什么？
5. 结合一个具体课例，谈谈您是怎么应用奥尔夫音乐教学法的？
6. 您在运用奥尔夫音乐教学法过程中的难点是什么？
7. 您都参加过哪些奥尔夫音乐教育相关的培训？
8. 您进行奥尔夫音乐教学的素材或内容是通过什么方式获得的？
9. 您认为如何解决奥尔夫音乐教学中存在的问题？为什么？
10. 谈一谈您运用奥尔夫音乐教学法的个人体会。
11. 您如何看待外国音乐理论与民族音乐文化的借鉴、融合问题？
12. 您认为奥尔夫音乐教学法的局限性是什么？
13. 为了避免在奥尔夫音乐教学中出现上述提到的问题，您认为应该在哪些方面做出努力？
14. 您认为奥尔夫音乐教学法和我国当前新课改和素质教育理念的契合点是什么？
15. 您认为奥尔夫音乐教学法是否与我国的音乐教育理念存在冲突？

附录 3：

奥尔夫音乐教学法本土化研究的小学生调查问卷

亲爱的同学：

你好，本人正在对奥尔夫音乐教学法的本土化问题开展相关调查研究，本次调查问卷的目的是想了解大家对音乐课程的喜爱程度与每个人的实际学习情况，调查的结果只作为本人相关研究的结论和参考。不会对你在音乐学习和其它方面产生任何影响，所以请大家在轻松愉悦的心情下如实回答，十分感谢你的配合！

（注：请在您的选项后面（　　）内打√号）

学校名称________学校所在地________性别________年龄________班级________

1. 你听说过奥尔夫音乐吗？（　　）
   a. 经常听说（　　） b. 不太了解（　　）c. 从没听说（　　） d. 不清楚（　　）
2. 你觉得上音乐课有意思吗？（　　）
   a. 非常有意思（　　） b. 比较有意思（　　） c. 没意思（　　）
3. 你在音乐课堂中会主动参加老师的游戏吗？（　　）
   a. 每节课都参加（　　） b. 经常参加，但不是每节课都参加（　　）
   c. 偶尔参加（　　） d. 从不参加
4. 除了学校音乐课上学习的乐器，你是否学习过其他的乐器？（　　）
   a. 是（　　） b. 否（　　） c. 不太清楚（　　）
5. 平时听到音乐时，你会不自觉地动起来或跟着音乐打节拍吗？（　　）
   a. 完全会（　　） b. 大部分会（　　） c. 偶尔会（　　） d. 从来不会（　　）
6. 你希望从音乐课的教学过程中学到更多的音乐知识和技巧吗？（　　）
   a. 非常希望（　　） b. 有点希望（　　） c. 不太希望（　　） d. 不希望（　　）
7. 你对音乐课中的哪个部分的学习最感兴趣？（　　）
   a. 唱歌（　　） b. 欣赏（　　） c. 舞蹈与律动（　　） d. 乐器（　　）
8. 你们班级上音乐课的气氛和谐、融洽吗？（　　）
   a. 非常融洽（　　） b. 比较融洽（　　） c. 不太融洽（　　） d. 不清

楚(　　)

9. 音乐老师上课时的表情经常是什么样的?(　　)

A. 一直微笑(　　) b. 满意时才笑(　　) c. 偶尔会笑(　　) d. 从不笑(　　)

10. 上音乐课时，老师讲授知识的方式是怎样的?(　　)

a. 经常启发，让你不知不觉中学会(　　)

b. 同学回答后再给出正确答案(　　)

c. 老师提出问题后回答(　　)

d. 基本上是教师自己讲(　　)

11. 教师上音乐课的程序是什么样的?(　　)

a. 经常变化(　　) b. 一个学期有两到三次变化(　　)

c. 偶尔变化(　　) d. 从不变化(　　)

12. 老师上音乐课的主要方式是?(　　)

a. 主要是坐在座位上以听老师讲为主(　　)

b. 偶而会用动作、手势参与(　　)

c. 经常用各种方式参与(　　)

d. 边听边做，方式灵活(　　)

13. 上音乐课时，老师最经常使用的乐器是什么?(　　)

a. 键盘乐器(钢琴、电子琴等)(　　)

b. 小乐器(竖笛、三角铁等)(　　)

c. 民间乐器(笛子、葫芦丝等)(　　)

d. 从来不用乐器(　　)`

14. 当你音乐课上学习有进步时，音乐教师会表扬你吗?(　　)

a. 每节课都会(　　) b. 经常会(　　) c. 偶尔会(　　) d. 从来不会(　　)

15. 你愿意当众表演吗?(　　)

a. 非常愿意(　　) b. 愿意(　　) c. 无所谓(　　) d. 不太愿意(　　)

16. 你是否很期待下一次的音乐课赶快到来?(　　)

a. 非常期待(　　) b. 比较期待(　　) c. 无所谓(　　) d. 根本不期待(　　)

附录4：

奥尔夫音乐教学法本土化研究的学生家长访谈提纲

子女所在学校____________________子女性别________子女年龄________

1. 您的孩子喜欢音乐吗？
2. 您认为当前中小学生的音乐课应该以什么方式上呢？您的子女上课的实际情形是怎样的？
3. 您让孩子参加过课外的辅导或专业的音乐培训吗？
4. 您是否听说过奥尔夫音乐？
5. 奥尔夫音乐的优点或者说特点您知道吗？
6. 奥尔夫音乐教育的成本高吗？
7. 如果您比较了解奥尔夫音乐，或者你的子女接受过类似的教育或培训，就此问题谈你的看法、问题以及实际的教育、培训效果等相关问题？
8. 如果您想让子女在学习音乐这方面有所发展，那么您的目的是什么？
9. 您能简单谈谈奥尔夫音乐的一些基本思想吗？
10. 您觉得对孩子在音乐教育方面的学习、支出、管理方式是否经过了仔细思考，是否理性呢？

附录5：

小学生音乐学习兴趣与表现量表

亲爱的同学：

你好！本人正在对奥尔夫音乐教学法的本土化问题开展相关的调查研究，本次调查对你的音乐学习和其它方面不会产生任何影响，请大家在轻松愉悦的心情下如实回答笔者提出的各项问题，十分感谢你的配合！

（注：请在您的选项后面（　　）内打√号）

一、基本资料

1. 学校________班级________年龄________性别________
2. 在课外时间你是否参加过社会上其他音乐类的培训？（　　）
   a. 没有　b. 参加过
3. 除了你们学校音乐课上的奥尔夫乐器，你是否还学习过其他的乐器？（　　）
   a. 是的，我学过，乐器名称　b. 不，我没学过
4. 请问你对音乐课堂中的哪种教学形式最感兴趣？（　　）
   a. 乐器　b. 游戏律动　c. 欣赏　d. 唱歌

二、学生的音乐学习兴趣

同学们，请仔细读下面的题目，在最符合自己的答案上打√。

1. 你喜欢音乐吗？（　　）
   a. 不喜欢　b. 不太喜欢　c. 比较喜欢　d. 非常喜欢
2. 你觉得上音乐课？（　　）
   a. 没多大意思　b. 不太有意思　c. 比较有意思　d. 非常有意思
3. 你对老师在音乐课上布置的教学任务？（　　）
   a. 不是很喜欢　b. 不太喜欢　c. 比较喜欢　d. 非常喜欢
4. 你是否对每一堂音乐课都很期待？（　　）
   a. 不期待　b. 无所谓　c. 比较期待　d. 是，非常期待

三、学生的音乐学习表现

1. 请问你愿意当众进行音乐表演吗？（　　）
   a. 不愿意　b. 无所谓　c. 愿意　d. 非常愿意
2. 你在音乐课上向老师提问的频率？（　　）
   a. 从不提问　b. 偶尔提问　c. 经常提问　d. 每一节课都有提问

3. 如果你的音乐教师在教学时邀请你们做一些小游戏，你会主动参加吗？（　　）

a. 从不参加　b. 可能偶尔参加　c. 经常性的参加　d. 每节课都参加

4. 你对自己在音乐课中的表现满意吗？（　　）

a. 非常不满意　b. 不太满意　c. 比较满意　d. 非常满意

5. 平时听到音乐时，你会不自觉的动起来或打节奏吗？（　　）

a. 从来不会打　b. 偶尔会打　c. 大部分会打　d. 完全会打

6. 你想从音乐课上学到更多的音乐知识和技巧吗？（　　）

a. 一点也不希望　b. 不太希望　c. 有点希望　d. 非常希望

7. 音乐教学的过程中，你觉得自己有一些好想法，你会怎么办？（　　）

a. 不想说，没人在乎这些　b. 想说但是怕被取笑

c. 想告诉自己身边的人　d. 立即向老师发表想法

四、班级的音乐学习氛围

1. 当同学们在音乐课上取得进步时，音乐教师会赞扬你吗？（　　）

a. 从来不会　b. 偶尔会　c. 经常会　d. 每节课都会

2. 上音乐课时，你认为同学们上课的气氛融洽吗？（　　）

a. 不融洽　b. 不太融洽　c. 比较融洽　d. 非常融洽

3. 上音乐课时，当同学回答问题正确后，大家会称赞或鼓掌吗？（　　）

a. 从来不　b. 偶尔　c. 经常　d. 每节课都会

4. 音乐课上老师的表情是什么样的？（　　）

a. 从不笑　b. 偶尔笑　c. 满意时笑　d. 一直保持微笑

5. 上音乐课时，你认为老师所用的语言是？（　　）

a. 不幽默　b. 偶尔幽默　c. 比较幽默　d. 很幽默

6. 上音乐课时，你的音乐教师讲课的方式是？（　　）

a. 从头到尾自己说　b. 同学回答后再说正确答案

c. 老师提出设问，学生再回答　d. 经常性启发大家，不知不觉中学会

7. 老师上音乐课的程序一般是什么样的？（　　）

a. 从不变化　b. 偶尔变化　c. 一个学期有两到三次变化　d. 经常变化

附录 6：

幼儿教师奥尔夫音乐教学现状的调查问卷

尊敬的老师：

您好！本人正在对奥尔夫音乐教学法的本土化问题开展调查研究，希望您能协助笔者完成这份问卷，本调查问卷只用于学术研究，不会对您个人产生任何影响。完成这份问卷大约需要花费您 10 分钟的时间，希望您能如实地回答全部问题，您的协助对于本人的研究是至关重要的。

谢谢您的合作！（注：请在您的选项后面（　　）内打√号）

一、基本情况

1. 您的教龄：________

（1）5 年以下　（2）6—15 年　（3）16 年以上

2. 您的学历：________

（1）高中或中专　（2）大专　（3）本科　（4）研究生

3. 您的年龄：________

（1）25 岁以下　（2）26—35 岁　（3）36 岁以上

4. 您是否受过系统的音乐教育________

（1）是　（2）否

5. 您接受系统音乐教育的时间为________

（1）很短　（2）一年　（3）三年　（4）三年以上

6. 您所在幼儿园等级：________

（1）一级　（2）二级　（3）三级　（4）示范幼儿园

7. 您认为自己的音乐素养________

（1）不是很好　（2）还可以　（3）很好

8. 您是否有擅长的乐器________

（1）是　（2）否

二、选择符合情况的选项（可多选）

1. 您认为奥尔夫音乐教学是（　　）

（1）将音乐教学与语言、动作紧密结合的整体性教学法

（2）强调单独目标（旋律、和声等）的教学法

（3）不是太清楚

2. 您认为奥尔夫音乐教学所具备的教育理念有（　　）（可多选）

（1）民族性与人类性　（2）原本性　（3）实践性　（4）综合性

（5）即兴性　（6）模式性　（7）系统性　（8）音乐性

3. 您认为奥尔夫音乐教学是（　　）

（1）是符合儿童天性的优秀教学法　（2）具有特色的教学法

（3）普通的教学法　（4）无任何意义的教学法

4. 您开展奥尔夫音乐教学活动的频率（　　）

（1）经常　（2）少　（3）很少　（4）没有

5. 您学习奥尔夫音乐教学法的途径是（　　）

（1）幼儿园定期组织学习　（2）观摩课例

（3）自学　（4）其它　（5）无

6. 您开展奥尔夫音乐教学活动所采用的乐器（　　）（可多选）

（1）购买的奥尔夫音乐乐器　（2）人体乐器（拍手、跺脚、拍腿、捻指）

（3）无特定乐器　（4）无乐器

7. 您是否根据本土文化自制乐器（　　）

（1）是　（2）否　（3）不太清楚

8. 您的班级有无开展奥尔夫音乐教学活动的专门教材（　　）

（1）有　（2）无　（3）不太清楚

9. 您通常展开奥尔夫音乐教学的形式有哪些？（　　）

（1）结合语言、动作的节奏训练　（2）舞蹈活动

（3）歌唱活动　（4）欣赏活动

10. 您开展奥尔夫音乐教学活动的内容通常来自（　　）（可多选）

（1）教材　（2）您感兴趣的素材　（3）幼儿的兴趣　（4）本土文化

11. 在开展过程中，您是否将教材与本文文化相结合（　　）

（1）是　（2）无　（3）视情况而定　（4）不太清楚

12. 您所采用的奥尔夫音乐教学方式有（　　）

（1）传授式　（2）开放自由式

（3）传授式与开放自由式相结合　（4）其他方式

13. 您认为您开展奥尔夫音乐教学活动的教学效果如何（　　）

（1）非常好　（2）好　（3）一般　（4）非常差

14. 您认为与普通音乐教学活动相比较，幼儿在奥尔夫音乐教学活动中音乐能力（　　）

（1）有长足发展和明显提高　（2）有提高　（3）无明显提高

幼儿教师奥尔夫音乐教学法本土化研究的访谈提纲

幼儿园名称________幼儿园所在地________性别________专业________
学历________所教科目________访谈时间：________

1. 您对奥尔夫音乐教育体系的基本思想和基本理念了解吗？
2. 请您谈谈对奥尔夫音乐教学法的总体看法？
3. 您对奥尔夫音乐教学法的具体内容了解吗？
4. 能谈谈您学习奥尔夫音乐教学法的感受吗？
5. 你们单位是怎么学习奥尔夫音乐教学法的？
6. 在实施奥尔夫音乐教学法的过程中，您对奥尔夫音乐教学法的教育理念、内容或方式做了哪些调整和转变，在这过程中您遇到哪些困难？
7. 您的教育理念是否会因为教学实际情况的不同而有所变化
8. 您觉得奥尔夫音乐教育的理念、方法怎样？您认为您的教学能体现这些理念吗？
9. 您认为奥尔夫音乐教学法和普通音乐教学的区别是什么？
10. 您所教的儿童喜欢参加奥尔夫音乐教育教学活动吗？谈谈你在这方面的体会。
11. 请您谈谈音乐活动资源的来源？其来源是否会因为幼儿所处的环境、背景而有所变化（乐器、教材）
12. 结合一个具体课例，谈谈你是怎么应用奥尔夫音乐教学法的？
13. 参加奥尔夫音乐教育活动后，幼儿的音乐能力是否有所提高？
14. 你们幼儿园目前针对奥尔夫音乐教学开展实际的教学活动吗？
15. 简单谈谈您是如何评价幼儿的音乐能力？

附录 8：

奥尔夫自制乐器图

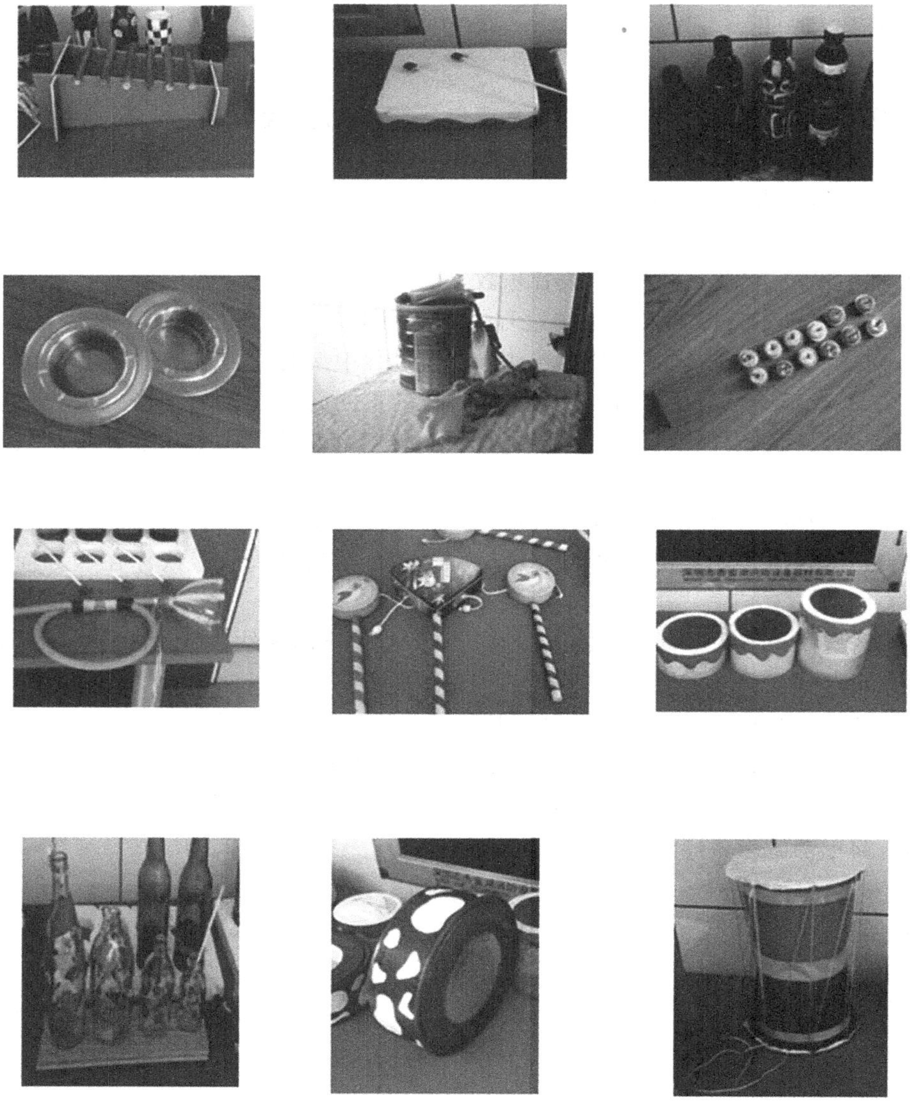

后　记

四月的上海春天已完全敞开了温暖的怀抱，缕缕春风轻柔地安抚着我们多年来不停地奔波而略带疲惫的心。这个春天是我们近几年来最惬意、最有幸福感的一个春天，感谢所有给予我们帮助的人，是你们的指导、关怀、支持和帮助，使我们一步一步地走到这里，身居和风细雨的江南，一刻也不曾忘记冰雪路上，寒风刺骨的日子里，你们赋予的温情，我们理当感恩，更应努力，行随心动，情随岁月浓。

2011 年 8 月，我们一家三口告别了长春无忧的生活，举家搬到上海，那时居无定所，一切都很迷茫，那时我们的儿子还不到 160 公分，如今已经长到 175 公分，他的每一点成长，每一点进步，都给我们这个家庭带来无尽的幸福与快乐，眼看着儿子一天一天拉大了与我们的身高距离，一方面我们倍感骄傲和自豪，另一方面我们也深深地感到，岁月飞逝真是无情地带走了我们的青春年华。

我们是大学本科同学，1990 年分别从部队和幼儿师范学校考入东北师范大学音乐系，男任班长，女任团支部书记，利用工作之便，成了同学们口中的“革命夫妻”，既然是“革命夫妻”当然在生活中要相互理解，事业上要相互支持。我是一个知足常乐的女人，非常满足长春的工作和生活，过于安于现状，缺乏足够的魄力和持之以恒的信心，他总是告诫我：“四十岁的女人与其用化妆品外在地装扮自己，不如用知识内在地充实自己。”在他的鼓励和支持下，我顺利地完成了博士的学习，在不惑之年重新踏入校园，用知识更好地充实自己，提高修养。

在博士毕业联系工作时，非常感谢上海师范大学教育学院的领导和老师们，给予了我考核的机会，通过两轮试讲，一轮答辩，凭借十几年的幼教经验和四年博士学习的理论功力，幸运地与上海师范大学签约。在如今万事求人难的时候，在若大的上海找到了一个理想的家，我们举家欢庆，也只有以不断努力的学习、踏实的工作来回报上海师范大学的知遇之恩。

回首多年来的学习历程，特别要深深地感谢悉心指导我们学习的导师尹爱青教授，导师无论是在学识还是品行方面的指导，都令我们受益匪浅，受用终生。是她的鼓励和支持，坚定了我们求学的信心，是她在生活上无微不至的关心和帮助，使我们全家有了重新发展的机遇，二十多年的师生情终生难忘。感谢华东师范大学的候润宇教授、高晓东院长，是你们的帮助完成了钟恩富追求声乐艺术的梦想。感谢上海师范大学教育学院的周银娥书记、陈永明院长、高湘萍院长、李燕主任，能够得到您们的赏识，使我融入上师大的怀抱，又有了进行学前音乐教育研究的机会，不懈的努力工作将是我毕生的回报。感谢东北师范大学出版社梅亦槑编辑及其同事，是他们的辛勤地付出，才使这本书能够尽快出版。感谢所有教育、帮助、支持、鼓励我的人，没有他们的教诲、关怀和支持，就不会有我们各方面的进步。还要特别感谢我们的家人，是你们无私的大爱和浓浓的亲情，支持着我们奋斗和追求，我们会通过不断的努力和奋斗让你们未来生活得更好。

完成一篇小小的后记用了一个多月的时间，今天已是五月末期，夏日的鲜花已灿烂于小区的每一处，也绽放在我们生活中的每一处，我们将带着她的芳香走进课堂，走进琴房，走上讲台，走向舞台。

王丽新　钟恩富

2013 年 5 月末于上海家中